Cinq vies en mémoire

Par
Dolores Cannon

Traduction par:
Monique Hélène O Glibert-Morstad

© 2009 par Dolores Cannon.
2021- Première traduction française imprimée

Tous les droits sont réservés. Toute partie de ce livre, partiellement ou dans sa totalité, ne peut être reproduite, transmise ou utilisée sous quelque forme que ce soit, ou par quelque moyen que ce soit, électronique, photographique ou mécanique, y compris la photocopie, l'enregistrement ou tout autre système de stockage et de recherche sans une autorisation écrite. par Ozark Mountain Publishing, Inc. à l'exception de brèves citations incorporées dans des articles littéraires et des périodiques.

Pour la permission, la sérialisation, la condensation, les adaptations, ou pour notre catalogue d'autres publications, écrivez à "Ozark Mountain Publishing, Inc., P.O. box 754, Huntsville, AR 72740, ATTN: Permissions Department."

Données de catalogage avant publication de la Bibliothèque du Congrès

Cannon, Dolores, 1931-2014
    "Five Lives Remembered, by Dolores Cannon"
L'histoire des débuts dans le domaine de la régression et de l'exploration des vies antérieures par l'hypnothérapeute Dolores Cannon.

1. Hypnose 2. Réincarnation 3. Dieu Source 4. Âme-remplacements (walk-ins)
I. Cannon, Dolores, 1931-2014 II. Réincarnation III. Métaphysique IV. Titre

Library of Congress Catalog Card Number: 2021930828

ISBN: 978-1-950608-25-6

Traduction par: Monique Hélène O Glibert-Morstad
Maquette de couverture et mise en page: Victoria Cooper Art
Impression: Times New Roman
Maquette intérieure: Nancy Vernon
Publié par:

PO Box 754, Huntsville, AR 72740
800-935-0045 or 479-738-2348; fax 479-738-2448
www.ozarkmt.com

Imprimé aux États-Unis d'Amérique

Table des matières

Introduction	i
Chapitre un - La mise en scène	1
Chapitre deux - Le rideau se lève	9
Chapitre trois – L'enregistrement sonore de Comparaison	23
Chapitre quatre - La vie de June/Carol	41
Chapitre cinq – Le décés de June/Carol	73
Chapitre six – Nous Rencontrons Jane	89
Chapitre sept - Sarah à Boston	120
Chapitre huit - Mary en Angleterre	136
Chapitre neuf - Belligérante Gretchen	144
Chapitre dix - La création d'un esprit	169
Chapitre onze - Une vie comme Esprit	178
Chapitre douze - Un esprit qui regarde le futur	193
Chapitre Treize - Kennedy et le scorpion	207
Chapitre quatorze - La descente du rideau	219
Epilogue	229
Page de l'auteur	233

Introduction

Depuis 1979, je travaille diligemment sur les sujets de la réincarnation, de la thérapie par les vies antérieures, et de la recherche sur la vie passée. Au début, cette approche était souvent portée en dérision par les professionnels de ces domaines. Mais ces dernières années, elle est devenue un outil précieux dans le traitement des problèmes de santé, des phobies, des allergies, des problèmes de relations familiales, etc., qui ne répondent pas aux types de thérapies conventionnelles. Beaucoup de psychologues l'utilisent maintenant, admettant que cela n'a pas d'importance si le client ou eux-même croient en des existences passées. L'important reste que cela aide le client, et en tant que tel, est un outil utile pour explorer le subconscient. Les racines d'X problèmes découlent d'un traumatisme dans d'autres vies. Souvent, ceux-ci ne sont pas causés par une vie passée, mais par des schémas répétitifs ayant été établis, et si forts, qu'ils se poursuivent dans la vie présente.

Voici le genre de travail que je fais depuis 1979. Cependant, beaucoup parmi ceux qui voulaient explorer leurs vies passées n'étaient pas à la recherche de réponses aux complications de leur vie présente. Beaucoup d'entre eux sont venus à moi uniquement poussés par la curiosité. Ils voulaient tout simplement voir s'ils avaient effectivement vécu auparavant. Souvent, dans les cas où il n'y avait pas un objectif ou de réel but pour l'expérience elle-même, le sujet obtenait des vies passées qui étaient banales et ordinaires. Lorsqu'il y avait une raison valable d'explorer les parties inconnues de leur esprit, on trouvait des résultats et de l'information souvent assez surprenants. Le plus étonnant, est que la plupart obtiennent des informations suggérant qu'ils ont effectivement vécu auparavant. Plus le niveau de transe hypnotique est profond, plus d'information est livrée. J'ai découvert que les meilleurs sujets pour la recherche sur la réincarnation sont les sujets somnambules. Ces personnes peuvent facilement atteindre le niveau le plus profond possible, et s'y trouvant, devenir littéralement cette personnalité du passé dans ses moindres détails. Au cours de mes années de thérapie et de recherche, j'ai rencontré tous les exemples possibles, mais parfois j'ai découvert quelqu'un qui vivait dans une période intéressante ou qui connaissait une personne importante. C'est ainsi que j'ai pu écrire mes livres sur certains cas fascinants. Cela a produit la trilogie sur "les Conversations avec Nostradamus", "Jésus et les Esséniens", "ils ont marché avec Jésus", "Entre la mort et la vie", et "Une âme se souvient Hiroshima". Puis, ceci s'est propagé dans mon travail sur les cas d'OVNIS/ Extraterrestres: Les jardiniers de la terre, la légende de Starcrash, l'héritage des étoiles, les gardiens et, enfin la série de métaphysique avancée : "L'Univers convoluté ". Durant ce processus, mon travail sur l'hypnose s'est étendu alors que je développais ma propre technique spécialisée pour aider les gens à guérir, et ce, au travers d'une utilisation de leur esprit et une prise de contact avec leur Soi Supérieur. J'enseigne à présent cette méthode partout dans le monde. J'écris encore plus de livres sur mes aventures au-delà des portails du temps et de l'espace.

De temps en temps, au cours de mes interviews à la radio et à la télévision et de mes conférences, les questions suivantes me sont posées: "Comment vous êtes-vous intéressée à ce sujet? Qu'est-ce qui vous a fait commencer à faire de l'hypnose?" Si j'ai suffisamment de temps, j'essaie d'expliquer les débuts. Si le temps me manque, je leur dis que c'est une longue histoire et que c'est écrit dans le premier livre que j'ai écrit, "Cinq vies en mémoire". Les gens sont déconcertés, parce qu'ils sont conscients de mes autres livres, et ils me demandent: "Pourquoi ce livre n'a-t-il pas été publié?" Ma réponse est: "J'ai essayé!" Souvent, les livres sont en avance sur leur temps. Et c'était le cas pour celui-ci. Quand je l'ai écrit il n'y avait pas de librairies "New Age", et les librairies "normales" n'avaient qu'une seule étagère, ou moins encore, réservée aux livres métaphysiques. C'était un genre pour lequel le temps n'était pas encore arrivé. Je l'ai envoyé à des maisons d'édition encore, et encore, et j'ai seulement reçu des lettres de rejet. Une maison d'édition m'avait même répondu: "En fait, nous pourrions seulement le considérer si vous aviez régressé une célèbre star de cinéma. Alors, peut-être que quelqu'un aurait été intéressé."

Après des années à essayer et à ne recevoir en échange que de la tristesse, j'ai mis le manuscrit de côté dans mon classeur vertical, et j'ai continué mon travail. Ceci ne signifiait certainement pas que j'allais m'arrêter d'écrire! Au contraire, quand j'ai commencé à travailler sérieusement avec la thérapie de régression, l'information m'est venue en déluge par divers clients, et j'ai commencé à écrire d'autres livres, tandis que "Cinq vies en mémoire" a été oublié. Il m'a finalement fallu neuf ans et beaucoup de chagrin et de déception en continu avant que je ne trouve mon premier éditeur. À ce moment-là, j'avais terminé cinq autres livres. Sur ce trajet, j'ai vécu toutes les déceptions possibles qu'un auteur puisse vivre. Plusieurs fois j'ai voulu crier "je ne peux pas vivre ça! Ça me fait trop mal!" Chaque fois que j'atteignais les profondeurs du désespoir, et que je devais abandonner, jeter le manuscrit contre le mur et revenir à une vie "normale", la pensée me traversait: "D'accord. Si tu veux arrêter, mais que vas-tu faire de ta vie?" Toujours cette réponse revenait : "Je ne veux rien faire d'autre que d'écrire". Alors je me battais pour retenir les larmes et commencer un nouveau livre, ne sachant pas si l'un d'entre eux ne serait jamais publié.

Maintenant, quand je donne une conférence, ou participe à des séminaires sur l'écriture, je dis aux écrivains en herbe: "Alors vous avez écrit un livre, maintenant quoi? Il se pourra que ce premier livre ne sera jamais publié. Vous devez continuer à écrire. Peut-être le second ou le quatrième sera publié. Si vous êtes un vrai écrivain, vous ne pouvez PAS, ne pas écrire. Cela devient une telle pulsion, que vous préféreriez écrire plutôt que de manger. Quand vous aurez atteint ce stade, vous connaitrez alors votre mission. L'énergie derrière celle-ci sera devenue si grande que les livres se matérialiseront parce que c'est une loi de l'univers."

Ce sont finalement mes quatrième, cinquième, et sixième livres qui ont été publiés en premier (la trilogie Nostradamus), et les autres ont ensuite suivi. Je sais maintenant que cette période sombre de ma vie a été mon temps de test. Il m'était donné une chance de reculer, si je le désirais. Une chance d'avoir une vie normale si c'était ce que j'allais choisir. Je sais maintenant que lorsqu'une personne s'engage, il n'y a pas de moyen de faire marche arrière, ou cette personne ne trouvera jamais le bonheur. C'est pourquoi, je dis aux gens de ne jamais abandonner leur rêve. Mon temps de test a passé, l'engagement a été pris, et maintenant mes livres sont traduits dans un minimum de vingt langues. Ils sont devenus des êtres vivants. Ils ont créé leur propre vie. Rien ne serait jamais arrivé si j'avais abandonné.

Au cours des quarante années écoulées depuis mes débuts dans ce domaine, mes enfants et mes lecteurs m'ont posé la question: "Pourquoi ne publiez-vous pas ce premier livre? Vous savez qu'il y existe un l'intérêt, parce que les gens vous posent toujours des questions à propos de vos débuts." Il s'est passé tellement de choses depuis que j'ai écrit ce livre en 1980 que je pensais qu'il ressemblerait à une histoire simple et naïve, surtout par rapport aux grands pas voire aux progrès que j'ai faits depuis lors. Le manuscrit a donc traîné dans mon classeur vertical jusqu'au début de l'année 2009. Je l'ai retrouvé lorsque je rénovais ma maison, et que je réorganisais mes anciens dossiers. Comme je le tenais en main, il semblait me dire : "Il est temps!" Je l'ai donné à ma fille, Julia, je lui ai demandé de le lire, et de me dire ce qu'elle en pensait. "Est-ce trop vieux? Est-ce qu'il n'est plus à la mode? Est-il trop simple et naïf?"

Sa réponse, après qu'elle l'ait lu, était: "Non, Maman, c'est un livre charnière. C'est une capsule temporelle, un morceau d'histoire. Les gens ont besoin de savoir comment tu as commencé, que ce n'était pas un voyage facile." Aussi, le voici, cette introduction du processus qui m'a lancé sur cette carrière inhabituelle.

Oui, il est simple et, il est naïf parce que c'est ainsi que mon mari et moi étions quand nous avons découvert la régression dans les vies antérieures. Nous sommes littéralement tombés sur ce sujet en 1968 alors qu'il pratiquait de l'hypnose ordinaire. Je n'ai aucun moyen de raconter cette histoire, en omettre l'émerveillement et la crainte que nous avions ressenti à l'époque. Nous découvrions et écoutions des concepts qui nous étaient totalement inconnus. Il n'existait seulement qu'une petite quantité de littérature populaire sur la réincarnation à l'époque et, peu ou rien sur la régression par l'hypnose dans les vies antérieures. La métaphysique était un mot inconnu, et le terme «New Age» n'avait pas encore été inventé. L'idée de converser avec des gens après leur mort et avant leur naissance, étaient des concepts surprenants. Nous n'avions aucune préparation, donc cette histoire est racontée d'une manière simple et naïve comme elle est née. Il s'agit de l'histoire de mon début, même si elle se concentre plus sur mon mari que sur moi. C'est souvent ainsi que les choses se passent, au travers des rencontres fortuites qui modifient nos vies et nos façons de penser pour toujours. Je me demande souvent quel chemin j'aurais choisi à cette étape de ma vie, si cela n'en avait pas été pour notre exploration dans la réincarnation en 1968. Cela a ouvert une porte qui ne pourra jamais être refermée, et j'en ai de la reconnaissance. Une chose étonnante sera que dans mes recherches ultérieures au cours des années, aucune des idées présentées dans ce livre n'ont jamais été contredites. À l'époque, elles étaient fraîches, surprenantes et inhabituelles, mais pendant les années intermédiaires elles ont été simplement renforcées par la validation de nombreux (milliers) cas répétant la même information avec des mots différents.

"Bienvenue à notre introduction dans ce monde de l'inconnu."

Chapitre 1

La mise en scène

Ce livre est l'histoire d'une expérience en hypnose explorant le phénomène de la réincarnation. Tout s'est produit en 1968, et, a été conduit par un groupe de personnes normales. C'était une aventure qui devait avoir à jamais un effet profond sur leurs vies et leur pensée. Je pensais que cela ferait beaucoup de bien de partager avec autrui ce que nous avions découvert. D'autres, qui comme nous à l'époque, à tâtons, cherchaient quelques réponses ayant un sens dans un monde chaotique qui, à première vue, ne semble donner aucune véritable réponse. Ce que nous avons trouvé a aidé certaines personnes, et, en a surpris d'autres. Ce que nous avons découvert a changé notre vision de la vie et de la mort pour toujours. Nous n'avons plus aucune crainte de la mort, parce qu'elle n'est plus cette terrible inconnue.

J'ai dit que c'était une aventure concernant des gens ordinaires. Mais qui est vraiment ordinaire? Chaque créature a été créée par Dieu, et est placée sur cette planète confuse et embrouillée, et possède une caractéristique unique qui la distingue de toutes les autres. Certainement il y avait beaucoup en Johnny Cannon qui n'était pas banal.

Si notre histoire doit avoir la crédibilité qu'elle mérite, vous devez apprendre quelque chose sur les personnes qui y sont mêlées, et, comment tout cela nous est arrivé. Mais comment pouvez-vous condenser la vie d'une personne en quelques paragraphes courts? Je me dois d'essayer.

Johnny Cannon est né à Kansas City, Missouri, en 1931 et est entré dans l'US Navy, étant un jeune homme de 17 ans. Même à ce tendre âge, il existait une chaleur particulière et une sympathie pour autrui qui inspiraient confiance et affection en toute personne qui le rencontrait. Sa couleur de peau foncée, l'héritage de la souche du sang amérindien de ses ancêtres, contrastait de façon frappante avec des yeux bleus étonnamment brillants. Aucune photo de Johnny Cannon ne serait complète sans l'inévitable tasse de café dans une main, et une pipe dans l'autre.

Nous nous sommes mariés, Johnny et moi, en 1951 alors qu'il était en poste à St. Louis, Missouri. Au cours de ces 21 années passées dans la marine, nous avons tous deux visité une grande partie du monde. Je l'ai accompagné dans la mesure du possible, produisant quatre enfants en cours de route. En tant que Controleur aérien, son travail consistait à surveiller le radar et à parler aux pilotes d'avions, atterrissant et décollant, à la fois dans les aérodromes et sur les porte-avions.

Nous étions stationnés à Sangley Point dans les îles Philippines en 1960 quand il s'est intéressé à l'hypnose. À l'époque, avant notre participation à la guerre du Vietnam, et avant que le président Marcos ne prenne le contrôle du pays, c'était un endroit merveilleux et heureux; ce que la Marine appelle une "base de bon travail". Il y avait beaucoup de temps libre, d'occasionnelles excursions secondaires dans beaucoup d'endroits inoubliables, et une maison pleine de domestiques. C'était un congé de deux ans. En rétrospective, ce furent quelques-uns des jours les plus heureux de notre vie.

Il y avait là quelqu'un d'autre qui était un hypnotiseur professionnel, ayant été formé à l'Institut d'Hypnose de New York. Avec autant de temps libre, cette personne avait décidé de donner des leçons d'hypnose, et, Johnny avait pensé que suivre ce cours serait une chose amusante à faire. Mais c'était devenu un processus long et complexe, s'étendant sur environ six mois. Beaucoup d'autres étudiants y avaient perdu tout intérêt et avaient abandonné. L'instructeur se concentrait non seulement sur la technique, mais sur toutes les autres facettes de l'hypnose et du subconscient. Ainsi, ayant terminé le cours, la personne serait consciente des dangers qui pourraient en résulter, et comment éviter tout piège. La principale préoccupation était de protéger le sujet traité, et de ne pas essayer d'utiliser cette méthode comme divertissement. Johnny a terminé le cours et s'est avéré un très bon étudiant en hypnose, bien qu'il ait eu peu ou pas d'occasion de l'utiliser pendant plusieurs années. D'autres choses se sont mises en travers de sa route, comme la guerre du Vietnam par exemple.

Nous étions retournés aux États-Unis, et nous étions occupés à essayer de prendre soin de nos quatre jeunes enfants sans l'aide des domestiques auxquels nous nous étions habitués. Puis, de façon inattendue, en 1963, Johnny reçut l'ordre de se présenter au U.S.S. Midway, un porte-avions, qui était dans le port de San Francisco se préparant à partir pour le Pacifique. Les ordres venaient si soudainement que nous n'avions que deux jours pour disposer de notre maison, faire nos bagages, et partir. Je ne m'étais pas encore complètement remise de la mort d'un bébé, un mois auparavant, et c'était un double choc. Quand Johnny est arrivé à San Francisco, le navire avait déjà quitté le port et il a dû y être transporté par avion. Il était en partance pour le Vietnam.

Ainsi ont commencé trois années de solitude et d'attente apparemment interminables, alors que j'essayais d'élever quatre enfants, avec un revenu limité, sans père. Ceci est une histoire familière pour tous ceux qui ont traversé le service. Le porte-avions a été le premier à arriver au large du Vietnam alors que la guerre s'accélérait, et le premier à larguer des bombes. Le navire a même reçu une citation pour avoir abattu le premier jet MIG de la guerre.

Après ce qui semblait avoir été une éternité, Johnny était de retour à la maison et nous étions postés sur une base d'entraînement à Beeville, au Texas. Dans cet endroit chaud et aride, nous nous sommes mis à essayer de compenser ces années perdues, et leurs effets sur les enfants. C'est ici que nous avons commencé notre aventure en 1968.

Bizarrement, cela a commencé avec la grande peur de la cigarette: Beaucoup de méthodes pour se débarrasser de cette habitude ont été conçues, et celle qui s'est avérée être très efficace était l'hypnose. Il n'a pas fallu longtemps pour que les gens découvrent que Johnny pouvait hypnotiser, et ainsi il a commencé à être très en demande. Nombreux étaient ceux qui voulaient s'arrêter de fumer, perdre du poids, prendre du poids, se débarrasser de mauvaises habitudes ou apprendre à se détendre. Nous avons rencontré tous les cas de figure pour lesquels l'hypnose est utilisée. Il y avait un homme qui avait reçu l'ordre d'aller au Vietnam et était si bouleversé qu'il ne pouvait plus dormir. Johnny a tout essayé pour les aider. Certains ont offert de payer pour son temps, mais il a toujours refusé. J'étais présente à toutes ces séances, et c'était fascinant de le voir travailler. Les choses se sont bien déroulées pendant plusieurs mois et ensuite nous avons rencontré Anita Martin (pseudonyme).

Anita était l'épouse d'un employé de la marine, dans la trentaine, avec trois enfants. Nous l'avions rencontrée socialement, et elle et moi étions actives au "Club des femmes de la marine", mais nous n'avions jamais été des amies proches. Anita était d'origine allemande, blonde au teint clair. une personne amicale et de confession catholique. Elle se rendait chez le médecin de la base pour un traitement de problèmes rénaux et d'hypertension artérielle, tous deux aggravés par un excès de poids. Elle n'arrivait pas à perdre ce poids et le médecin avait du mal à faire baisser sa pression artérielle. Tout cela, combiné avec plusieurs problèmes personnels, avait contribué à la transformer en une mangeuse névrosée. Elle nous avait demandé si nous pensions que l'hypnose pourrait éventuellement l'aider à se détendre, diminuer sa tension, et l'empêcher de manger autant.

Habituellement, Johnny préférait ne pas s'approcher des cas touchant au secteur médical, car il savait qu'il ne possèdait pas les bonnes qualifications dans ce domaine. Mais le docteur nous connaissait, et quand Anita a discuté avec lui de ce qu'elle voulait faire, il a convenu que cela ne pouvait pas faire de mal et pourrait même l'aider. Il ferait un suivi des résultats.

Lors de la première séance, quand nous sommes allés au domicile d'Anita, Johnny a été surpris qu'elle puisse tomber en transe aussi rapidement. Il a effectué plusieurs tests, mais elle s'est avérée être une de ces personnes inhabituelles qui peuvent plonger immédiatement dans une transe profonde. Elle a dit plus tard qu'elle avait toujours pensé qu'elle n'aurait aucun mal à être hypnotisée; car elle n'avait eu aucune réserve mentale. Ce type de sujet est présenté comme somnambule.

Johnny travailla avec elle pendant de nombreuses semaines, lui donnant des suggestions pour la détente. Il lui suggérait, quand elle se sentait tentée de trop manger, de se visualiser mentalement comme la femme à laquelle elle voulait ressembler, ce qui l'empêcherait d'aller au réfrigérateur. Tout semblait fonctionner parce que le docteur rapportait que pour la première fois sa pression sanguine diminuait et que ses reins s'amélioraient. Son poids avait également chuté par une quantité significative. Finalement, pendant que Johnny travaillait avec elle, sa santé était retournée à un niveau très proche de la normale.

Dans ses tentatives pour vérifier la validité de sa transe, Johnny l'avait souvent régressée dans son enfance. En de telles occasions, nous étions tous les deux profondément impressionnés par l'exhaustivité de sa régression. Elle devenait très articulée, parlait beaucoup, entrait dans des détails élaborés et exigeait peu ou pas d'insistance. Contrairement à la plupart des sujets hypnotisés qui ont besoin de beaucoup de questions pour faire ressortir leurs réactions, elle semblait littéralement redevenir l'enfant qu'elle avait été, à la fois dans le discours et les manières.

Un jour, elle nous fit la remarque qu'elle avait entendu parler de prétendues régressions dans les vies passées, et se demandait s'il y avait quelque chose dans cette idée de la réincarnation. Nous avions également entendu parler de ces choses, même si, dans les années 60, il n'y avait pas autant de rapports dessus qu'à l'heure actuelle. L'idée était encore nouvelle et surprenante. Les seuls livres que nous avions lus à cette époque, et qui traitaient de la réincarnation et des régressions hypnotiques dans les vies passées étaient: "A la recherche de Bridey Murphy" de Morey Bernstein, et "l'enigme de la Reincarnation" de Brad Steiger. "The search for the girl with blue eyes" (recherche pour la fille aux yeux bleus, non traduit de l'anglais) était sortie après que nous ayons fini notre expérience. Les nombreux autres livres sur ce sujet ne devaient apparaître que dans les années 1970. Ainsi, il était extrêmement difficile de trouver quelque chose sous forme de litérature en 1968 pour être utilisé comme ligne directrice.

Nous lui avons dit que nous trouvions également le sujet très intriguant, mais nous n'avions trouvé personne auparavant qui se sentait prêt à essayer une telle expérience. Elle était curieuse de voir, au cas échéant, ce qui pourrait bien arriver; mais nous conduirions toute expèrience, à tâtons, dans l'obscurité. Ce serait une première tentative pour nous tous. Johnny n'avait aucune instruction sur la façon de procéder, ni sur les résultats à en attendre. Nous étions en train de progresser vers un total inconnu.

Nous avions un excellent magnétophone, une grosse machine encombrante qui utilisait de grosses bobines de 8 pouces; il était considéré comme un portable, mais il était difficile à transporter, donc cette phase du travail s'est déroulée chez nous.

Quand le jour de l'expérience fut venu, nous étions à la fois, tous excités et remplis d'anticipation. Johnny avait dit qu'il était important que l'esprit d'Anita ne receive aucune suggestion de sa part, et, pour ce, allait faire extrêmement attention à ce qu'il lui dirait. Nous n'avions aucune idée de ce à quoi nous allions être confronté.

C'est comme ça que tout a commencé, comme par curiosité, une expérience unique à expérimenter et à en discuter plus tard. Nous n'avions absolument pas réalisé que nous faisions face à un processus d'ouverture d'une boîte de Pandore. Le magnétophone était prêt quand Anita s'installa dans le fauteuil, et tomba facilement et rapidement dans une profonde transe, comme elle l'avait fait tant de fois auparavant. Johnny la guida lentement à travers le méandre des années de son enfance. Presque trop lentement, délibérément, comme s'il avait peur de faire le saut au-delà du reconnaissable et du familier.

D'abord, nous l'avons vue comme une petite fille de dix ans, parlant d'une nouvelle permanente frisée que sa mère lui avait faite à la maison, et d'un nouveau mot: "apostrophe", qu'elle avait appris ce jour-là à l'école.

Ensuite, elle était cette petite fille de six ans, qui avait déballé quelques-uns de ses cadeaux sous le sapin de Noël avant qu'elle ne soit supposée le faire, et qui s'inquiétait maintenant de savoir comment les emballer à nouveau; puis, comme une petite fille de deux ans jouant dans la baignoire; ensuite, un bébé d'un mois.

"Je vois un bébé dans un berceau blanc, dit-elle, est-ce moi?"

Pris d'une inspiration profonde, Johnny dit: "Je vais compter jusqu'à cinq, et quand j'aurai atteint cinq, vous serez transportée avant votre naissance. Un, deux, trois, quatre, cinq.
Que voyez vous?"

"Tout est noir!"

"Savez-vous où vous vous trouvez?" demanda-t-il. Anita répondit qu'elle ne le savait pas.

Il continua: "Pendant que je compte jusqu' à dix, nous voyagerons encore plus loin ... Que voyez-vous maintenant?"

"Je suis dans une voiture", répondit-elle.

Quoi? Cela fut une grande déception émotionnelle. Nous avions pensé que si elle revenait dans une vie antérieure, cela se situerait certainement bien avant les jours de l'automobile. Mais une voiture? Cela semblait bien trop moderne. Nous avions sûrement échoué!

"C'est une grosse voiture noire et brillante", s'est-elle exclamée. "Une Packard, et je viens de l'acheter."

"Vous avez fait une chose pareille?
Dans quelle ville sommes-nous?"

"Nous sommes dans l'Illinois. Nous sommes à Chicago."

"Je vois. Et en quelle année sommes-nous?"

Anita se déplaça sur la chaise et devint littéralement quelqu'un d'autre. "Vous ne savez pas en quelle année nous sommes?" Elle a ri, " Eh bien, idiot, c'est 1922!"

Nous avions malgrè tout réussi! Nous savions qu'elle était née dans cette vie actuelle en 1936. Donc, apparemment, elle avait régressé dans une autre vie, bien que relativement récente. Johnny et moi étions stupéfaits, nous dévisageant l'un l'autre. Il sourit légèrement, alors qu'il essayait à la hâte de réfléchir à quoi faire ensuite. Maintenant que la porte avait été ouverte, comment allait-il procéder? Au cours des mois suivants, nous devions inventer notre propre technique et méthode de procédure alors que nous ouvrions la voie vers un territoire inexploré.

Chapitre 2

Le rideau se lève

Je n'essaierai pas d'expliquer ce qui va suivre, car qui sommes nous pour le savoir? Je n'offrirai aucune théorie sur la réincarnation. Il existe beaucoup de livres sur le marché, qui peuvent le faire bien mieux que moi. Ce que je vais vous présenter dans les chapitres suivants sera un phénomène, et je vais relater son effet sur tous ceux qui y ont été confronté.

Nous avons commencé avec scepticisme, mais maintenant nous y croyons. Grâce à notre expérience, nous croyons que la mort n'est pas la fin, mais seulement le commencement. Nos résultats sous-entendent fortement que nous continuons au travers du temps et de l'espace, vivant de nombreuses existences à jamais des êtres immortels. Nous le croyons parce que nous avons vécu cette aventure. Nous ne pouvons pas nous attendre à ce que d'autres réagissent de la même manière. Mais beaucoup de ceux qui ont pu écouter les enregistrements ont dit que cela avait fait tressaillir quelque chose au plus profond de leurs entrailles. Ce qu'ils ont entendu était merveilleux et impressionnant. Beaucoup de ces personnes n'ont plus peur de la vie, de la mort ou de l'au-delà. Si quelque chose peut être accompli grâce à ceci pour seulement quelques-uns, alors, cela aura valu la peine d'avoir été raconté.

Entre le printemps et l'automne de 1968, nous avons tenu des sessions régulières dans lesquelles Anita a revécu un certain nombre d'apparentes réincarnations. J'ai essayé d'écrire de nombreuses lettres et j'ai fait également beaucoup d'autres recherches pour vérifier certaines de ses déclarations. Mais, même si sa dernière vie a pris fin en 1927, une période assez récente, c'était une tâche difficile, voire impossible. Parfois, j'étais ravie par les résultats, mais trop souvent j'étais frustrée. Les intances où j'ai pu vérifier quelque chose, seront inclus dans ce récit. Peut-être que quelqu'un en sait plus que nous, et pourrait fournir plus de preuves que je ne le puisse jamais concevoir. Mais, comme l'a dit Johnny: "Il y a ces gens qui vont naturellement supposer que le tout ceci n'est qu'un canular parce que ces gens ne nous connaissent pas. Pour eux, aucune quantité de preuve ne suffira, et, pour ceux qui croient, aucune preuve n'est nécessaire. Nous le savons, parce que nous étions là."

Pendant les séances, il y avait beaucoup de vérifications et de tentatives de recoupements, comme le montrent les questions de Johnny, pour vérifier si Anita retournerait aux mêmes endroits, et ferait allusion aux mêmes personnes à chaque fois. Il y avait aussi des tentatives pour la confondre; aucune n'a réussi. elle savait avec qui, et où elle était, à tout moment. Ainsi, des morceaux ont émergé sur de nombreuses bandes enregistrées. Certains étaient comme les pièces d'un puzzle; ils donnaient l'explication sur quelque chose qui avait été enregistrée lors d'une fois précédente. Donc, par souci de clarté et, afin de facilité la continuité dans les histoires, j'ai regroupé les informations sur les différentes vies et j'ai consacré un chapitre distinct à chacune d'entre elles. Il est important de se rappeler qu'elles ne se sont pas déroulées de cette façon ordonnée, mais elles ont pris un sens parfait lorsqu' elles ont été jointes les unes aux autres. Je n'ai rien ajouté en dehors de nos commentaires. Une personne devrait écouter les cassettes pour vraiment ressentir les émotions, entendre les différents dialectes et, les changements de voix, mais je vais tenter ici d'interpréter au mieux possible.

Alors, laissons le rideau se lever sur notre aventure:

Comme nous l'avons énoncé au chapitre I, la première personnalité que nous avons rencontrée dans ce voyage dans le passé était celle d'une femme qui vivait à Chicago dans les années 1920. Le ton de sa voix et les maniérismes auraient pu suggérer un type de personne totalement différente de celle qui était assise dans une transe profonde devant nous. Ce qui suit fait partie de cette première session afin que le lecteur puisse rencontrer ce personnage divertissant comme nous l'avons fait. D'autres parties de la première session seront incorporées dans les chapitres suivants puisque j'ai mis sa vie colorée dans un ordre chronologique.

Les lettres "J" et "A" représenteront Johnny et Anita, et de temps en temps, j'ometrais le compte et d'autres remarques de routine, pendant la régression, pour rendre la lecture plus facile.

A: Je suis dans une grosse voiture noire et brillante. Je viens de l'acheter! Une Packard!
J: N'est-ce pas agréable de posséder une grosse voiture noire?
A: (Sa voix est devenue sexy) J'ai beaucoup de belles choses.
J: En quelle année sommes-nous?
A: (Rires) Vous ne savez pas quelle est l'année? Eh bien, idiot, nous sommes en 1922. Tout le monde le sait.
J: Eh bien, je perds la notion du temps si facilement. Quel âge avez-vous?
A: Je ne le dis pas comme ça à n'importe qui!
J: Oui, je le sais ; mais vous pouvez me le dire, à moi.
A: J'ai presque 50 ans ... mais j'ai l'air beaucoup plus jeune!
J: Absolument! Dans quelle ville sommes-nous?
A: Chicago.
J: Et quel est votre nom?
A: Tout le monde m'appelle June, mais c'est juste un surnom parce qu'il ne voulait pas que tout le monde connaisse mon vrai nom.
J: Qui ne voulait pas que tout le monde le sache?
A: Mon petit ami. Je ne pense pas qu'il veuille que sa femme le sache.

Cette remarque était un peu surprenante, très différente de la personnalité d'Anita. Quelle personne en réalité se trouve devant nous?

J: Quel est votre vrai nom?
A: Carolyn Lambert.
J: Et vous venez d'acheter cette nouvelle voiture?
A: En réalité, il me l'a achetée pour moi, et il va m'apprendre à la conduire, mais maintenant j'ai un chauffeur.

J: *Vous devez avoir beaucoup d'argent?*
A: Mon ami en a. Il me donne tout ce que je lui demande.
J: *Il a l'air d'être un bon petit ami. Quel est son prénom?*
A: Vous ne le direz pas?
J: *Non, je ne le dirai pas à une seule âme vivante.*
A: Eh bien, il s'appelle Al et il a un nom italien difficile à dire. Mais je l'appelle "mon mignon". Ça le fait rire, et il me donne plus d'argent.
J: *Où vit Al?*
A: Il a une grande maison en briques et il vit avec sa femme et ses trois fils.
J: *Avez-vous déjà été mariée?*
A: Une fois, quand j'étais très jeune. Je ne savais pas ce que je faisais. Je devais avoir environ 16 ans, je pense.
J: *Avez-vous grandi à Chicago?*
A: Non, sur une ferme non loin de Springfield.
J: *Quand êtes-vous allée à Chicago?*
A: Quand j'ai rencontré Al.
J: *Avez-vous divorcé de votre mari?*
A: Non, je l'ai juste quitté. C'était un idiot.
J: *Quel genre de travail faisait-il?*
A: (Dédaigneusement) Agriculteur.
J: *Avez-vous eu des enfants?*
A: Je n'aime pas les enfants. Ils t'accrochent un fil à la patte.

Anita est d'ascendance allemande et a des cheveux très blonds avec le teint clair. La question suivante de Johnny était: "De quelle couleur sont vos cheveux?"

A: Bruns. J'ai un peu de gris maintenant, mais je ne le laisse pas paraître. Al m'aime parce que j'ai l'air plus jeune.
J: *Quel âge a Al?*
A: Il ne le dira pas, mais je pense qu'il est plus âgé que moi. Quand on va dans des endroits, les gens lui disent que je suis belle, et il aime ça.
J: *Oh? Dans quel genre d'endroits allez-vous?*
A: Nous allons dans toutes sortes d'endroits où vous n'êtes même pas censé d'aller.
J: *Avez-vous été invitée à de très grandes fêtes ces derniers temps?*

A: Bien, nous sommes allés à cette grande fête chez le maire.
J: *Le maire?*
A: C'est ce qu'ils m'ont dit. Il possède une grande maison dans la campagne. Tout le monde était là; beaucoup de gens. Al connaît tout le monde.
J: *(Apparemment se rappelant que cela devait être au temps de la Prohibition.) Qu'avez-vous eu à boire à cette fête?*
A: Ils ne m'ont pas dit ce que c'était, mais grand ciel, que c'était horrible. C'était le truc le plus bizarre.
J: *Pensez-vous que c'était ce qu'ils appellent du "gin de salle de bain"? (Apparemment, il voulait dire du gin fait dans une "baignoire")*
A: (Grand rire) Eh bien, Al a dit que quelqu'un devait y avoir pissé dedans, donc ça pourrait bien l'être! (Rire)
J: *Oui. Ils doivent amener beaucoup de choses en contrebande de l'étranger, venant du Canada.*
A: Vraiment? Al doit être au courant.
J: *Quel genre d'entreprise possède Al? Est-ce qu'il a un petit quelque chose au noir?*
A: Je le pense. Il ne me le raconte pas, parce qu'il dit que si je sais quelque chose, ils peuvent me le faire dire. Alors il ne me dit pas grand-chose, car il ne veut pas que quelque chose m'arrive.
J: *Eh bien, maintenant je vais compter jusqu'à cinq, et alors que je compte, vous reviendrez à l'époque où vous étiez à Springfield. Seize ans, c'est le jour où vous vous mariez. Quel genre de jour est-ce?*

Le changement était immédiat.

A: L'hiver. Il fait vraiment froid. Je ne peux pas conserver ma chaleur. Il y a vraiment un grand feu, le vent souffle. Vous ne pouvez garder aucune chaleur sur vous.

Sa voix avait changé de la femme sexy à celle d'une jeune fille de la campagne.

J: *Où êtes-vous?*
A: Dans le salon.
J: *À quelle heure allez-vous vous marier?*

A: Juste après le déjeuner.
J: *Et combien de temps devons-nous attendre maintenant?*
A: J'attends juste le pasteur. Je pense qu'il sort de la ville. Le cheval est lent, qui vieillit, je suppose.
J: *Et l'homme que vous épousez, comment s'appelle-t-il?*
A: Carl. Carl Steiner.
J: *Donc vous serez Mme Carol Steiner?*
A: (Dégoûtée) Pas pour longtemps, j'espère.
J *(Évidemment surpris): Oh, vous ne le vouliez pas ... Alors, pourquoi vous mariez-vous?*
A: Papa a dit que je devais le faire. Je ne peux pas rester une vieille fille. Mon père a dit qu'il était une bonne affaire. Carl est un rupin; il possède beaucoup de terres.
J: *Juste autour de Springfield?*
A: Oui, pas loin.
J: *êtes-vous allée au lycée?*
A: Que dalle! Je ne suis pas allée à l'école.
J: *Pas du tout?*
A: Eh bien, j'y suis allée pendant une ou deux années, mais mon père a dit que les filles n'avaient pas besoin d'apprendre quoi que ce soit. Tout ce que l'on doit savoir faire, c'est avoir des bébés, et cuisiner.
J: *Et en quelle année est-ce que vous êtes en train de vous marier?*
A: Nous sommes dans les alentours de 1909, 1907. De toute façon, cela ne fait pas de différence. Je ne vais pas rester mariée plus longtemps que je ne puisse le supporter!
J: *Avez-vous travaillé en ville?*
A: Non, je travaille dans cette foutue ferme. (Dégoûtée) Travailler, travailler, travailler, cuisiner, cultiver, aider à prendre soin des enfants.
J: *Avez-vous beaucoup de frères et soeurs?*
A: Fichtre, la plupart d'entre eux, sont petits. Sept frères et quatre soeurs.
J: *Avec tous ces frères, ils devraient faire le travail de la ferme.*
A: Eh bien, certains d'entre eux sont trop petits. Ils ne font pas encore grand-chose. Ils essaient d'aider. Je pense qu'ils sont paresseux.
J: *Voyons, votre nom est Lambert? De quelle nationalité êtes-vous?*
A: Eh bien, je pense que je suis anglaise.
J: *Et quel est le nom de votre père?*

A: Le nom de Papa? Edward.
J: *Et le nom de votre mère?*
A: Mary.
J: *Ont-ils toujours vécu sur la ferme?*
A: Eh bien, je suis née ici, mais je pense qu'ils sont venus d'ailleurs, il y a longtemps. Je suis née dans cette maison.
J: *Combien de pièces y a-t-il dans votre maison?*
A: Trois.
J: *Avec tout ce monde?*
A: Oh, nous avons aussi un grenier et une mansarde. Oh là là, que le vent hurle! J'espère que cet homme ne se montrera pas.
J: *Le pasteur ou Carl?*
A: Aucun des deux.
J: *Carl n'est pas encore là?*
A: Oh, je pense qu'il parle à papa dans la grange. (Tristement) Il lui donne de l'argent en échange pour moi. Je sais qu'il est en train de le faire.
J: *Vous voulez dire qu'il vous achète?*
A: Je pense qu'il le fait. Une chose est sûre, je ne l'épouserais pas si ce n'était pas pour papa.
J: *Est-ce que votre père est un homme vraiment strict?*
A: Eh bien disons, qu'il vaut beaucoup mieux faire ce qu'il dit.
J: *Où est votre mère? Est-elle prête?*
A: Oui, elle est prête. Elle ne cesse de me dire: "Ne pleure pas, tout le monde doit se marier, c'est ce que tu es supposée faire."
J: *Oh, elle est heureuse de vous voir vous marier?*
A: Je ne pense pas qu'elle soit heureuse. Je ne pense pas qu'elle y soit pour grand-chose.

À ce stade, Anita a été avancée dans sa vie à l'époque où Carol avait 22 ans, et on lui a demandé ce qu'elle faisait.

A: En train de me préparer à fuir la vieille ferme.
J: *Carl a-t-il encore tout son argent?*
A: Cela doit être le cas. Il ne m'en a pas donné.
J: *Il ne l'a pas fait? L'a-t-il enterré derrière la grange quelque part?*
A: (Elle ne pensait pas que c'était drôle) Si je savais où cela se trouve, je l'aurais!
J: *Voyons voir. Vous êtes mariée depuis environ six ans maintenant?*

A : Presque. Bientôt six ans, cet automne, cet hiver.
J : *Avez-vous des enfants?*
A : (Dégoûtée) Je ne laisse pas cet homme me toucher.
J : *Qu'est-ce que vous faites alors, juste de l'agriculture?*
A : Je dois faire une partie du travail. J'ai des employés, mais ils ne font pas tout. Je dois cuisiner pour eux.
J : *Où comptez-vous aller quand vous allez fuir?*
A : (Fièrement) Je vais dans une grande ville. Je vais à Chicago.
J : *Partez-vous toute seule?*
A : Non. J'y vais avec Al.
J : *Où avez-vous rencontré Al?*
A : Dans un magasin à Springfield. Un magasin général.
J : *Pendant que vous étiez là pour faire vos courses?*
A : Regarder la plupart du temps.
J : *Que faisait Al?*
A : (gloussements) Il me regardait. Puis il a marché droit vers moi, et m'a dit que j'étais jolie, et il m'a demandé mon nom.
J : *On dirait qu'Al vous aime vraiment. Il va vous emmener à Chicago?*
A : Ouais. Je vais m'éclater.

Quand Anita s'est réveillée plus tard, elle a dit qu'elle avait une impression de voir la scène ici. C'était comme les restes d'un rêve qu'une personne a au réveil, quand on peut encore se rappeler des morceaux avant qu'ils ne disparaissent. Elle a dit qu'elle avait de longs cheveux noirs et qu'elle était pieds nus. Elle a vu cet homme debout, sombre et beau, un peu petit, vêtu d'un costume rayé et de guêtres. Il était le genre d'homme qui faisait sans doute une forte impression sur cette simple paysanne. Apparemment, l'attraction était mutuelle.

J : *Dans combien de temps allez-vous vous échapper?*
A : Je le fais ce soir quand il fera nuit.
J : *Est-ce qu'Al va venir à la ferme pour venir vous chercher?*
A : Oui, il va me rencontrer à la porte.
J : *A-t-il une voiture?*
A : Ouais. Pas beaucoup de gens n'ont des voitures de nos jours. C'est comme ça que j'ai tout de suite su qu'il avait de l'argent. Il s'habille chic. Il arrivera bientôt. Il fait horriblement sombre dehors.
J : *Je me demande ce que Carl est en train de faire?*
A : Il est endormi dans sa chambre.

J: *Il sera surpris quand il se réveillera et que vous ne serez plus là, n'est-ce pas?*

A: (Petit rire) Cet espèce de vieux fou.

J: *Vous avez tous vos vêtements prêts?*

A: (Sarcastique) Ouais, les deux robes. Ha!

J: *Est-ce tout ce que Carl vous a acheté, ces deux robes?*

A: (En colère) Il ne les a pas achetées. Je les ai faites.

J: *Oh. Vous pouvez bien coudre, alors?*

A: Non, pas très bien, mais c'est mieux que de se dénuder. Cet homme ne dépense rien. (Longue pause) Je suis morte d'impatience!

J: *Eh bien, bientôt vous serez à Chicago pour passer un bon moment.*

A: Ouais. (Hésitante, un peu triste) Je sais qu'il est marié. Je m'en fous. Il m'a dit qu'il était marié, il ne peut pas m'épouser, parce qu'il est déjà marié.

J: *Depuis combien de temps vous connaissez-vous?*

A: Je l'ai juste rencontré l'autre jour. Nous avons tout de suite su que tout ce que nous voulions faire était de fuir ensemble. (Pause, puis Anita est devenue si excitée qu'elle est presque sortie de sa chaise) Ici, il arrive! (Elle agita son bras frénétiquement dans les airs) Me voici! Je suis ici!

J: *At-il les phares allumés?*

A: Oui, les lanternes.

J: *Savez-vous quel type de voiture votre Al conduit?*

A: (Fièrement) C'est une Stanley Steamer. Il n'aurait rien d'autre que ce qu'il y a de mieux.

J: *Il a probablement payé beaucoup d'argent pour cette voiture.*

A: oui Il l'a fait, et il va encore en dépenser.

A ce moment-là, aucun d'entre nous n'avait la moindre idée de ce qu'était une Stanley Steamer. En faisant des recherches, des photos prouvent que la vieille voiture avait effectivement des lanternes, ainsi que des phares. Parce qu'elles étaient alimentées par de la vapeur, elles étaient silencieuses et ainsi, il aurait été facile de se rendre dans une ferme sans créer beaucoup de bruit.

J: *Eh bien, êtes-vous en route maintenant?*
A: Ouais, c'est une longue route à faire. Je sais que nous devons aller dans la direction du nord. Nous allons nous arrêter pour quelques nuits. Il planifie de faire des affaires en cours de route. Il doit voir des gens.
J: *Où?*
A: Je ne le sais pas. J'attends dans une maison avec des chambres de location. Une très petite ville, "Upton" ou "Updike", quelque chose comme ça, un tout petit endroit. Un drôle d'endroit pour faire des affaires: nous allons passer la nuit ici. Il m'a dit de l'attendre et de me taire. Ne rien dire de ceci à personne!
J: *Alors vous allez à Chicago demain?*
A: Dès que cela sera possible. Al a dit qu'il allait m'apprendre toutes sortes de choses: à parler correctement, à marcher élégamment. Je vais même avoir un corset!
J: *(Surpris) Un corset? Avez- vous besoin d'un corset?*

A: Je ne le pensais pas, parce que je suis vraiment mince, mais toutes les grandes dames portent des corsets sous leurs vêtements. Je vais tout avoir.
J: *Pensez-vous qu'Al prendra bien soin de vous?*
A: Je suis sa petite amie. Il ne me laissera jamais manquer de rien.

À ce moment-là, après une pause, elle a semblé avancer dans le temps sans qu'on ne lui dise de le faire. Après un peu de confusion, nous avons pu établir où elle était.

A: Je n'ai pas besoin de cuisiner. Je n'ai rien à faire. Il y a des nègres partout dans cette maison. Nous vivons dans une grande maison. Il ne peut pas rester avec moi tout le temps, mais il est là la plupart du temps.
J: *Oh? Quelle est la taille de votre maison?*
A: Dix-huit pièces.
J: *Quelle est votre adresse?*
A: C'est sur une route. C'est un peu en dehors de la ville en quelque sorte. Très privée, donc, personne ne peut voir qui va et vient. C'est la seule chose que je n'aime pas. J'avais beaucoup aimé avant quand nous vivions en ville. Ainsi, je pouvais aller marcher jusqu'au centre-ville quand je le désirais. Mais Al dit qu'il valait mieux ne pas être trop vus.
J: *Où habitiez-vous en ville?*
A: Quand nous vivions à l'hôtel, l'hôtel Gibson. Il se trouvait juste au centre-ville.

Plus tard, quand j'ai fait des recherches, j'ai trouvé dans le botin téléphonique de la ville de Chicago pour 1917 répertorié, l'Hôtel Gibson, 665 West 63éme St.

A: Mais nous allons à des soirées privées maintenant; Je ne peux pas aller en ville tout le temps.
J: *Des soirées privées, dans de différentes maisons?*
A: Et j'en donne aussi, quelques-unes qui bougent bien, bigre!
J: *En quelle année sommes-nous maintenant?*
A: Eh bien, je pense que c'est 1925.
J: *Et vous avez acheté cette maison...*

A : (Interloquée) Nous n'avons pas acheté la maison. Il l'a faite construire pour moi !

J : Oh, il a fait ça ? Alors que vous viviez à l'hôtel ?

A : C'est la raison pour laquelle je suis restée à l'hôtel pendant qu'il construisait la maison.

J : Avez-vous regardé comment était-elle pendant le cours de la construction ?

A : J'y allais, et je la regardais. Il m'a dit qu'il n'y avait rien d'assez bon pour moi. Nous avons même mis du marbre également à l'intérieur des salles de bain, fichtre ! C'est la plus jolie sur la Route du Lac.

J : Pouvez-vous voir le lac de votre maison ?

A : Oui, depuis la terrasse, c'est possible. Nous y mangeons beaucoup. Tout est vitré. Nous pouvons même manger dehors en hiver.

J : La terrasse donne sur le lac ?

A : C'est un peu loin, mais on peut clairement le voir.

J : Quel âge avez-vous maintenant, Carol ?

A : Je n'aime pas dire aux gens mon âge. J'essaye terriblement de rester jeune parce que je ne veux pas qu'Al m'abandonne pour quelqu'un d'autre.

J : Oh, je ne pense pas qu'Al vous abandonnera. A-t-il déjà papilloné de ci de là ?

A : Il ne le dit pas, mais je le pense. Il ne passe plus autant de nuits ici qu'autrefois. Il est toujours gentil avec moi, me donne beaucoup de choses, des beaux vêtements. Je peux aller dans n'importe quel magasin, et acheter tout ce que je veux. Ils me connaissent.

J : Et il paie pour tout ?

A : Je suppose qu'il le fait. J'y vais juste pour leur dire ce que je veux. Parfois, je les appelle et je leur dis quoi m'apporter. Je choisis, et ce que je ne veux pas, ils le reprennent. La vie, c'est ça ! La vie, c'est ça ! Je peux t'assurer que ce n'était pas comme ça à la ferme.

J : Non, je suppose que non. Est-ce que Carl est venu pour vous chercher ?

A : Je ne pense pas. Al et moi avons pensé qu'il était trop bête de toute façon. Il était vieux. Il voulait juste que je travaille pour lui, pour faire du voyeurisme, pour me toucher et pour me manger du regard. Il était horriblement vieux ... 60, 65, un vieil homme chauve.

J : Alors il pourrait être mort maintenant.

A : Oh, c'est probablement fait.

J: Ne pensez-vous qu'aucun membre de votre famille ait jamais été là-bas en ville?
A: Ha! C'était le grand jour pour eux d'aller faire du shopping à Springfield. Ha! Si ils pouvaient me voir maintenant, ils ne le croiraient pas. Ma pauvre mère a travaillé jusqu'à sa tombe. Mais, fichtre, je ne le ferais sûrement pas. Je prends bien soin de moi.

Le reste de cette session sera comprise dans divers endroits au cours des chapitres suivants. Après le réveil d'Anita, elle fut très surprise de l'histoire qu'elle avait racontée. Avec une tasse de café dans la cuisine, nous avons discuté des détails alors qu'elle nous regardait fixement. C'était la première fois que nous découvrions que le type de sujet somnambule tombait si profondément en une transe telle, qu'il ne lui en restait aucune mémoire au réveil. Pour eux, c'est comme s'ils faisaient une petite sieste. Elle n'avait aucune connaissance consciente d'être littéralement devenue une autre personnalité. Nous avions peur qu'elle soit gênée voire même insultée parce que June/Carol était si étrangère à sa propre personnalité. Mais, elle nous a dit qu'elle ne se sentait pas pareille. Elle pouvait comprendre les motifs derrière les actions de Carol qui la poussaient à se comporter comme elle l'avait fait. Carol avait été une fille confuse et malheureuse vivant dans cette ferme. Pas étonnant qu'elle s'en soit enfuie avec Al à la première occasion. Anita se sentait désolée pour elle et ne la jugeait pas.

Quelque chose d'autre la dérangeait cependant: cette époque. Elle n'avait absolument aucun intérêt pour la période des années 20 et en savait très peu à ce sujet. Ce qui la dérangeait était la violence de cette époque où les gangs étaient endémiques à Chicago. Anita avait une aversion terrible pour la violence, sous n'importe quelle forme. Cette peur inexpliquée l'avait poursuivie toute sa vie, mais elle ne semblait n'avoir aucune racine. À cause de ce malaise déraisonnable, elle regardait seulement des comédies de situation à la télévision. L'émission de télévision populaire, "Les incorruptibles", était encore diffusée sur les écrans des familles, à cette époque, en 1968. Elle traitait de cette période pendant laquelle Anita avait été régressée; mais c'était précisément le genre de spectacle qu'elle ne regardait pas. Elle a dit que si des membres de sa famille regardaient ces émissions, elle trouvait toujours autre chose à faire dans la cuisine. Son aversion pour la violence était-elle causée par quelque chose venant d'une vie antérieure? Elle n'avait été exposée à aucune indue violence dans cette vie-ci, et était une personne très calme et sans prétention. Cette possibilité devrait faire l'objet d'une enquête lors de prochaines sessions, maintenant que nous avions trouvé une passerelle vers le passé.

En outre, Anita n'avait jamais été à Chicago. Elle était née et avait grandi dans le Missouri.

Cette nuit-là, quand Anita fut rentrée chez elle, elle sortit tous les livres qu'elle avait dans la maison, même ceux qu'elle avait emballés. Elle cherchait quelque chose qu'elle aurait pu lire et qui aurait pu déclencher une vie ou un fantasme issu de cette période. Elle ne trouva rien. Elle nous dit que si nous devions continuer à faire des recherches sur cette période, elle ne voulait pas y prendre part. Elle ne voulait absolument rien introduire dans son esprit qui aurait pu influencer les prochaines sessions. Même si elle était confuse, elle était aussi curieuse que nous, et souhaitait continuer.

Chapitre 3

L'enregistrement sonore de comparaison

À la session suivante, Johnny voulait voir si Anita reviendrait à cette même personnalité qui s'était présentée à nous la semaine précédente. Si elle se représentait, il poserait des questions sur la période et essaierait de l'embrouiller pour voir si elle demeurerait cohérente dans ses réponses. De plus, les années sur la première bande ne correspondaient pas. Carol ne pouvait pas avoir 16 ans en 1907 si elle en avait presque 50 en 1922. Donc, dans cette session, nous essayerons de clarifier l'élément temps. Je devais apprendre des années plus tard que c'est un problème commun dans le traitement des régressions. Les sujets sont souvent confus au sujet du temps que nous connaissons, surtout la première fois qu'ils sont régressés. D'autres auteurs ont suggéré que nous avons affaire à une partie du cerveau qui ne s'identifie pas avec le temps.

Nous avions pensé que cela serait également intéressant si nous pouvions trouver des informations vérifiables et documentables. Après tout, la vie de June/Carol n'était arrivée que 40 ans auparavant. Il y aurait-il des preuves, sûrement, d'une époque aussi récente. Mais, quelques surprises nous attendaient.

Anita s'installa dans sa chaise prête pour le deuxième enregistrement, et nous étions impatients de voir si June/Carol ferait une autre apparition.

Anita fut régressée à nouveau, au travers de sa vie présente, puis on lui a dit d'aller en 1926.

J: Que voyez-vous maintenant?
A: Je me trouve dans ma cour.
J: Et, où vivez-vous?
A: Je vis dans cette maison en briques rouges. Il y a du blanc, des volets et une terrasse. Et, tout est rouge et blanc.
J: Quelle ville est-ce?
A: Nous sommes à Chicago.
J: Et quel est votre nom?
A: Juste une ou deux personnes connaissent mon vrai nom. Tout le monde m'appelle June.
J: June? C'est joli.
A: Jolie comme une journée d'été. Juin est en été. C'est la raison pour laquelle nous avons choisi ce nom, en juin. C'était pendant une belle journée, je suis une belle fille, alors nous avons choisi le prénom June.
J: Quel est votre nom de famille?
A: Je n' ai plus de nom de famille. Juste June.

Il aurait semblé que la même personnalité était revenue.

J: Dites-moi votre vrai nom.
A: Carol Steiner.
J: Et vous vivez ici dans cette maison en briques rouges avec des volets blancs. Quelle en est l'adresse?
A: Il n'y a pas de numéro; c'est sur la route du lac. Elle est belle. Il y a des arbres là-bas. Vous pouvez y voir le lac depuis la terrasse.
J: Depuis combien de temps habitez-vous à Chicago?
A: Je suis arrivée ici, et bien, laisse-moi voir, ça va faire longtemps maintenant. Je vis ici depuis environ 15 ans, je pense, ou 16 ans peut-être, 16 ans cet automne.
J: Ca fait longtemps. Avez-vous déménagé sur Chicago venant d'ailleurs?
A: Je viens de la ferme.
J: Où était cette ferme, à Chicago? (Il essayait de la rendre confuse.)
A: Oh non, Chicago est une grande ville.
J: Ah, vraiment? Où était située cette ferme?

A: Près de Springfield.
J: Est-ce que c'est dans l'Illinois?
A: Oui.
J: Eh bien, je pensais qu'il y avait également un Springfield dans le Missouri. Il me semble que j'ai entendu ça quelque part.
A: (Rires) Je n' ai jamais entendu parler de ça du tout! Je n'en ai jamais entendu parler de ma vie.
J: Avez-vous déjà entendu parler du Missouri?
A: Eh bien, quelqu'un m'a dit que c'était juste à côté de l'Illinois, mais je n'ai jamais pu le visiter.

En fait, dans cette vie présente, Anita a grandi dans l'état du Missouri.

J: Que faites-vous tout le temps? Travaillez-vous?
A: Oh non! J'ai cette maison, et je reçois beaucoup. J'ai des fleurs dont je m'occupe.
J: Avez-vous beaucoup de fêtes chez vous?
A: Oh, oui, je donne beaucoup de fêtes. Et je me promène juste dans différents endroits, et je me force à rester occupée.
J: Qui vient à vos fêtes?
A: Les amis d'Al. Ses amis d'affaires.
J: Qui est Al?
A: Al vit ici avec moi.
J: Est-ce Al Steiner? (Il jouait de nouveau un tour.)
A: (Rire) Non, son nom n'est pas Steiner.
J: Quel est son nom?
A: C'est un nom italien. Je ne suis pas censée le dire à quelqu'un d'autre.
J: Le nom de famille d'Al ne serait-il pas Capone, par hazard?

Johnny pensait au célèbre gangster de Chicago de l'époque des années 1920. June est rapidement passée sur la défensive.

A: Je ne l'appelle jamais par son nom de famille. Il m'a dit de ne pas m'inquiéter de quoi que ce soit, juste de me taire. De ne pas poser de questions, et de faire ce qu'il me dit, et que tout ira bien.
J: Oh, tout va bien. Vous pouvez me le dire, à moi.
A: Eh bien, (hésitante) Si tu ne le diras pas?
J: Non, je ne le dirai pas.

A: C'est Gagiliano (phonétique.)

J: *Gugiliano. Est-ce que ça se dit comme ça?*

A: G A, Gagiliano. C'est un drôle de nom, n'est-ce pas? Au début, je ne pouvais que difficilement le dire. Vous devez être une "métèque", m'a-t-il dit, mais (rire) je n'en suis pas une.

J: *Al est-il un bel homme?*

A: Il est très beau.

J: *Quel âge à Al?*

A: Il ne me le dit jamais. Si je lui demande, il rit, et dit qu'il est assez vieux.

J: *Et quel âge avez-vous?*

A: Eh bien, je pense que je vais me mettre à parler de l'âge d'Al! (Elle était en colère). Je ne suis pas vraiment très vieille, je ne pense pas, mais je parais plus vieille, et il semble que (sa voix était peinée) ... Dois-je te le dire?

J: *Eh bien, si cela vous dérange, vous n'avez pas à le faire.*

A: Je ne veux pas qu'Al soit au courant.

J: *Oh, eh bien, je ne dirai rien à Al. Cela restera juste entre nous deux.*

A: Eh bien, je suis très proche de 40 ans. Je ne veux pas vieillir, mais je suppose que je dois le faire. (Cela semblait être un mensonge évident, mais pour des raisons évidentes.) Je mens sur ce sujet. Je ne lui dis jamais quand tombe mon anniversaire.

J: *Laissez-les s'arrêter dans ces années là, environ 29?*

A: Oui, je pense que j'aurai toujours 27 ans, pour toujours!

J: *Voyons voir. Préféreriez-vous que je vous appelle June, ou Carol?*

A: Tu ferais mieux de m'appeler June. Al serait furieux, s'il t'entendait m'appeler Carol.

J: *D'accord, June, je le ferai.*

Alors, il a essayé de passer à un autre sujet et de trouver quelque chose qui pourrait également être vérifiée.

J: *Allez-vous au cinéma?*

A: Non, je ne dois pas sortir beaucoup pendant la journée.

J: *Et le soir? Allez-vous au théâtre, ou peut-être aux spectacles?*

A: Nous allons voir des spectacles au vaudeville. C'est ce que préfère. J'ai pu aller voir Al Jolson le mois dernier.

J: *Quel théâtre était-ce?*

A: Le Palace.

Cela s'est avéré exact. Le Palace Theatre était, et se trouve, situé sur la 159 ouest Randolph Street, à Chicago.

J: *Est-ce que ça coûte cher d'assister à un spectacle comme ça?*
A: Je ne sais pas ce que ça coûte. Je demande juste à Al si je peux y aller, et il m'y amène si c'est possible. Parfois, il est très occupé, mais j'obtiens généralement ce que je veux.
J: *Existent-t-ils des salles de cinema autour de Chicago?*
A: J'ai entendu dire qu'il y en existent deux ou trois maintenant. J'y suis allée une fois. Les gens se tortillent; ils ne semblent pas normaux sur l'écran. (Rires) Ils ne bougent pas comme des êtres humains normaux.
J: *Est-ce qu'ils parlent dans les films?*
A: Oh ça, c'est nouveau, juste ces dernières années, ils parlent maintenant. Il y avait avant des mots écrits sur l'écran, mais maintenant ils parlent.
J: *Avez-vous été voir un de ces films?*
A: Oui, j'y suis allée. C'était nouveau et, je voulais voir comment c'était.
J: *Voyons voir ... Avez-vous un phonographe dans votre chambre?*
A: Bien sûr, j'ai tous les disques.
J: *Quel est votre favori?*
A: J'aime ceux qui parlent.
J: *Ceux qui parlent? Que disent-ils?*
A: Vous savez, ceux à propos des deux nègres, quand ils se parlent sur ce disque, et disent, "Combien coûte le beurre?" Et, il lui répond, et il dit: "Diancre, je ne peux pas me le permettre. Envoyez-moi simplement de la graisse d'essieu." (Cela a été dit avec un accent imités afro-américain.)
J: *(Grand rire) Et bien, ça a bien l'air d'être sorti d'un vaudeville.*
A: Oui, c'est ce qu'ils font. Et Jolson a aussi fait quelques disques. J'en ai.
J: *Aimez-vous Al Jolson?*
A: Ouais, jusqu'à ce qu'il ... je n'aime pas vraiment ce barbouillage noir sur son visage. Je ne comprends pas pourquoi un homme blanc veuille ressembler à ça. Quand il enlève ça, il est plutôt beau.
J: *Avez-vous une radio?*

A: Oui, j'en ai une. C'est avec que j'écoute de la musique.
J: Quelle station préférez-vous?
A: Je ne connais pas le nom de la station. Je l'ai branchée sur 65, et tout arrive. (Ici, Anita leva la main, et fit le geste de tourner un grand cadran). Il y en a des différentes, mais il suffit de tourner un petit peu. Soixante cinq est la meilleure.

Cela a aussi été vérifié. La station de radio de Chicago WMAQ, qui a été établie en 1922, est située à 67 mégahertz sur le cadran.

J: Ont-ils de la musique tout le temps?
A: La plupart du temps.
J: Quel genre de musique aimez-vous le mieux?
A: J'aime le Charleston. C'est nouveau, et c'est très amusant.
J: Qu'est-ce que c'est?
A: C'est une petite danse chouette. Avec du punch! De la bonne musique, je danse beaucoup. Quand je commence à danser, ils se reculent et me regardent. Je suis plutôt douée, vois-tu!
J: Quelles danses savez-vous faire?
A: Oh, je peux faire du Charleston, et ... Je peux faire le Hootchy Cootchy, où tu dois descendre. C'est plus amusant que des choses comme le Foxtrot. La valse est si lente! La musique plus rapide me plait plus.
J: Avez-vous déjà entendu parler d'une danse appelée Black Bottom?
A: Oui, c'est celle dont je vous ai parlé. Je l'appelle: "faire juste la danse Hootchy-Cootchy". Vous descendez jusqu'au sol et vous remuez tout le long, en descendant, et en remontant.

Je ne savais pas si elle avait raison ou pas, mais cette description correspondrait sûrement à celle portant le nom de "Black Bottom".

J: A quoi ressemble le Charleston? Pouvez-vous m'en fredonner un morceau?
A: (Elle a fredonné la mélodie traditionnelle sur laquelle on danse normalement le Charleston.) ... Et vous pouvez danser sur "Charley Boy, Charley My Boy." Celle-ci en est une bonne sur laquelle danser. Vous vous tenez à un certain endroit et vous mettez un pied sur le devant et l'autre pied en arrière ... un pied devant et l'autre pied derrière. Ainsi vous pouvez faire toutes

sortes de choses. Je viens tout juste de l'apprendre, mais je me débrouille plutôt bien. Je vais encore m'améliorer.
J: *Je ne pense pas avoir eu l'occasion de la voir.*
A: Tu ne l'as jamais vue? Ne sors-tu donc jamais?
J: *Bien sûr, de temps en temps.*
A: Et ils ne l'ont jamais jouée à l'une des soirées où tu étais?
J: *Non. Eh bien, vous m'avez dit que c'était nouveau.*
A: Enfin, tout le monde a entendu parler de ça! C'est la dernière coqueluche! (Exaspérée) Es-tu sûr de ne l'avoir jamais entendue?
J: *Peut-être que je l'ai entendue, et que je ne savais pas ce que c'était.*
A: Dis donc! Tu n'as vraiment aucune vie!
J: *(Grand rire, comme vous pourriez dire, il ne faisait que la taquiner) Donc, vous aimez danser. Est-ce que vous chantez, aussi?*
A: Non! Al se moque de moi. Il dit que je ne parle même pas très élégamment. (Rire) Parfois, je dis des choses qui ne sont pas correctes dit-il, que je devrais mieux savoir parler. Alors, je ris simplement. Au moins ce n'est pas dit avec un accent italien. (Rires) Je me venge, personne ne peut gagner d'argument contre moi.
J: *Quel genre de robes portez-vous lorsque vous faites du Charleston?*
A: Je pourrais vous parler de ma préférée. Elle est d'une couleur dorée, et il y a des rangées et des rangées de franges, et quand je danse, elles tremblent toutes et miroitent. C'est tellement mignon. Et je porte des escarpins dorés qui vont avec.
J: *Quelle est la longueur de la robe?*
A: Eh bien, elle n'est pas très longue, ça, je peux vous le dire! Je ne les aime plus aussi longues depuis un bout de temps. Si vous avez de belles jambes, il vaut autant mieux bien les montrer. Je la porte ainsi, afin que l'on puisse voir le maquillage rouge sur mes genoux.
J: *Qu'est-ce que c'est? Du rouge à genoux?*
A: Bien sûr! Tout le monde le fait. Voilà!
J: *As-tu du maquillage sur ton visage?*
A: Bien sûr, un peu. Je porte un peu de rouge, parce que je ne veux pas paraître trop pâle.
J: *De quelle couleur sont tes cheveux?*
A: Pourquoi? Je suis une brunette.
J: *Est-ce naturel, ou...*
A: (Indignée) J'ai toujours été une brune!

J: *Eh bien, vous savez que certaines des filles mettent des trucs dans leurs cheveux et elles en changent la couleur.*
A: Je ne change pas ma couleur. Je, seulement, ... Je couvre un peu ici et là. Un peu de gris ne me semble pas très joli. Je couvre tout ça. C'est tout! Mes cheveux ont toujours été foncés.
J: *J'avais lu quelque part que si vous mangiez un œuf cru de temps en temps, vos cheveux devenaient vraiment beaux. Avez-vous déjà entendu parler de ça?*
A: Yeeyukk! Mettez des oeufs dans votre shampooing!
J: *Oh, c'est ce que vous êtes supposé faire?*
A: Battre l'œuf et le mettre dans son shampooing.
J: *Et ça embellit vos cheveux?*
A: Ils brillent. Doux et brillants.
J: *Comment vos cheveux sont-ils arrangés?*
A: Eh bien, ils sont très courts, et je les coiffe en les rassemblant en une frange. Tu peux le voir. Et ils s'enroulent un peu devant mes oreilles. Je les conserve vraiment courts. Quand je les avais fait couper, Al n'avait pas beaucoup aimé. L'habitude d'être ainsi, avant, tout le monde avait les cheveux longs, et quand on a commencé à les couper, fichtre, j'étais l'une des premières. Bigre, c'est branché, pas vrai!
J: *Avez-vous des bijoux?*
A: J'ai beaucoup de bijoux. Mais ma préférée est une bague d'émeraude. Elle est grosse. Je la porte en ce moment. Vois-tu? (Anita a levé sa main gauche.)
J: *Non, je ne l'ai même pas remarquée. Je dois être à moitié aveugle.*
A: Eh bien pourtant, elle se démarque de la jointure de mon doigt. Tu ne peux vraiment pas la rater!
J: *(Avec un humour caché) Vous avez raison. Je n'étais pas à sa recherche. N'êtes-vous pas inquiète de la perdre?*
A: Non, elle est serrée. Vois-tu? (Elle a fait des mouvements avec sa main comme si elle affichait une bague [invisible pour nous], et l'a déplacée avec ses autres doigts de cette main.) Je la mets tout le temps. Si je porte une robe rouge et Al me dit que ça ne va pas ensemble, je ris juste. Je lui dis qu'elle est à moi et je la porte. Mais maintenant je suis simplement là, en train de couper des fleurs, mes roses. Je vais les mettre sur le piano.
J: *Quel genre de piano avez-vous?*
A: Un blanc. J'aime tout blanc.

J: *Pouvez-vous jouer du piano?*
A: Je peux en jouer. Nous étions dans un club une fois et je leur ai demandé de me laisser jouer un peu. Tout le monde a ri. Ils savaient que je ne pouvais pas le faire, mais je suis parvenue à plutôt bien reproduire la mélodie. J'ai joué une chanson sur ... oh, c'est une vieille chanson sur les lunes et les roses. C'était quand nous venions tout juste d'arriver ici. Et Al l'aimait tellement bien, qu'il m'a acheté un piano et m'a dit de la pratiquer. Je ne voulais pas un de ces pianos que l'on pompe qui joue tout seul. Je n'aime pas ceux-là. Ils ne sont pas aussi amusants. Je veux apprendre à jouer toute seule.
J: *C'est bien. Parlez-moi de votre maison.*
A: C'est une grande maison avec 18 pièces. J'aime cette maison. Ils ne parviendront jamais à m'en déloger. Je n'aime pas la quitter, même du jour au lendemain. Al a construit cette maison pour moi. Nous avons des gens qui y viennent parfois, et ils y demeurent un certain temps. Ma chambre est à l'étage, la première pièce qui s'ouvre sur le palier.
J: *Voulez-vous décrire votre chambre, pour moi. Je ne l'ai jamais vue.*
A: J'ai du satin sur les murs - cela ne s'appelle pas du satin. Cela s'appelle du Damas. Cela brille comme du satin, avec des motifs. C'est comme du papier peint, mais c'est du tissu. Et les rideaux sont assortis. Et mon tapis est blanc. C'est une très jolie pièce; tout y est rose, bleu et blanc. J'ai un grand lit avec un grand, grand baldaquin, et un couvre-lit en satin.

Le dictionnaire nous donne la définition du damas comme étant un riche tissu avec des impressions, en coton, en soie ou en laine.

J: *Je suppose que vous l'avez faite aménagée juste comme vous la désiriez, et que vous n'avez jamais voulu y changer quoi que ce soit.*
A: Oh, parfois je change la couleur d'un pan de mur ou, tu sais, j'y mets de nouveaux objets. Al aime parfois acheter de nouveaux meubles. En général, je la préfère surtout comme elle est. Je n'aime même pas déplacer mes meubles. Je veux mon lit là où il est. Il est comme je le veux, comme dans un rêve.
J: *Avez-vous une salle de bain dans votre chambre?*

A : Juste à côté de ma chambre. Elle est faite de marbre blanc. J'ai même des poignées en argent sur les toilettes. Et la baignoire est également faite de marbre. Je prends des bains de lait, des bains moussants, des bains chauds et des bains froids.

J : *Des bains de lait? Vous voulez dire que vous prenez un bain dans du lait?*

A : Ce n'est pas vraiment du lait. Ils appellent ça un bain de lait. Cela rend l'eau plutôt drôle. C'est censé être très bon pour ma peau.

J : *(Essayant un autre tour.) De qui avez-vous acheté la maison?*

A : La maison a été construite pour moi. Al l'a faite construire par un homme. Cela devait être fait juste de façon parfaite. Il leur a fallu plus d'un an presque, pour la construire. Je ne pouvais pas y aller tout de suite.

J : *En quelle année a-t- il fini de la faire construire?*

A : Oh, tu sais, ça fait plusieurs années maintenant. J'ai emménagé dans cette maison alors que nous avions seulement une pièce avec du mobilier ici. Je voulais emménager tout de suite. Je n'ai pas pu amener tout le reste pendant plusieurs jours. Et j'ai dit à Al, emmène-moi là-bas. Je vais y rester dedans comme ça. Il s'est moqué de moi, il a dit que nous n'allions quand même pas dormir sur ce canapé. (Rires) Nous avons dormi à même le sol.

J : *Quelle était cette première pièce pleine de mobilier?*

A : Eh bien, nous ne l'utilisons pas vraiment souvent maintenant. Il s'agit de cette pièce à l'opposé de la porte d'entrée. Juste à côté du hall.

J : *Le salon?*

A : Ouais. J'en ai un plus grand de l'autre côté.

J : *Quelles étaient ces premières choses que vous avez eues?*

A : Oh, des chaises et une autre chose qui s'appelle une chaise longue. J'ai vu ça, et j'ai rigolé. J'ai dit que l'homme qui l'avait faite était fou. Il ne savait pas s'il faisait un lit ou une chaise. Al l'a mise dans l'une des autres chambres maintenant. Nous venons d'acheter des nouveaux meubles.

J : *Je parie que cela aura coûté beaucoup d'argent.*

A : Nous en avons. Nous avons acheté des chaises qui ont de tout petits pieds minuscules avec des sièges à rayures. Je pense qu'elles sont supposées être des antiquités. Et j'en rigole parce que je ne pense pas qu'elles soient vraiment anciennes. Mais comme tout le monde serait censé avoir des meubles élégants, Al voulait que j'en aie aussi. Je n'aime pas tout ça, mais Al le désirait. C'est tout un style d'avoir ce genre de choses. Je lui ai dit de laisser ma chambre tranquille. C'est comme ça que je la voulais. Et il a ri et a dit, d'accord.

J: Veut-il changer l'autre partie de la maison par où les gens entrent?

A: Oui, toutes ces petites chaises et canapés. Ils n'ont pas l'air très confortables. Nous avons donc beaucoup de pièces. Si vous comptez où vivent les domestiques et en tout, il y en a plus de 20.

J: Eh bien, je suppose que vous avez beaucoup d'espace à vous occuper avec ces 18 pièces. Comment gardez-vous tout propre?

A: J'ai toutes ces nègresses. Certaines s'occupent à l'étage, et d'autres en bas, et cuisinent, et tout et tout. Beaucoup d'aide. Il y a certaines choses que je fais par moi-même, mais pas beaucoup.

J: Que faites-vous par vous-même?

A: Eh bien, certains soirs, je prépare le souper pour Al et moi. Il aime que je lui cuisine des œufs avec de la vraie sauce espagnole piquante. J'ai essayé de cuire des spaghettis, mais je ne sais pas du tout les préparer. Il les a fait pour moi. Sa maman lui a appris à les faire. Vous devez tenir la boulette de viande juste de la bonne manière quand vous la façonnez, et ensuite la faire dorer, sinon elle n'a pas bon goût. (Elle a fait des mouvements avec ses mains, comme la formation d'une boulette de viande.)

J: C'est tout un secret?

A: C'est l'un d'entre eux. Il doit y en avoir beaucoup parce que j'ai essayé et je n'arrive pas à l'apprendre.

J: Qu'est-ce que vous aimez manger?

A: Eh bien, j'aime le foie haché. C'est très bon. Je pense qu'ils y mettent des oignons, quelques- uns. La cuisinière fait très bien la cuisine pour moi. Elle a été ici depuis que nous avons construit cette maison. Elle est agée; elle a cuisiné depuis des années et des années.

J: Vous avez un espace sur l'arrière où vous pouvez vous asseoir sur la terrasse et manger, n'est-ce pas?

A: Oh, ouais! C'est bien. J'y mange là-bas très souvent. Al aime beaucoup.

J: Quelle en est l'orientation? Quand vous êtes sur la terrasse, et que vous regardez vers l'extérieur de la maison, dans quelle direction regardez-vous? Est-ce vers l'ouest, ou l'est, ou...

A: Eh bien, c'est dans la direction de l'eau. Je suppose que c'est vers l'est. Je n'en sais rien. Je pense que c'est effectivement vers l'est parce que... oui, c'est bien vers l'est. C'est ensoleillé le matin, bien trop tôt. Je conserve les rideaux tirés. Je ne prends pas mon petit déjeuner là-bas. Si le soleil est trop lumineux, je n'aime pas. Ça me fait, tu sais ... ça montre des rides sur ton visage en pleine lumière. J'ai installé trois épaisseurs de rideaux sur cette fenêtre. J'ai mis un très mince; et puis, une sorte de genre tissé; et sur cela j'en ai des plus épais. Je peux choisir de la rendre aussi lumineuse, ou aussi sombre que je le désire.

J: *Vous voulez dire que vous en avez trois épaisseurs, l'une sur l'autre? Ceci doit vraiment couper la lumière dans la pièce alors.*

A: Tout sauf la lucarne. Elle laisse entrer énormément de soleil dans l'après-midi. Vous ne pouviez rien faire avec ça, vraiment. J'ai même eu... c'est une chose que j'ai changée. J'ai mis des vitraux là-haut. Faits avec un petit motif.

J: *Juste comme dans une église, hein?*

A: Oh, non, non! Absolument pas comme ça. Je leur ai fait faire des petites fleurs et des feuillages là-haut. Et quand le soleil brille, il y a des petites fleurs sur le sol. Cela fait une jolie, très jolie pièce.

J: *Voyons voir. J'imagine que ça devient très froid dans le coin. Avez-vous des manteaux épais?*

A: Oh, oui. J'en ai de toutes sortes. Quel genre voulez-vous? Voulez-vous en utiliser un?

J: *Non, je me demandais juste. Avez-vous un manteau de vison?*

A: J'ai quelques fourrures, du castor et j'ai un manteau d'hermine. J'aime l'hermine car c'est blanc. Cela rend mes cheveux plus noirs que jamais. Et mes yeux bleus sont également bien plus beaux.

J: *Avez-vous une voiture?*

A: J'ai un chauffeur qui me conduit là où je veux aller dans la voiture qu'Al m'a achetée. Elle est noire, très brillante! C'est une Packard, très grosse. C'est la meilleure marque.

J: *La plus confortable?*

A: Je ne m'y connais pas en ce qui concerne être la plus confortable. Je n'ai jamais été dans une autre marque sauf la Steamer, mais Al dit que celles-ci coûtent le plus cher, donc elles doivent être les meilleures. C'est ce qu'il achète. Elle me plait.

J: *Est-ce que votre chauffeur l'astique tout le temps?*
A: Cela n'a pas de sens d'avoir une bonne voiture, si vous n'en prenez pas soin.
J: *Mais vous ne savez pas comment conduire?*
A: Oh, je peux conduire si je le dois, mais je préfère m'asseoir et me laisser amener. Il est payé pour. De cette façon, Al connaît tous les endroits où je vais. Il y a des endroits où je ne suis pas supposée aller.
J: *Où?*
A: Des lieux au centre-ville. Je ne vais nulle part où il travaille.
J: *Où Al travaille-t-il?*
A : Il ne me le dit jamais avec certitude. (Elle devient plus sérieuse) Il y fait quelque chose, je pense. Parce que quand je lui demande, il perd son contrôle. Il me dit de me servir de la sauce de ma saucière et de me taire. Et je n'aime pas quand il me parle comme ça. Donc, je ne lui pose pas beaucoup de questions.
J: *Y a-t- il d'autres endroits où il ne faut pas que vous alliez?*
A: Eh bien, je suis supposée rester à l'écart de l'endroit où vont toutes les dames de la haute société. Des endroits pour les déjeuners, et des lieux comme ça. Elles ont un restaurant là-bas, et il y a aussi des endroits dans l'hôtel Bartlett House. Et, elles se rendent également dans des lieux pour des spectacles de classe.

J: *Et Al ne veut pas que vous alliez dans aucun de ces endroits?*
A: Non, parce qu'il dit que j'en sais trop. Je pourrais me tromper et dire quelque chose qu'il ne faut pas.
J: *Eh bien, Chicago est une grande ville.*
A: Ça grandit vite. Al a dit que ça ne s'était pas arrêté depuis le feu.
J: *Quel feu était-ce?*
A: Eh bien, il y a longtemps, il y eu un grand feu ici et presque tout a brûlé, des blocs et des blocs. Et maintenant, chaque jour, il y a quelque chose de nouveau qui monte.

Elle faisait référence au grand incendie de Chicago survenu en 1871, et qui avait détruit une grande partie de la ville.

J: *Voyez-vous beaucoup de nouveaux bâtiments autour de vous maintenant?*
A: Quand je vais au centre-ville, je le vois. C'est un bloc entier, presque, que de magasins. Il y aura toutes sortes de magasins là-bas.
J: *Dans quelle rue est-ce?*
A: Je ne m'en souviens pas. C'est juste à côté des batiments de l'Etat, juste au coin de la rue. Cela n'avait pas l'air d'être grand-chose avant, mais ça va être très beau maintenant.
J: *Vous rendez vous parfois dans des parcs?*
A: Oh, nous avons de beaux lieux de pique-nique au bord du lac, et il y a beaucoup de parcs. Al n'aime pas sortir comme ça. Je peux faire des promenades en voiture, et je conduis, et parfois je conduis même pour de longs trajets.
J: *Vous dites que vous pouvez conduire cette voiture, mais vous avez un chauffeur.*
A: Je sais conduire quand je le dois. Quand j'ai eu la Packard, il m'a dit que je devais apprendre comment m'en servir. L'employé qui conduit m'a appris.
J: *Est- ce que votre voiture est du type avec le changement de vitesse au pied?*
A: Oui, et je déteste ce système. Je n'arrête pas d'oublier et de me mélanger les pédales. Je casse quelque chose quand j'oublie ça. Ça coûte de l'argent pour le réparer.
J: *Comment démarrez-vous la voiture?*

Johnny pensait que certaines voitures devaient être démarrées à la manivelle à cette époque.

A: Je l'appele simplement, et lui dis que je veux la voiture, et que je veux la conduire, et il me l'amène à la porte. Je ne me souviens pas de l'avoir jamais démarrée. Il vit juste à côté du garage, et il ... je n'ai jamais eu à la démarrer!
J: *(Il essayait de penser à d'autres questions). Savez-vous ce qu'est un avion?*
A: J'en ai entendu parlé, mais je ne pense pas en avoir vu. Ils parlent qu'il va y avoir des avions qui vont faire des choses fantastiques. Vous pouvez simplement prendre l'avion et aller n'importe où dans le monde, disent-ils. Ils ne me feront jamais monter dans une de ces choses! J'ai peur de ce genre de trucs. Je ne pense pas que cela semble être une chose naturelle d'être là-haut.

C'était une déclaration étrange pour quelqu'un dont le mari était actuellement stationné sur une base d'entraînement pour des avions jets.

J: *Eh bien, June, je vais compter jusqu'à cinq et ce sera l'année 1910. (Il l'a comptée à rebours.) Nous sommes en 1910, que faites-vous?*
A: C'est le jour du déménagement. Je sors de cet hôtel.
J: *Quel hôtel?*
A: J'ai vécu dans le Gibson.
J: *Dans quelle rue cela se trouve-t-il?*
A: C'est sur la rue principale ici en ville.
J: *Où allez-vous?*
A: À la maison que nous avons faites construire. Nous avons construit ce projet, cela a semblé interminable! Mais nous pouvons emménager aujourd'hui.
J: *Avez-vous beaucoup de choses à faire ramener de cet hôtel?*
A: Non, mais nous avons été choisir des meubles, et nous allons les ramener.
J: *Et. . . Qu'est ce que vous portez comme vêtements aujourd'hui?*
A: Ma longue robe verte. Elle a été faite sur mesure pour moi, avec tous ces boutons et les grandes manches, des manches à cotelette de mouton.

Oui, Je crois que c'est ce qu'ils appelent des manches en forme de gigot de mouton.

J: Vos genoux sont-ils visibles?

C'était un truc, mais quel sens de l'humour.

A: (Choquée) Oh non! Non, monsieur!
J: Quel genre de chaussures portez-vous?
A: Quelle question, à boutonnières, bien sûr.
J: Pensez vous qu'il viendra un jour où les chaussures ne seront plus boutonnées?
A: Eh bien, je ne peux pas m'imaginer ça. Les gens pourraient voir votre cheville! Vous devez même faire attention pour monter sur le tram, afin qu'ils ne voient pas votre cheville. Les hommes essaient toujours de voir vos chevilles!

Les choses ont bien changé en 16 ans. Les comparaisons entre les périodes étaient incroyables et amusantes. Johnny appréciait ça.

J: Comment coiffez-vous vos cheveux?
A: Ils sont très longs, mais c'est rassemblé sur le haut, très en hauteur. Ils n'ont pas été coupés depuis très longtemps, si je me souviens bien. C'est horrible d'avoir à se laver et se brosser les cheveux. Il faut pratiquement une journée entière pour se les laver.
J: Avez-vous déjà pensé à les couper vraiment courts?
A: Eh bien, si c'était à la mode, je m'assurerais d'être la première à l'essayer. J'ai dit à Al que je voulais que les miens soient coupés comme un homme à l'arrière. J'aimerais bien, je l'aurais juste coupé sur le derrière. Mais Al a dit que son derrière n'était pas très joli, donc que je ferais mieux de ne pas les faire couper comme ça!
J: (Il rit de sa blague.) Est-ce que vous portez du maquillage sur votre visage?
A: Un peu de poudre de riz. Cela donne une apparence plus lisse et homogène.
J: Et à propos de rouge?

A: (De nouveau choquée). Oh, non! Vous vous pincez les joues de temps en temps, et vous pouvez mordre vos lèvres très fort et elles resteront rouges un petit moment.

J: *Ça ne fait pas mal?*

A: Eh bien, c'est le cas, mais vous voulez être jolie. J'utilise de la farine d'avoine sur ma peau qui m'aide aussi. Je la mets dans un petit sac et je le tape sur mon visage quand je me lave. (Elle a fait des mouvements de tapotements sur son visage.) Cela laisse ainsi cette eau d'avoine sur place. Elle reste et enlève les rides.

J: *Est- ce que la farine d'avoine est naturelle ou cuite?*

A: (Rire) Eh bien, idiot, vous ne pourriez pas mettre de farine d'avoine cuite dans un sac! Tu es vraiment très drôle! Tu ne connais pas beaucoup les femmes, n'est-ce pas?

J: *Non, pas vraiment.*

A: Vous parlez comme si vous veniez de Springfield. Ils ne savent rien là-bas.

J: *C'est de là que vous venez, n'est-ce pas?*

A: Tout proche. Je ne suis pas née en ville. Je viens d'une ferme.

J: *À quelle distance de Springfield était la ferme?*

A: Environ une journée de trajet en charette. En roulant vers le sud, je pense.

J: *Ils n'avaient pas de voitures comme ils en ont maintenant, n'est-ce pas?*

A: Il y a quelques voitures maintenant, tu sais. Nous sommes en 1910! Mais mon père n'aura jamais de voiture parce qu'il n'a pas autant d'argent.

J: *Avez-vous une voiture maintenant?*

A: Al a une voiture.

J: *Vous n'en avez pas vous-même?*

A: Pas à moi. Je n'ai pas besoin de voiture. Je vais avec Al quand il le désire.

J: *Ne vous rendez-vous jamais nulle part quand Al n'est pas là pour venir vous chercher?*

A: Eh bien, au début j'avais peur, et il me taquinait m'accusant d'être une petite fille de la campagne. Il m'a dit que j'avais des chaussures maintenant, donc je pouvais marcher sur du béton.

J: *(Grand rire) Quel type de voiture Al a-t-il?*

A: Une Steamer Stanley.

Il se souvenait des images que nous avions trouvées dans l'encyclopédie.

J: *A-t-elle un toit?*
A: Nous roulons avec le toit ouvert.
J: *Vous l'enlevez?*
A: Je ne pense pas qu'il s'enlève. Je pense que cela se replie quelque part. On se prend beaucoup de vent. (Elle caresse ses cheveux.) Et ça décoiffe mes cheveux.
J: *Que se passe-t- il quand il pleut?*
A: Vous avez assez de bon sens pour rester à l'abri de la pluie, je suppose!
J: *(Rire) Est-ce que la voiture fait beaucoup de bruit? (Nous avions lu qu'il s'agissait de voitures non bruyantes.)*
A: Non, non.
J: *À quelle vitesse la voiture d'Al va-t-elle?*
A: Eh bien, il est assez imprudent. Parfois, il monte ... jusqu' à 15 miles à l'heure, peut-être même plus. Je lui ai dit au début que ça arracherait mes yeux de ma tête, et il m'a dit que non, que cela ne serait pas le cas. Il me montrerait! J'avais terriblement peur au début.

À ce stade là, Johnny l'a guidée vers d'autres scènes qui seront incorporées dans le chapitre suivant. Nous avons laissé cette partie intacte pour montrer au lecteur la comparaison entre les deux périodes. Tellement de changements dans le style de vie se sont passés en une décennie. Même si l'esprit d'Anita concoctait un fantasme, il semblerait très difficile d'empêcher les différences de se mélanger les unes aux autres. Il est remarquable qu'elle les ait gardées séparées, et ait conservé la personnalité de chacune des périodes. June/Carol a émergé comme une personne très réelle avec un sens de l'humour unique. Elle n'était certainement pas une découpe de carton jouant un rôle, ou un zombie obéissant aveuglément aux ordres reçus.

Chapitre 4

La vie de June/Carol

Nous avions plus de matériel sur June/Carol que sur les autres personnalités rencontrées. Elle était la vie la plus récente d'Anita, et était donc plus proche de la surface. Les séances durèrent plusieurs mois et chaque fois qu'Anita était régressée, le premier personnage que nous rencontrions devait être June ou Carol, à moins qu'on ne lui dise le contraire.

J'ai donc décidé d'organiser les autres morceaux de sa vie de manière chronologique, afin que le lecteur puisse suivre son histoire sans se perde par des changements d'avant en arrière. Bien que les incidents se soient produits sur une longue période de temps, il est étonnant de voir à quel point ils s'emboîtent bien les uns dans les autres. Il est également intéressant de noter qu'aucun interrogatoire ne parvenait à la perturber, même si nous étions souvent nous-même confus. Elle savait toujours exactement qui et où elle était. Il n'y avait aucun moyen d'omettre ces incidents, et de donner encore une image complète d'une personne qui était en train de devenir si réelle pour nous, qu'elle devait sûrement avoir vécue, respirée, et aimée. Cela ne pouvait pas être le fruit de l'imagination de quelqu'un. Nous avons tous granduellement appris à l'aimer et nous nous régalions de son merveilleux sens de l'humour, ainsi qu'une bonne appréciation de pouvoir lui parler. Peut-être que nous ne verrons jamais la preuve qu'elle avait réellement vécue, mais elle a certainement été vivante pour nous durant tous ces mois de 1968.

Estimant que Carol est née vers 1880, Johnny a régressé Anita à l'année 1881 et a demandé où elle se trouvait.

A: Assise par terre.
J: Jouez-vous avec quelque chose?
A: Avec des bobines. Pour que je reste tranquille.
J: Faisiez-vous du bruit?
A: Beaucoup de bruit!
J: Quel âge avez-vous?
A: À vrai dire, je ne sais pas.
J: Quelle est votre taille?
A: Je ne suis pas assez grande pour avoir des chaussures. Je peux marcher. Je peux dire quelques mots.
J: Quels mots pouvez-vous dire?
A: Je crie "Maman" et "Papa", et je reproduis tous les bruits que les animaux peuvent faire.
J: Avez-vous beaucoup d'animaux autour de vous?
A: Eh bien, nous sommes dans une ferme.
J: C'est charmant. Maintenant, je vais compter jusqu'à trois, et nous passerons à 1885. Un, deux, trois, nous sommes en 1885. Que faites-vous?
A: Je suis dans la cour en train de jouer avec le bébé. J'essaye d'empêcher ce bébé de pleurer. Le petit est dans le berceau.
J: Allez-vous à l'école?
A: Je vais y aller l'année prochaine.
J: Quel âge avez-vous?
A: J'ai cinq ans. J'en aurai six en juin ... le premier du mois.

Ceci était en accordance avec ce qu'elle avait dit plus tôt. Elle a été prénommée June par Al, parce que son anniversaire était en juin, et qu'elle était "jolie comme un jour de juin".

J: Combien de temps encore se passera-t-il avant que ce ne soit votre anniversaire?
A: Je ne peux pas m'en rendre compte. Ma mère me le dira.
J: Pensez-vous que vous aurez un gâteau d'anniversaire?
A: Eh bien, parfois Maman fait un gâteau. Quelquefois.
J: Alors elle en fera probablement un pour votre anniversaire, n'est-ce pas?

A : Est-elle supposée le faire?

J : *Eh bien, certaines personnes ont un gâteau pour leurs anniversaires, mais d'autres ont des gâteaux d'autres jours.*

A : Eh bien, nous avons un gâteau les dimanches. Parfois, quand nous pouvons en avoir, nous en faisons un.

J : *Bien. Maintenant parlez-moi de votre maison. Quelle en est sa taille?*

A : Il y a trois grandes chambres et le grenier.

J : *Où dormez-vous?*

A : Dans le grenier. Maman a fait un matelas avec de la paille. Cela fait un joli lit moelleux. Vous pouvez vous blottir dedans. Quand je serai riche, j'aurai un duvet avec des plumes. Maman a un duvet de plumes sur son lit. Elle a dit quand je serai grande, je pourrai en avoir un.

J : *Ce sera bien agréable. Maintenant, regardons en avant et voyons comment seront les choses en 1890. (Anita a été avancée plus loin dans sa vie.) Que faites-vous?*

A : J'aide ma mère. Nous chauffons de l'eau dans la cour pour faire la lessive. Laver encore plus de couches. On dirait qu'il y a un bébé chaque année!

J : *Quel genre de savon utilisez-vous?*

A : Le savon que fait ma maman.

J : *Est-ce que ça les rend propres?*

A : Oh, fichtre! Vous continuez à frotter jusqu'à ce qu'elles soient propres!

J : *Utilisez-vous une planche à laver?*

A : Parfois. Mais parfois tu les frottes encore et encore ensemble. (Anita a fait des mouvements de frottement avec ses mains.) Ça se nettoie comme ça. A frotter le savonnage sur elles!

J : *Cela me semble beaucoup de travail.*

A : On travaille toute une journée, le jour du lavage. C'est chanceux de laver un jour où il y a du vent. Vos vêtements se sèchent tout seuls.

J : *Où est la corde à linge?*

A : Elle est pendue de la maison à ce grand arbre, là-bas.

J : *Dites-nous, Carol, quel âge avez-vous?*

A : Neuf ans. Près de dix maintenant, m'a dit Maman.

J : *Allez-vous à l'école?*

A : Non. Je suis allée à l'école pendant un petit moment, mais maman avait besoin de moi. Je l'aide beaucoup dans la maison.

J: *Donc, vous n'êtes allée à l'école que pendant très peu de temps.*
A: Je dois encore y aller pour quelques années.
J: *Où est l'école?*
A: Oh, elle est loin en bas sur la route.
J: *Allez-vous à pied quand vous allez à l'école?*
A: Chaque jour. Quand il a neigé vraiment beaucoup, je ne peux pas y aller.
J: *Savez-vous comment écrire votre nom?*
A: Je peux plutôt bien l'imprimer en majuscules maintenant. Je m'entraîne avec un bâton dans la terre.

De façon inattendue, Johnny a eu l'idée de voir si Carol pouvait imprimer son nom pour nous. Nous ne savions pas si cela serait possible, mais ça valait le coup d'essayer. À l'époque, nous étions ouverts à toute sorte d'idée.

J: *Voici un crayon et un morceau de papier. Voulez-vous imprimer votre nom pour moi?*
A: Tu n'as pas d'ardoise?

Johnny a demandé à Anita d'ouvrir les yeux. C'était très difficile et elle regardait le journal avec des yeux vitreux. Puis il lui a donné le crayon pendant que je tenais le papier immobile. Nous avons regardé alors qu'elle écrivait, très maladroitement et lentement, en grosses lettres, "Carolyn Lambert". Cela avait l'air très puéril et irrégulier.

A: J'ai appris cela l'année dernière. Mais je dois continuer à pratiquer parce que je ne suis pas très bonne. Maman m'a dit, ce que tu apprends, personne ne peut te l'enlever. Je lui ai montré et elle ... elle ne savait pas grand-chose. Elle voulait que je lui montre comment écrire le sien en majuscules.
J: *Votre mère n'est pas allée à l'école?*
A: Je ne pense pas qu'elle y soit allée.

À deux autres occasions, quand Anita a été soudainement déplacée en 1890 afin de vérifier son orientation, elle avait choisi la même situation et les mêmes conditions. À l'une de ces occasions, elle a dit qu'elle cueillait des tomates. "J'en ai ramassé jusqu'à ce que j'ai eu le panier plein."

J: Qu'allez-vous faire avec toutes ces tomates?
A: Les faire cuire. Les mettre en conserves. En faire des sauces. (Elle soupira profondément).
J: Que se passe-t-il?
A: Il fait très chaud. Je souhaite qu'il pleuve! Très poussièreux ici dehors. N'a pas plu depuis un moment. Quelle chaleur!
J: Quel âge avez-vous, Carol?
A: Je ne sais pas avec certitude. Maman dit que ça ne fait pas de différence, mais je veux savoir. Je ne vais plus à l'école.
J: Combien de temps êtes-vous allée à l'école?
A: Près de deux ans.
J: Qu'avez-vous appris à l'école?
A: Eh bien, j'écris en majuscules ... et j'ai appris mes nombres ... et mes lettres. Je peux compter jusqu'à dix, et jusqu'à vingt ... tu en enlèves une, et ... je me mélange tout après avoir passé la dizaine. Supposé être facile, a dit le professeur. Papa a dit que je n'avais pas de tête pour les chiffres. Je m'entraine.

En explorant cette période de la vie de Carol, nous l'avons interrogée sur d'autres membres de sa famille. Il semblait qu'elle avait environ sept frères et soeurs. Il est intéressant qu'elle mentionne un frère, Carl, qui a été ainsi nommé d'après un ami de son père. C'est sans doute le même Carl qu'elle a épousé plus tard.

Dans une autre session, elle a été régressée en 1900 et nous lui avons demandé ce qu'elle faisait.

A: Nous cuisinons des maïs rôtis et cuisons un grand repas pour les travailleurs manuels. Nous avons beaucoup de cette aide ici. Ils mangent beaucoup. Ils ont faim.
J: Où êtes- vous?
A: Je suis à la ferme.
J: Quelle ferme?
A: Celle de mon mari.
J: Quel est le nom de votre mari?
A : Steiner. Carl Steiner.
J: Où est votre ferme?
A: Un peu à la sortie de Springfield.

J: *Dans quelle direction?*
A: Eh bien, quand nous nous rendons en ville le matin, le soleil est dans mon visage.
J: *Est-ce une longue route jusqu'à la ville?*
A: Non, j'y arrive avant le déjeuner. Juste quelques heures. Une ou deux.
J: *Comment voyagez-vous?*
A: Dans le boghei avec un cheval.
J: *Aimez-vous cela?*
A: Ça rebondit trop.
J: *Quel âge avez-vous aujourd'hui?*
A: Aujourd'hui? (Pause) Je suis affreusement proche de 20 ans.
J: *Depuis combien de temps êtes- vous mariée?*
A: J'ai été mariée maintenant à peu près ... Il semblerait quatre ans, cinq ans? Le temps s'envole.
J: *Es-tu heureuse?*
A: Non! Qui serait heureux ici? Travailler tous les jours sept jours par semaine.
J: *Mais vous pouvez aller en ville de temps en temps.*
A: Oh! Si j'ai de la chance, j'y vais peut-être deux, trois fois par an.
J: *Combien de personnes travaillent-ils pour vous dans cette ferme?*
A: Environ cinq hommes travaillant dans les champs plus d'autres tâches.
J: *Que faites-vous pousser là, à la ferme?*
A: Juste de la nourriture pour le bétail - beaucoup de maïs. Nous devons faire pousser notre propre nourriture, vous savez. Cultivez du foin, et autres choses pour les vaches.
J: *Combien de vaches avez-vous?*
A: Oh, environ 40, 50, je suppose.
J: *Des cochons?*
A: Non, je ne pense pas.
J: *Combien avez-vous de poulets?*
A: Oh! J'ai tous ces damnés poulets à soigner. Je dois nettoyer ce poulailler moi-même. Mettre de la chaux et de la créosote dedans.

Des recherches subséquentes ont révélé que c'était une pratique courante à cette époque. Anita était une citadine qui aurait très peu de chance d'en savoir autant sur les poulets et les travaux agricoles.

J: *Pourquoi les employés ne s'occupent-ils pas de ça?*
A: C'est censé être un travail de femme.
J: *Quelle est la taille de la ferme?*
A: Je l'ai entendu appeler ceci une section. Il a dit, qu'un jour ce sera la mienne si j'ai un fils.
J: *Mais vous êtes sa femme! Cela ne vous en donne-t-il pas la moitié?*
A: Il l'appelle sa propriété.
J: *Allez-vous avoir un fils?*
A: Non! Il essaie de me soudoyer.
J: *Quel âge a votre mari?*
A: Il a près de 60 ans. C'est un vieil homme.
J: *Et vous avez 20 ans. Il est un peu plus vieux que vous.*
A: Seulement un peu plus vieux? Ce n'est pas juste.
J: *Vous ne voulez pas d'enfants?*
A: Je ne veux pas qu'il s'approche de moi.
J: *Oh. A-t-il sa propre chambre?*
A: J'ai ma propre chambre!
J: *Et où dort Carl?*
A: Il dort à l'étage aussi. Il est gêné que les autres hommes le sachent. Ils rient tous parce que nous n'avons pas d'enfants.
J: *Quel genre de vêtements avez-vous?*
A: Je n'en ai pratiquement pas.
J: *Vous ne vous en cousez pas? Croyez-vous que Carl vous ramènerait des robes de la ville?*
A: Il ne cesse de me le promettre, si je le laisse entrer dans ma chambre. Je lui ai dit que je n'étais pas aussi désespérée pour des vêtements. Une fois, J'ai découpé un drap de lit et en fait une robe.
J: *Quel genre de chaussures avez-vous?*
A: Je suis pieds nus maintenant. J'en avais une paire quand je me suis mariée, mais elles se sont usées. Je vais juste pieds nus la plupart du temps.
J: *Que faites-vous quand il fait froid dehors?*
A: Eh bien, je lui ai demandé une paire de chaussures, et il m'a donné une de ses vieilles paires.

Au cours d'une autre session, Anita a encore été régressée à cette même période et était immédiatement de retour aux même faits, comme toujours. Sa capacité surnaturelle à retrouver constamment un moment et un lieu donnés n'a jamais cessé de nous étonner. Cette fois, nous retrouvons Carol sur cette ferme détestée. Johnny a demandé ce qu'elle y faisait.

A: Je ne fiche rien.
J: Où êtes-vous?
A: Je suis dans ma chambre. Je suis censée frotter les sols, mais je ne l'ai pas encore fait. Je dois m'en occuper bientôt.
J: Quel âge avez-vous?
A: Je pense que j'ai environ 20 ans.
J: Où est Carl?
A: Sur les terres. On se rapproche de l'époque pour replanter des choses à nouveau.
J: Qu'allez-vous planter?
A: Encore plus des mêmes vieux trucs. Du maïs, du blé, les mêmes choses. Je vais bientôt avoir mon jardin.
J: Qu'est-ce que vous plantez dans votre jardin?
A: Des trucs à manger pour tout l'hiver. Si vous ne voulez pas avoir faim, vous devez planter. J'ai mes patates. J'ai eu une grosse récolte l'année dernière. Je vais en planter encore beaucoup cette année à l'époque des plantations.
J: Est-ce que tu fais beaucoup de conserves?
A: Bien sûr! Je veux avoir à manger, n'est-ce pas?
J: Eh bien, je pensais, que beaucoup de gens stockent la plupart de leurs aliments d'hiver dans la réserve.
A: Eh bien, vous ne pouvez pas faire ça pour tout. Que pensez-vous qu'il arriverait à un épi de maïs si vous le mettez dans une réserve?
J: Ils deviennent rances?
A: Eh bien, Ils ne seront peut-être tout juste bons que pour des popcorns.
J: N'achetez-vous rien en magasin?
A: (Rires) Rien de ce que tu ne puisses faire toi-même!
J: Qu'en est-il des choses comme le sucre et la farine?
A: Vous obtiendrez de la farine quand vous ferez du blé moulu. On a du sucre.
J: Et le café? Buvez-vous du café?
A: Non, je ne bois pas de café. J'achete un peu de thé de temps à autre. J'aime le thé.

La fois suivante que nous avons rencontré Carol, elle était encore sur la ferme en 1905.

J: *Que faites-vous?*
A: Oh! Je suis tellement fatiguée! C'était une journée difficile. Ce n'est pas du tout repos!
J: *Qu'avez-vous fait aujourd'hui?*
A: Travaillé dans mon jardin.
J: *Est-ce que vous venez juste de vous l'installer?*
A: Non, ça va faire longtemps que je l'ai. Il vous reste juste à surveiller les mauvaises herbes. Je sors là avec la houe. C'est juste la seule chose à faire, s'en débarasser!
J: *Où est votre mari?*
A: Je ne sais pas. Il n'est pas rentré à la maison. Je viens juste de me reposer un peu avant de commencer à préparer le souper.
J: *Depuis combien de temps êtes-vous mariée?*
A: Oh, mon Dieu! Cela semble être une éternité!
J: *Eh bien, parlez-moi de votre jardin. Qu'y cultivez-vous maintenant?*
A: Eh bien, notre maïs est assez avancé. J'essayais de prendre la houe et de ramasser la saleté autour. Il grandit plus haut comme ça. J'ai eu mes premières tomates. J'ai fait des tomates vertes, frites.
J: *Les aimez-vous?*
A: Ouais, elles sont plutôt bonnes. Je les aime bien mieux. Je déteste les conserves, par contre. Je déteste ça, à la vapeur. Je souhaiterais qu'il existe un moyen de faire mûrir les tomates en hiver.
J: *Quoi d'autre cultivez-vous?*
A: Oh, okra, courge, ai même planté des concombres cette année. Les pommes de terre ont l'air bonnes. Je vais même obtenir quelques pastèques là-bas, quand elles deviendront mûres. Je suppose que j'ai presque tout ce que tu veux manger ... des haricots, des petits pois.
J: *On dirait que vous n'aurez pas faim.*
A: Je n'ai aucun désir d'avoir faim! Si je suis capable de travailler pour planter et cultiver, et je peux le faire, je vais avoir tout ce que je veux manger.
J: Cela semble tomber sous le sens.
A: Nous avons une vache laitière ou deux. Il en a quelques-unes qu'il a l'intention de prendre pour faire abattre. Il les emmène à Springfield, dans le coin, juste de ce côté de Springfield. Un

homme fait beaucoup d'abattage dans sa maison et sa cour. Il le fait pour les gens, et c'est moins cher que si vous faites venir un de ces autres gars. Et parfois nous en vendons un peu, mais d'habitude, nous ne faisons abattre que ce que nous allons conserver.

J: *Comment empêchez-vous que la viande s'avarie?*
A: Oh, nous l'accrochons dans le fumoir ici.
J: *Est-t-il arrivé que tout ait mal tourné?*
A: Non, pas depuis que j'ai commencé à le faire là-bas dans le fumoir. Et j'en ai pendu un peu. Je la fais bouillir et la mets dans des boîtes de conserve, comme je le fais pour les légumes, et elle se conserve plutôt bien comme ça.
J: *Est- ce que ça a le même goût?*
A: Non. Vous savez, ça devient plutôt filandreux, mais c'est bon quand même. Vous pouvez le faire avec des nouilles et tout ... saler un peu. Ça n'a pas très bon goût, mais vous pouvez le conserver comme ça. Parfois, vous savez, si vous manquez de viande, vous pouvez en abattre en hiver. J'ai toujours pensé que ce serait un bon moment pour le faire, mais ils ne font pas comme ça. C'est quelque chose qui a à voir avec les veaux et tout ça. Je ne comprends pas exactement. Je cuisine ce que j'ai. J'aime le poulet frit. Si vous pouvez en mettre en conserve, c'est bon aussi. Il conserve un goût frais.
J: *Mais vous n'aimez pas nettoyer ce poulailler.*
A: Non, je ne le fais pas.
J: *Tuez-vous les poulets vous-même?*
A: Je leur tords le cou.

Le récit de toutes ces corvées de ferme peut sembler répétitif, mais cela montre clairement que ce n'était pas quelque chose que quelqu'un créerait à partir d'une vie imaginaire.

Sur une cassette précédente, Carol venait d'arriver à Chicago et était très excitée par la grande ville. Elle avait dit: "Je n'ai jamais rien rêvé comme Chicago, je ne quitterai jamais cette ville!" À ce stade, Johnny a décidé d'obtenir un peu plus d'informations sur sa vie à la ferme.

J: *D'accord. Je vais compter jusqu'à trois, et vous remonterez à l'année 1905. En reculant, un, deux ...*

A: (troublée, presque sanglotante) Je ne veux pas être de retour là-bas!

Johnny n'avait pas réalisé la signification de ce qui venait de se passer, et avait continué à compter.

J: Nous venons juste de revenir ... trois! C'est l'année 1905. Que faites-vous?
A: (En bougonant) Ça ne me plait pas ici.
J: Qu'est- ce que vous n'aimez pas?
A: (En colère) Je n'aime pas revenir ici! Je n'aime absolument rien sur cette ferme! Je déteste cet endroit!
J: Quel est votre nom?
A: (Cassante) Carol!
J: Depuis combien de temps vivez vous ici?
A: Je ne me souviens pas d'avoir vécu ailleurs que dans une ferme!
J: Que faites-vous dans cette ferme, Carol?
A: Fichu imbécile! A quoi cela ressemble-t-il?
J: Êtes-vous mariée?
A: On peut appeler ça comme ça.
J: Que fait votre mari?
A: Je ne sais pas et je m'en fous!
J: Avez-vous des enfants?
A: (Criant) NON!!
J: D'accord! D'accord! Je vais compter jusqu'à trois, et nous irons ...

Johnny n'avait pas réalisé la signification de sa réaction dans cette régression jusqu'à ce que nous ayons joué la cassette. Nous avons tous les deux été profondément impressionnés par le désespoir avec lequel elle s'est battue pour ne pas être ramenée à la ferme après avoir découvert et aimé, Chicago. De toute évidence, elle avait inconsciemment peur qu'elle ne puisse plus jamais s'échapper de la ferme, essayait de résister, mais échouait, et ne pouvait que crier et protester dans sa frustration.

Jusqu'à ce point, la vie de Carol semblait avoir été malheureuse et terne. D'abord, la corvée de grandir dans la ferme de ses parents, puis la misère de vivre avec un homme qu'elle méprisait. Ceci l'a sans aucun doute rendu désespérée pour n'importe quelle autre issue. Al semblait probablement être un chevalier en armure scintillante envoyé pour la sauver quand il est soudainement apparu et lui a offert ce moyen d'évasion. Il a dû sembler au-delà de ses rêves les plus fous d'entendre parler de la lointaine ville de Chicago, où tout ce dont elle rêvait pourrait devenir réalité.

J: *Que faites-vous?*
A: Je suis à l'hôtel.
J: *Depuis combien de temps êtes-vous là?*
A: Je pense que ça va faire trois jours. J'ai été si occupée.
J: *Que pensez-vous de cet endroit?*
A: Je n'ai jamais rien vu de si énorme!
J: *La ville s'étend aussi loin que vous pouvez la voir, n'est-ce pas?*
A: Ouais! De beaux magasins, beaucoup de choses dedans. Ils ont même des choses que je ne connaissais même pas.
J: *Dans quel hôtel séjournez-vous, June?*
A: Je ne sais pas. (Pause) Tu veux que je le découvre?
J: *Pouvez-vous?*
A: Bientôt, Al revient. Il me le dira.
J: *Oui, trouvez le nom de cet endroit. Aimez-vous votre chambre?*
A: Ouais. Le matelas est mou. La première fois que j'ai regardé ça, j'ai juste sauté au milieu et j'ai sauté de haut en bas. Jamais vu un une telle classe.
J: *Vraiment confortable.*
A: (Plongée dans sa réflection) Ouais. Certainement bien mieux que de la paille.
J: *Avez-vous votre propre salle de bain dans la chambre?*
A: Ouais! Je suis juste allée là-bas, et j'ai juste tiré cette chaîne des toilettes. Dès que l'eau coule, je la tire à nouveau. J'aime regarder ça.
J: *L'eau coule et s'en va, hein? Pas de pompage.*
A: Ouais! Je ne sais pas comment ça se passe là-haut. Al dit qu'il y a des tuyaux, de ne pas m'inquiéter. Je n'ai pas à m'inquiéter de quoi que ce soit maintenant. Il m'a dit que je n'avais pas à le faire. Il suffit de prendre ce qu'il y a et d'en profiter. Ne pas poser de questions, ne pas s'inquiéter.
J: *Comment êtes-vous arrivée ici?*
A: Conduite ici dans la voiture d'Al.
J: *Était-ce un long voyage?*

A: Cela nous a pris du temps. Nous nous sommes arrêtés pour des affaires, nous nous sommes arrêtés plusieurs fois.
J: Avez-vous vu beaucoup du pays?
A: Je soupçonne que j'ai vu assez de pays pour me durer toute la vie. Je n'ai jamais rien rêvé de pareil comme Chicago.
J: Vous aimez vraiment cet endroit, hein?
A: Je ne quitterai jamais cette ville!
J: Pensez-vous que vous vivrez ici le reste de votre vie?
A: Oui, je le pense!

Une jolie Alice au pays des merveilles. Nous savons qu'elle habitait à l'hôtel Gibson pendant qu'Al faisait construire la grande maison sur la Route du Lac. La recherche n'a révélé aucune route portant ce nom sur les cartes actuelles. Cela peut s'appeler quelque chose d'autre, maintenant. Mais j'ai découvert qu'aux environs de 1900, des domaines spacieux pour les riches avaient commencés à être construits à l'extérieur de la ville le long de la rive nord du lac Michigan, et ont été reconnus comme la région de la "Gold Coast" (Côte d'or). Ce développement a cessé pendant la Première Guerre mondiale. Cela correspondrait à la période où elle nous a dit que sa maison était en construction. Une autre raison qui fait penser que cela pourrait être le bon endroit, est que j'ai découvert un article dans de vieux fichiers sur microfilm de journaux de l'époque. La police avait trouvé un crématorium qui aurait été utilisé pour brûler les corps de gangsters rivaux. Il était caché sur l'un des domaines dans la région de la Côte d'Or, sur le côté nord.

Mais même après qu'Al et June aient emménagé dans la maison, les choses n'étaient pas toujours sereines, comme l'illustrera le prochain incident.

Elle avait été régressée jusqu'en 1918.

J: Que faites-vous?
A: Oh, pas grand-chose. J'essaye de lire ce livre, mais c'est difficile.
J: Pourquoi?
A: Eh bien, je ne sais pas très bien lire.
J: Oh, vous essayez d'améliorer vos capacités de lecture?
A: Je ne veux pas que quelqu'un me dise que je ne sais pas lire.

J: *Quel est le titre du livre?*
A: La Bible.
J: *Oh, allez-vous à l'église, June?*
A: (Dégoûtée) Non!
J: *Eh bien, c'est la ... Bible. Vous lisez ça?*
A: Eh bien, je me souviens de gens qui lisaient la Bible quand j'étais petite. Je ne veux pas demander à quelqu'un pour un livre à lire, et celui-ci était ici.
J: *Où êtes-vous?*
A: Dans ma chambre.
J: *Êtes-vous à l'hôtel?*
A: Non, je suis dans cette maison. Il y avait une Bible ici.
J: *A qui appartient cette maison?*
A: Eh bien, c'est l'une des maisons d'Al.
J: *(Pause) Qu'est-ce que vous lisez dans la Bible? Est-ce que vous venez de choisir un passage et commencez à en lire certains des mots, ou commencez-vous depuis le début et lisez le tout?*
A: Eh bien, je me suis dite que quand je me suis assise ici, la première page serait plus facile que la dernière. Mais je ne parviens pas à donner un quelconque sens à aucune d'entre elles, alors je me contente de sauter les passages. Ces personnes sont vraiment très drôles ... tous ces personnages dans ce livre. Quelque soit l'endroit où j'ouvre, il y a des personnages différents. C'est un livre étrange.
J: *Est-ce difficile à comprendre?*
A: Non, je l'ai compris. J'ai tout compris tout de suite. Ces sacrés imbéciles étaient des fous.
J: *(Rires) Oh, vraiment?*

Cela a certainement semblé étrange étant donné qu'Anita avait été élevée en tant que catholique et que ses enfants fréquentaient une école catholique. Elle aurait sûrement été familière avec sa Bible dans cette vie présente. Johnny avait pensé que l'année 1918 était pendant la Première Guerre mondiale, et il a posé quelques questions pour voir si elle savait quelque chose à ce sujet. Mais ses réponses ont montré que la guerre avait peu ou pas d'effet sur sa vie. Elle a mentionné les défilés dans le centre-ville, mais elle ne semblait pas concernée par le pays étant en guerre.

J: *Est-ce que vous sortez souvent en ville?*

A: Je ne sors pas trop. Al sort un peu. Nous faisons des sorties dans ce bateau sur le lac.

J: *Est-ce son bateau?*

A: Oh, il a un gros bateau.

J: *Aimez-vous naviguer avec le bateau?*

A: Si on ne sort pas trop loin. J'aime rester là où je peux voir la terre ferme. Je ne suis pas un poisson. Je ne veux pas sortir là où je ne peux pas voir la terre.

J: *Pouvez-vous nager?*

A: Non, mais je peux flotter.

J: *Eh bien, ces gros bateaux ont des petites barques. Au cas où quelque chose arriverait, vous pouvez toujours monter dans le petit bateau et retourner à la terre ferme.*

A: Oui, je sais. C'est ce qu'il m'a dit, mais je preférerai voir la terre avant de sortir de la barque. Je ne veux pas aller aussi loin. (Pause) Oh! (Elle secoua la tête.)

J: *Quelle est la question?*

A: Je ne comprends pas certains de ces mots.

J: *Je ne peux pas vous les souffler, par hazard?*

A: Eh bien, ça ne ferait aucune différence que tu me le dises, je ne sais pas ce qu'ils veulent dire.

J: *Vous avez un dictionnaire quelque part?*

A: Un quoi?

J: *Un dictionnaire.*

A: Je ne sais pas. Qu' est-ce que c'est?

J: *Oh, c'est un livre qui contient tous ces mots, et ça vous explique ce qu'ils veulent dire.*

A: (Surprise) Ouais? Je n'en ai jamais vu de comme ça.

J: *Voyons voir. Avez-vous vu une bibliothèque au centre-ville? (Pas de réponse.) Une librairie?*

A: J'ai vu une vitrine avec rien d'autre que des livres dedans. Cela devait être une librairie.

J: *Eh bien, cet endroit a probablement une de ces choses qu'ils appellent un dictionnaire. Et à l'intérieur, c'est tout ce qu'il y a, juste des pages et des pages de mots, et ils vous disent ce que ces mots signifient.*

A: Ha! Et, bien!

J: *Et quand vous lisez ce livre-ci, et que vous trouvez un mot dont vous ne connaissez pas la signification, vous reprenez cet autre livre, cherchez ce même mot, et découvrez ce qu'il signifie. Ou bien, ce que quelqu'un a dit que cela signifie.*

A: Euh-hein! Je pense que j'ai besoin de l'un de ces dictionnaires. (Prononcé: dictio-naire) Certains d'entre eux je ne comprends pas, de toute façon.

J: *Lisez-moi ce prochain paragraphe que vous êtes en train de lire.*

A: (Comme si elle lisait lentement et douloureusement.) Il ... me fait ... me coucher ... en de verts ... pâturages. Maintenant, voyez, cela n'a aucun sens. Je ne veux pas sortir dans les pâturages. Je ne veux pas m'y allonger là-bas. Savez-vous ce que vous obtiendrez là-bas?

J: *Des aoûtats?*

A: Des tics, des parasites. Je ne veux pas m'y mettre là-bas dehors. J'essaye, mais je ne vois rien d'interessant à propos de ce livre. Je ne sais pas pourquoi ils appellent ça le Saint livre.

J: *Est-ce ce que c'est ceci qu'ils appellent le Saint livre?*

A: Je ne l'ai jamais entendu être appelé autrement depuis toujours, en grandissant.

J: *Tout le monde en avait un?*

A: Oui, même nous, nous en avions un.

J: *Oh, quand vous étiez une petite fille? Aviez-vous déjà essayé de le lire?*

A: Non. Mon papa pouvait le lire. Il trouvait toujours quelque chose là-bas dedans pour prouver tout ce qu'il voulait prouver. J'aimais particulièrement la ligne "tais-toi".

J: *La ligne "tais-toi"? Qu'est- ce que c'est?*

A: Eh bien, si vous lui demandiez quelque chose et ne vouliez pas vous taire, il ouvrait ce livre et il lisait: "Honore ton père et ta mère". Puis il refermait en claquant ce livre, et il disait: "Tu sais ce que ça veut dire ça, ça veut dire, tais-toi!"

J: *(Grand rire) Oh, il disait ça beaucoup, hein?*

A: Ouais, il a dit ça à peu près tous les jours. Il nous affirmait qu'il lisait beaucoup la Bible. Ha!

J: *Où est cette maison où vous vivez près de la ville? Où êtes-vous au centre-ville?*

A: Eh bien, cette maison n'est pas si loin, mais la police a continué à venir à l'autre endroit, et nous avons déménagé ici pendant un petit moment, jusqu'à ce que les choses se calment.

J: *Est-ce que la police vous dérange beaucoup?*

A: Ils viennent souvent pour poser des questions, agir intelligemment, me menacer. Je n'ai pas peur d'eux.
J: *Sur quoi posaient- ils des questions?*
A: Ils continuent à vouloir tout savoir sur Al. Où allons-nous et qui nous voyons, toutes sortes de choses. Je ne peux rien dire à personne. Al m a dit de garder la bouche bouclée à propos de tout, et je le fais. Je ne leur ai rien dit quand ils m'ont demandé. Ils sont venus chez moi. Ils voulaient savoir à propos du paquet.
J: *Quel genre de paquet aviez-vous?*
A: (Brusquement) Vous ne le direz pas à la police, n' est-ce pas?
J: *Non.*
A: Je l'ai jeté dans le lac.
J: *Bien. Ils ne le trouveront pas là. Qu'est-ce que le paquet contenait?*
A: Il y avait une arme dedans. Nous l'avons enveloppée et nous l'avons re-enveloppée dans du ruban adhésif et une serviette, et même des briques dedans avec, on en a fait un gros paquet. Et je suis sortie avec un bateau et je l'ai jeté.
J: *Avec quel genre de bateau êtes-vous sortie?*
A: C'était un machin pour touristes.
J: *Savez-vous pourquoi la police voulait cette arme?*
A: Ils ne m'ont même pas dit qu'ils voulaient une arme à feu. Ils m'ont demandé si j'avais un paquet. Ils pensaient qu'ils l'avaient vu me donner un paquet. Et je leur ai dit que je ne savais pas de quoi ils me parlaient. Je ne cause pas. Al me traite bien, et je ne cause pas.
J: *C'est vrai.*
A: Je n'ai même pas besoin de cuisiner. Je n'ai rien à faire.

En se réveillant de cette session et en discutant, Anita a dit que la séquence à propos du pistolet avait eu un effet étrange sur elle. Elle avait eu un rêve récurrent pendant des années où elle sortait avec un bateau et elle jetait quelque chose par dessus bord. Elle avait supposé que cela pourrait être un rêve d'un événement futur parce que cela n'avait aucun sens pour elle. Elle se souvenait aussi d'un incident particulier qui s'était produit lorsqu'elle vivait près de New York. Elle était sortie sur un ferry avec un groupe d'autres femmes. Anita se sentait mal à l'aise tout le temps et restait debout près de la balustrade et regardait l'eau. Elle avait une envie irrésistible de jeter quelque chose dans l'eau. Elle avait dit sans explication à l'une des autres femmes complètement exaspérée: "Je n'ai pas de paquet, donnez-moi votre sac à main, je vais jeter ça!" Inutile de dire qu'elles ne l'ont pas laissée faire. Mais elle ne pouvait jamais comprendre la raison de ces étranges actions.

Pourquoi quelque chose comme ça devrait-il déranger Anita dans une autre vie? Ce pourrait-il que, bien que June ait été entourée par d'autres personnes impliquées dans la criminalité, que c'était la première fois qu'elle participait à quelque chose d'illégal? Elle pouvait regarder dans la direction opposée et prétendre que cela n'existait pas, mais cela la troublait quand elle était elle-même impliquée dans le sujet. Puis, également, il y avait cette aversion d'Anita pour la violence, dissimulée à l'arrière plan.

La séquence suivante va nous faire pénétrer dans les "années folles."

J: *Que faites-vous?*
A: J'essaye de me sentir mieux.
J: *Avez-vous été malade?*
A: Oh, pas vraiment malade. Je pense que c'était quelque chose que j'ai mangé ou bu.
J: *On dirait que vous avez été à une fête. Qu est-ce que vous buviez?*
A: (Se tenant la tête.) Je ne sais pas ce que c'était, mais c'était horrible!
J: *Où se tenait la fête?*
A: Je l'ai donnée à l'hôtel. (Grognant) Je me sens toujours avec la tête qui tourne!
J: *Quel hôtel était-ce?*
A: Gibson. Ils ont une grande salle à manger, un bel endroit pour faire la fête.
J: *Vivez-vous à l'Hôtel Gibson maintenant?*
A: Non, j'ai ma propre maison.
J: *Où?*
A: Pourquoi cette question, c'est juste ici! J'y suis dedans!
J: *Ce que je veux dire, quelle est l'adresse d'ici?*
A: Route du lac.
J: *Avez-vous un numéro de maison?*
A: Non, c'est juste la Route du Lac.
J: *Vous voulez dire, si je vous envoyais une carte de bon rétablissement, adressée à vous à la Route du Lac, vous la recevriez?*

A: Hey! Ce serait bien! Je n'ai jamais rien eu de tel auparavant. Je ne reçois jamais de courrier du tout!

J: *En envoyez-vous jamais?*

A: Non. A qui pourrais-je bien écrire?

J: *Oh, vous connaissez beaucoup de gens.*

A: Eh bien, je les vois tous les jours. Je ne reçois jamais de lettres.

J: *Avez-vous déjà pensé à écrire à votre famille?*

A: Non! Peut-être qu'ils voudraient me faire revenir ou quelque chose comme ça. Je ne veux pas faire ça. Je préfère rester ici. J'ai une assez bonne vie. Je ne veux pas tout gâcher maintenant.

J: *Quel âge avez-vous, June?*

A: Je voudrais que tu cesses de me le demander! Je n'aime pas parler de ça!

J: *D'accord. Al a-t il été là dernièrement?*

A: Il m'a emmené à la fête hier soir.

J: *Je veux dire ce matin. Est-ce qu'il est passé voir comment vous vous sentez?*

A: Je ne suis pas encore sortie de ce lit. Je pense qu'il est dans sa chambre. Je ne me lève peut-être pas du tout aujourd'hui.

J: *Oui. Peut-être que vous feriez mieux de rester au calme aujourd'hui. Avez-vous rencontré quelqu'un de nouveau à la fête la nuit dernière?*

A: Eh bien, quelques hommes qui étaient là. Il y avait même des flics.

J: *Des flics? À votre fête?*

A: Ouais. C'était l'une des raisons pour lesquelles nous avons organisé cette fête. Ils jettent un bon coup d'oeil sur tout le monde et ils savent qui ils ne doivent pas nous déranger. Ils ne savent pas encore grand-chose. Mais ils feraient bien mieux de ne jamais m'arrêter pour quoi que ce soit! Ils ne me dérangent pas vraiment!

J: *Quelqu'un vous les a-t-il présentés?*

A: Non. Oh, Al me les a montrés. Ceci m'a toujours un peu gêné. Je leur ai parlé un peu. Je ne leur ai jamais été présentée. Al a dit que je n'avais pas besoin de leur parler, que c'était en dessous de moi. Juste pour qu'ils sachent qui j'étais, et pour qu'ils ne me dérangent jamais.

Les temps avaient certainement changé par rapport à l'épisode précédent quand ils étaient tellement harcelés par la police qu'ils ont dû quitter la maison pendant un certain temps jusqu'à ce que les choses se calment. La prohibition est devenue loi en 1920 et il est apparu qu'au début, la police ait essayé de l'appliquer. Plus tard, lorsque les gangs ont pris plus de contrôle sur la ville, les choses ont changé. On disait souvent que Big Bill Thompson, le maire de Chicago pendant ces années turbulentes, était sur la liste de paie du gangster. Cela semble coïncider avec ce que June a dit plus tôt au sujet d'assister à une fête à la maison du maire. En 1930, lorsque la répression des gangs a commencé, ces liens se sont avérés être vrais. Cela s'est ensuite fait appeler la "Triple Alliance" entre les gangs, la police, les juges et les hauts responsables politiques.

À une autre occasion, quand nous avons parlé à June, elle était rentrée d'une fête et dormait. Cette fois, elle n'était pas coopérative et ne voulait pas nous parler. Elle voulait que nous la laissions tranquille pour qu'elle puisse dormir. Lorsque ces circonstances étranges sont survenues, cela a montré que vous ne savez jamais où une personne ira lors d'une séance de régression. Cela donnait encore plus de preuves que nous parlions réellement à un être humain vivant, et cela montrait à quel point Anita s'identifiait complètement avec l'autre personnalité. Alors Johnny est passé à une autre époque dans les années 1920.

Cet incident contenait une description du fonctionnement du gang. Il y avait aussi la première indication qu'elle tombait malade.

A: Je ne fais rien aujourd'hui. (Désinvolte) Non, je ne pense pas que je ferai quoi que ce soit. Je me sens juste comme de ne rien faire.
J: *Qu'avez-vous fait hier?*
A: Je suis allée faire du shopping.
J: *Qu'est-ce que vous avez acheté?*
A: Oh, j'ai acheté des chapeaux, et j'ai acheté des chaussures. Ce sont des chaussures argentées.
J: *Argentées? Avez-vous une robe pour aller avec elles?*
A: J'en ai fait faire une.
J: *Je parie que ces chaussures coûtent beaucoup d'argent.*
A: N'en doutes pas un instant. J'ai payé neuf dollars pour celles-ci.
J: *Fichtre! Elles devraient durer longtemps.*

A: Non, elles ne durent pas très longtemps. Je les porterai pour danser. Je suis essoufflée quand je danse trop longtemps maintenant. J'aime beaucoup danser, cependant.

J: *Que comptez-vous faire demain, June?*

A: Eh bien, je ne sais pas. Nous ne sommes pas encore demain. Je pourrais aller quelque part ce soir. Si je sors quelque part ce soir, je me reposerai demain. Je ne sais jamais si je vais aller quelque part ou non. Je reste à la maison à peu près tous les soirs et j'attends Al. S'il vient, nous allons quelque part, s'il le veut. Parfois, nous passons la nuit ici.

J: *Est-t-il passé récemment?*

A: Il est resté hier soir.

J: *A-t-il aimé les chaussures et les chapeaux que vous aviez achetés? Ou les lui avez-vous montrés?*

A: Je ne lui montre pas grand-chose. Je les porte, c'est tout. Avant je lui montrais tout ce que j'avais acheté, comme un petit enfant. Maintenant, je lui dis juste si je veux quelque chose, sinon je vais le chercher. S'il ne l'aime pas, il me le fait savoir.

J: *Oh, mais il ne connaît pas ces chaussures à neuf dollars.*

A: Ah, il s'en fout. Il m'en a achetée une fois et a payé $30 pour celles-là. Il a dit qu'ils s'en fabriquent d'encore plus chers dans certains autres endroits. Je dois avoir ce que je veux.

J: *Pour une paire de chaussures? On semblerait que pour moi, $30 achèteraient beaucoup de paires de chaussures.*

A: Eh bien, il a ri; il a dit que certains pauvres idiots n'en n'ont pas autant pour manger pendant un mois.

J: *Oui, je suppose que certaines de ces personnes travaillent de longues heures pour $30.*

A: Pas moi! Pas moi!

J: *Avez-vous assisté à des fêtes ces derniers temps?*

A: Eh bien, nous en aurons une le mois prochain qui sera l'apothéose de toutes. Je vais devoir avoir beaucoup d' aide supplémentaire pour celle-là.

J: *Allez-vous la donner ici chez vous?*

A: Ouais. Je ne le fais plus trop souvent, mais je pense que ce serait un bon moment pour le refaire.

J: *Quel genre de fête est-ce que ça va être?*

A: Eh bien, on pourrait appeler ça une fête du 4 juillet, mais ce n'est pas vraiment le cas. Nous allons avoir des feux d'artifice et faire toutes sortes de choses. Ils seront en réalité une couverture.

J: *Couverture? Que se passera-t-il vraiment?*

A: Ils vont tuer deux hommes. En bas à côté du garage.

J: *Est ce que Al vous a dit ça?*

A: Non, il ne me l'a pas dit. Je l'ai cependant entendu le mentioner.

J: *Quoi? Deux de ses amis ou ...*

A: Eh bien, cela me semblerait drôle de tuer vos propres amis, mais je vous le dis, je crois qu'Al tuerait sa propre mère si cela lui convenait. Impossible de jouer des deux côtés du terrain.

J: *Est-ce que ce sont des personnes avec qui il travaille et qui seront invités à la fête?*

A: Ouais. Il a dit, laissez-les nous côtoyer pendant un certain temps; laissez-les penser qu'ils sont en sécurité et qu'ils s'en sont tirés.

J: *Qu'ont-ils fait?*

A: Eh bien, je ne suis pas trop sûre. Ça avait quelque chose à voir avec de l'argent et une fille.

J: *Oh, pensez-vous que peut-être ils lui auraient volé de l'argent?*

A: Eh bien, je pense qu'ils l'ont fait. Je pense qu'ils ont joué des deux côtés de la clôture. Ils ont laissé cette fille aller là où elle n'était pas censée se rendre.

J: *Penses-tu Al ... Al va-t-il tuer?*

A: Eh bien ... il l'a fait au début dans le jeu. Il a fait sa part, je suppose, mais il n'a plus à le faire maintenant. Il ne devrait pas prendre de risques.

J: *Il a quelqu'un d'autre pour le faire pour lui?*

A: Tout ce qu'il a à faire est de dire, "Vous connaissez telle ou telle personne?" L'homme repondrait, "Ouais." Il dira ensuite, "J'ai entendu dire qu'ils ne seraient plus avec nous longtemps." Je l'ai entendu parler à un homme, et il a dit, "J'ai entendu dire qu'ils allaient à une fête le 4 juillet, et j'ai entendu qu'il allait y avoir un accident. Et il a ri et a dit, "Yeahhh, Ces fils de pute ne rentreront pas à la maison."

J: *Quel genre d'accident pensez-vous qu'ils vont avoir?*

A: Eh bien, je me suis mise à penser, il se pourrait que d'avoir tous ces feux d'artifice serait pour couvrir beaucoup plus de bruit. Peut-être qu'ils vont leur tirer dessus.

J: *Ils devront faire quelque chose avec ces hommes après les avoir tués.*
A: Oh, ce n'est pas un problème du tout. Vous pouvez vous débarrasser d'un corps assez facilement.
J: *Que font-ils?*
A: Oh, vous devez les jeter dans une fosse de chaux vive, les en recouvrir, et de laisser le tout agir un moment. Ça ne prend pas longtemps.

C'était une surprise. Ma première hypothèse était qu'ils jetteraient les corps dans le lac, puisqu'ils étaient si près de l'eau. Apparemment, ils avaient des méthodes plus élaborées.

J: *Cela dissout le corps?*
A: Oh, ça bouffe tout, me disent-ils.
J: *Ils l'ont déjà fait avant?*
A: Je les ai entendus en parler. Quand mon petit chien a mordu Al, il a dit qu'il allait le jeter dans une de ces fosses, et qu'il n'allait pas lui donner la grâce d'une balle en premier. Il ne l'a pas fait, cependant.
J: *Quel genre de chien avez-vous?*
A: Eh bien, on a dû l'endormir il y a environ un an, mais j'avais un horrible petit chien. Il n'était rien qu'un de ces petits chiens ordinaires. Je l'ai trouvé sur une route; je l'ai ramené à la maison. Al n a jamais aimé ce chien. Il aboyait et grognait contre lui tout le temps. C'est arrivé à un tel niveau où, si Al était à la maison, je devais confiner ce chien dans le garage, ou ailleurs. Un jour, il est entré et ce chien était dans ma chambre avec moi, et le chien allait le déchiqueter. C'est alors qu'il a menacé de s'en débarrasser.
J: *C'était quoi comme petit chien?*
A: Oh, je suppose que c'était juste ce que vous appelez un chien dans la moyenne; il n'était pas trop grand, il n'était pas trop petit. Je n'aime pas ces chiens qui ressemblent à des rats.
J: *Aviez-vous un nom pour ce chien?*
A: Eh bien ... Il avait un nom. Je l'avais appelé Peter. Je ne sais pas pourquoi, ça semblait juste un bon nom pour lui. Al a dit qu'il était simplement ordinaire, mais je ne pensais pas comme ça. Il était simplement un gentil petit chien. Je l'ai juste appelé comme ça de toute façon. J'ai aimé ce chien. Tu sais, ce chien n'a jamais laissé

personne me toucher. Il avait l'habitude de s'asseoir et de pleurer tout le temps qu'il était enfermé dans le garage.

J: *Vous dites que vous l'aviez trouvé sur la route?*

A: Ouais. Nous roulions et il était couché au bord de la route. Je pensais qu'il avait peut- être été renversé. Je voulais m'arrêter et l'emmener chez un vétérinaire. Quand je l'ai ramassé, j'ai vu qu'il avait juste faim. On aurait dit que c'était qu'un sac d'os; les poids tombaient. Al a dit que c'était la chose la plus géniale qu'il ait jamais vue. Le chien a commencé à le repousser dès le début. Je lui ai dit ce que mon père a dit: qu'un chien reconnaissait les bonnes personnes des mauvaises personnes.

J: *Qu' est-ce que Al a pensé de ça?*

A: Pourquoi, m'a-t-il dit, s'il grondait contre les mauvaises personnes, j'étais aussi mauvaise que lui. J'ai juste ri. Je suis plus fine que ça. Nous en parlons parfois. Mais j'ai gardé ce chien, et en un rien de temps, il courait partout, l'air fringant. Ses poils sont redevenus doux et agréables.

J: *A-t il perdu beaucoup de ses poils?*

A: Ouais, ça ne tombait pas par plaques comme la gale ou autre. Mais les poils étaient fins et semblaient tous desséchés et cassants. J'avais l'habitude de le laver dans une baignoire, et je lui ai donné des œufs et du lait tous les jours presque. Hachez sa viande pour lui. Al a dit que je traitais ce chien mieux que moi-même.

J: *Vous dites que vous avez dû piquer le chien?*

A: Eh bien, il est sorti un jour et a été renversé dans l'allée, et la patte de ce pauvre petit vieux a été écrasée. Il était trop vieux, je suppose, et le vétérinaire a regardé cela et a dit qu'il ne pensait pas qu'il serait jamais pareil. Je ne pouvais pas supporter de voir ce petit bonhomme souffrir. Je sais à tel point j'aime me déplacer. Quand je ne peux pas sortir et me balader, ça me fait du mal; Je pleure. Je ne pouvais pas lui faire ça. J'aimerais bien que quelqu'un me fasse piquer parfois.

J: *Pourquoi, June?*

A: Oh, certains jours, je me sens vraiment bien. J'ai d'autres jours où il m'est difficile de respirer. Je commencer à tousser et à tousser à tire-larigot.

J: *Jamais craché de sang?*

A: Oui, parfois. Juste de petites taches de temps en temps.

J: *Que dit le docteur à ce sujet?*

A: Il a dit que c'était parce que je tousse tellement que je me suis irritée la gorge. Mais c'est ma poitrine qui fait mal.

J: *Cela fait longtemps que vous toussez comme ça?*

A: Eh bien, ça a commencé il y a quelques années avec un rhume, et la toux semblait se maintenir et rester. Et ça a recommencé à empirer et je déteste quand je suis comme ça. Cela me donne l'impression d'être faible.

J: *Peut-être que vous devriez aller vous coucher et vous reposer quelques jours.*

A: Eh bien, je ne peux pas rester au lit plusieurs jours à la fois. J'ai des escarres sur mon dos à rester dans le lit autant qu'ils me le disent. Nous pouvons nous pousser à vivre et très vite je me sens beaucoup mieux. Je me repose plus, c'est tout. La voix devient profonde parfois.

J: *Oh, ça affecte aussi votre voix?*

A: On dirait que parfois c'est difficile de parler. Je ne parle pas autant que je le faisais autrefois quand j'étais plus jeune. (Plus fort) Je veux dire, pas que je sois vieille!

J: *Oh non! Pourquoi, vous ne semblez pas un jour de plus que ... 35 ans.*

A: Ouais? Merci!

J: *Avez-vous un jour de plus de 35 ans?*

A: Est-ce qu'on le dirait?

J: *Non.*

A: Alors, ce n'est pas le cas! L'homme est aussi vieux qu'il se sent, et une femme aussi vieille qu'elle en a l'air!

J: *(Pause) Qu'allez-vous faire pour vous préparer à cette fête du 4 juillet?*

A: Oh, tu sais, il y aura des feux d'artifice, et je vais acheter quelques choses à boire, je suppose. Faire venir quelques personnes et les faire jouer de la musique.

J: *Un groupe?*

A: Eh bien, ouais, je suppose que c'est comme ça que quatre ou cinq personnes jouant ensemble s'appellent. Je vais avoir deux cuisiniers supplémentaires ici pour faire la cuisine.

J: *Que comptez-vous servir?*

A: Pourquoi, je pensais juste avoir quelques jambons cuits, coupés en tranches. Avoir toutes sortes d'assortiments compatibles en accompagnement de ces jambons.

J: *C'est bien. Presque tout le monde aime le jambon. Je me demande à quel point ces deux hommes qui ne vont pas partir de la fête aiment le jambon?*

A: Al leur a demandé ce qu'ils aimaient manger. Ils pensent qu'ils vont être des invités très spéciaux. Al leur a dit qu'il n'y aurait personne d'autre aussi bien traité, que comme ils allaient l'être, ce soir-là.

J: *(Rires) Mais il ne leur a pas dit comment ils allaient être soignés, n'est-ce pas?*

A: Non, leurs poitrines s'en étaient trouvées toutes gonflées, et vous pouviez dire qu'ils pensaient qu'ils allaient recevoir une promotion. Al a dit que si ils ont bien vécu, ils pourraient être promus beaucoup plus haut.

Ces doubles sens étaient amusants, mais la voix d'Anita devint subitement tendue et fanée. Elle gémit, "Oooh ... ma poitrine me fait mal". Alors sa voix a commencé à devenir rauque.

J: *Est ce que votre toux est pire en été ou en hiver?*

A: (Sa voix semblait grave) Eh bien, je suppose que c'est vraiment pire en hiver. Oooh ... (elle avait l'air de souffrir.)

J: *Peut-être que d'être assise au soleil aiderait un peu.*

A: (Elle a essayé de s'éclaircir la gorge.) Eh bien, je suppose qu'ils disent ...

Sa voix devint si enrouée qu'il était difficile d'entendre. Puis elle a commencé à tousser.

J: *Il me semble que les médecins auraient des médicaments qui pourraient prendre soin de ça.*

A: Naw, ils ne marchent pas si bien. Parfois c'est le cas, parfois non. (Elle semblait faible.)

Johnny l'a avancée dans le temps pour soulager son malaise. Dès qu'il a fini de compter sa voix allait mieux.

J: *Je vais compter jusqu'à trois, et nous irons jusqu'en 1930. (Compté) Nous sommes en 1930; que faites-vous maintenant?*

A: Je ne vois rien.

J: *Vous ne voyez rien? ... Quel âge avez-vous?*

A: (Prosaïquement) Je ne pense pas que je sois quoi que ce soit.

Jusqu'à ce point, elle avait été si cohérente que la seule explication que nous pouvions en tirer était qu'elle n'était plus impliquée dans la vie de June/Carol. Cela signifiait qu'elle devait être morte avant 1930, mais quand et comment? Cela a également soulevé un point intéressant. Si Anita avait simplement inventé une histoire fantastique pour plaire à l'hypnotiseur (comme cela a été suggéré), pourquoi n'a-t-elle pas continué? Pourquoi a-t-elle soudainement frappé ce mur blanc quand Johnny l'a emmenée plus en avant en 1930? Si elle était effectivement décédée avant cette date, il devrait maintenant faire marche arrière et en découvrir les circonstances. Mais il faudrait faire attention pour ne pas mettre des idées dans sa tête. Sans dévoiler ses pensées sur la situation, il faisait le compte à rebours de nouveau vers l'année 1927.

J: C'est 1927. Que faites- vous maintenant?
A: Je conduis dans ma voiture. (Apparemment, elle était retournée à la vie de June.)
J: Où allez- vous?
A: Juste faire un tour, aussi vite que je peux. ... Je suis en colère. (Elle semblait bien l'être.)
J: Pourquoi êtes-vous fâchée?
A: Je n'ai pas vu Al. Il ne prend pas le téléphone. ça fait trois jours. Il a dit qu'il était occupé au travail.
J: Peut-être qu'il devait se rendre hors de la ville.
A: (Sarcastique) On me sert beaucoup cette histoire.
J: Où roulez-vous?
A: Sur une route, juste dans la campagne.
J: Et à quelle vitesse roulez-vous?
A: Oh, je vais assez vite, presque 30.
J: Quel âge avez-vous maintenant? C'est 1927? Avez-vous environ 50 ans?
A: Assez proche. Plus près que je ne suis prête à l'admettre. Même avec une teinture, vous ne pouvez pas couvrir les rides. Teindre vos cheveux, oui, mais les rides se voient toujours. (Elle a semblé très déprimée.)
J: Pourquoi? Commencez- vous à avoir quelques rides?

A: Ouais. Je ne suis plus jolie. J'étais belle, mais je ne le suis plus maintenant. Ridée et vieille. Juste plus bonne. Rien n'a jamais été assez bien. (Elle avait l'air très triste.)
J: *Eh bien, cela a été super. La vrai vie.*
A: Ouais. Mais je n'ai rien fait. Je n'ai rien fait pour personne. J'aurais pu envoyer de l'argent à ma mère. Elle aurait pu l'utiliser. ... Je l'ai tout dépensé pour moi.
J: *Conduisez-vous encore sur la route?*
A: (déprimée) Non, je me suis arrêtée au lac. Il fait presque sombre, mais pas encore vraiment. C'est différent ce soir.
J: *Comment est-ce différent?*
A: (Très triste) Je veux sauter, mais j'ai peur. ... Je suis près de l'eau. Je la regarde.

Nous savions qu'elle devait être morte dans les alentours de la fin des années 1920. Est-ce qu'elle s'est suicidée? Johnny savait qu'il ne pouvait pas lui en parler directement et lui demander, de peur de le lui suggérer. Alors il a décidé de la laisser parler et de la laisser raconter sa propre histoire sans aucune influence de notre part.

J: *Quelle époque de l'année est-ce?*
A: Fin du printemps. Je vois des lilas, et les buissons sont partout. (Longue pause) Je veux rentrer à la maison, mais il n'y a personne. ... Je suis toute seule ... Ce n'est pas drôle d'être seule. ... Je vois juste Al de temps en temps.
J: *Je parie que si vous rentrez chez vous et appelez Al, il sera là.*
A: (Sa voix était un murmure.) Je ne pense pas

Il est juste gentil parce qu'il ne veut pas que je parle. Il sait que je ne parlerai pas. Il sait que je l'aime. On aurait dit qu'elle n'allait pas raconter ce qu'il s'était passé. Johnny ne voulait pas forcer de questions, alors il se devait de continuer à observer pour qu'il puisse découvrir ce qui était arrivé. Il est devenu évident par la suite dans les séances qu'elle ne s'était pas suicidée cette nuit noire au bord du lac, bien qu'elle ait dû être terriblement déprimée pour y avoir pensé.

Dans la séquence suivante, elle se réfère à un voyage qu'elle avait fait. À deux reprises, à des mois séparés, elle avait mentionné ce même voyage, alors je les ai combinés parce qu'ils contenaient essentiellement les mêmes faits. June était visiblement malade et il semblait qu'elle allait bientôt mourir.

Johnny l'avait régressée à la fin des années 1920, et il avait à peine fini de compter qu'elle avait commencé à tousser et à se retirer. Quand elle s'est arrêtée, il a continué.

J: Comment vous sentez-vous, June?
A: (Hésitante) Je me sens faible. J'essaye de mieux me sentir.
J: Que semble être le problème?
A: Je viens juste de prendre un peu froid, je suppose. Je ne peux pas bien respirer. Je suis malade ... depuis plus d'une semaine. Il y a environ une semaine. Jamais je ne pensais que je reviendrais ici.
J: Où étiez-vous?
A: Oh, j'ai fait un voyage avec Al. Nous allions aller à New York, mais nous n'y sommes jamais arrivés. Nous nous sommes arrêtés à Detroit.

Apparemment, June était tombée malade pendant le voyage et c'est la raison pour laquelle ils n'avaient pas fait tout le trajet.

J: Detroit? Fichtre, c'est loin.
A: Je le jure. Ce n'est pas aussi bien que Chicago. Pas comme cette ville! J'aime bien mieux cette ville.
J: Ce n'est pas non plus aussi grand, n'est-ce pas?
A: Je ne sais pas. Ça a l'air assez grand, mais ce n'est pas la classe de Chicago. Je n'aime pas partir d'ici. Nous avons continué ... un peu pour les affaires, mais j'ai acheté beaucoup de choses et j'ai passé de bons moments.
J: Avec qui y êtes-vous allés?
A: Oh, j'y suis allée avec cette fille et son mari, et Al. c'était censé être un voyage d'affaire, et nous sommes partis avec eux pour que ça ne ressemble pas à des hommes qui voyagent tout seuls. Et nous avons pris cette petite fille avec ... Je pense que c'était sa cousine ou sa nièce ... une petite fille avec nous. Al a dit que nous ressemblions à une grande famille heureuse.

J'ai découvert que pendant cette période, il y avait un gang connu sous le nom de "Purple Gang" (le Gang Pourpre) à Detroit. Était-ce la raison pour laquelle ils ne voulaient pas être détectés lors de leur voyage "d'affaires"?

J: *C'est un long voyage jusqu'à Detroit, n'est-ce pas?*
A: Nous avons conduit. C'est un long ... ça prend du temps, hein. Vous roulez trop loin en une journée, et vous êtes si fatigués.
J: *L'autre femme est-elle une bonne amie, ou vous êtes-vous simplement rencontrée avant le voyage?*
A: Eh bien, je la connais. Ils viennent à la maison. Elle n'est pas vraiment une bonne amie. Ils sont beaucoup ici pour les affaires et autres.
J: *Avez-vous beaucoup d'amis ici?*
A: Eh bien, Al n'aime pas que je sois trop familière avec certaines personnes. Je vois des gens. Il amène beaucoup de gens ici. Je ne suis proche de personne.
J: *Vous voulez dire qu'ils sont pour la plupart des amis d'affaires d'Al?*
A: Oui, et leurs petites amies. Il faut faire attention à ce que vous dites, même à eux.

Elle recommença à tousser violemment.

A: Je n'arrive pas à surmonter ce rhume. Je pense que mes poumons sont un peu faibles. Il m'est parfois difficile de respirer.
J: *Eh bien, je pense que le soleil va probablement beaucoup aider. C'est aussi bon que de prendre des médicaments.*
A: Je pense que c'est mieux. Les médicaments vous rendent parfois somnolent. De juste se reposer est plus naturel, c'est mieux.
J: *Le docteur vous a-t-il rendu visite?*
A: Oh, j'en ai eu deux ou trois depuis que je suis tombée malade.
J: *Qu'est- ce qu'ils disent qui ne va pas?*
A: Ils ne me le disent jamais. Ils me font des piqûres et me donnent des médicaments. Ça me fait beaucoup dormir.
J: *Quel est le nom de votre médecin? Avez-vous un médecin qui prend soin de vous tout le temps?*
A: Je ne le vois plus. Il a demandé à un autre médecin de me voir, pour voir ce qu'il pensait être le problème. Il a dit qu'il n'en savait pas plus que lui.
J: *Oh, différents médecins ont des domaines différents dans lesquels ils travaillent. Un médecin pourrait en savoir un peu plus sur le*

rhume, et un autre médecin pourrait en savoir un peu plus sur les bras cassés.

A: Celui-ci n'est pas très intelligent.

J: Il ne l'est pas?

A: Non, il ne l'est pas! Il pense que je vais quitter Chicago. Il n'est pas très intelligent du tout. Je ne partirais pas ici. Oui, il a dit un climat chaud et sec. Je lui ai dit que je vivais sur une ferme chaude et sèche. Ça ne m'a pas fait du bien. Je me plais ici.

J: Quel est le nom de ce docteur?

A: Eh bien, je pense qu'il s'appelle Brownlee.

J: Je vais m'assurer de ne pas le consulter.

A: Non, ne le fais pas! Il veut envoyer tout le monde en Arizona.

J: Arizona? Où est ce?

A: Dieu seul sait. Au bout du monde, je suppose. Je lui ai demandé tout de suite, était-ce à Chicago? J'ai a ri et j'ai dit, non. Et Al a dit, oubliez ça, elle n'ira pas.

J: Climat chaud et sec. Qu'est-ce que votre médecin habituel a à dire à ce sujet?

A: Eh bien, il m'a dit que je devais faire tout ce que cet homme m'a dit. Je lui ai simplement demandé s'ils étaient de mèche. Il doit être vendeur de terres en Arizona. Cette fille-ci reste à Chicago. J'aime y vivre.

J: Quel est le nom de votre médecin habituel?

A: Oh, c'est Lipscomb.

Plus tard, j'ai écrit à l'Association Medicale Americaine de Chicago. J'ai demandé si un de ces médecins avait pratiqué à Chicago à la fin des années 1920. Ils ont répondu en disant: "James W. Lipscomb, MD, est décédé le 25 avril 1936, à Chicago." Ils ne pouvaient pas identifier Brownlee. L'année de la mort de Lipscomb indiquerait qu'il avait probablement pratiqué à Chicago à l'époque en question, et le nom n'est pas commun, le fait que Brownlee n'ait pas été identifié ne serait pas trop bizarre parce qu'il ressemblait à un spécialiste et qu'il aurait pu venir de n'importe où. De plus, elle n'était pas sûre de son nom. Lorsque vous commencez la tâche difficile d'essayer de vérifier quelque chose comme ça, un tout petit morceau qui est vérifié ainsi est comme de trouver un diamant dans le sable. Demandez à tous ceux qui ont déjà essayé de faire des recherches sur leur arbre généalogique.

J: *Lipscomb. Est-il un bon docteur?*

A: Eh bien, je le pensais jusqu'à ce qu'il amène ce type ici. Je n'ai confiance en aucun d'entre eux. Il m'a dit que le froid me faisait du mal. J'aime quand il fait froid.

J: *Est-ce que votre problème est dans votre gorge?*

A: Je ne peux tout simplement pas respirer, et je tousse énormément.

J: *Mais ça vous fait mal partout, disiez-vous?*

A: Quand je tousse, ça fait mal.

J: *Eh bien, le temps est-il froid et humide dehors?*

A: Eh bien, vivant près de ce lac, je suppose qu'il y a de humidité la plupart du temps; c'est ce qu'ils disent. Cela ne m'a jamais semblé comme étant une sensation vraiment d'humidité. J'aime ça.

J: *Quel mois est-ce?*

A: Nous sommes en décembre.

J: *Avez-vous de la neige par terre?*

A: Une paire de petits monticules.

J: *Cela n'aide probablement pas votre toux et votre respiration.*

A: Cela n'a jamais semblé me rendre malade. ... (Elle est devenue suspecte.) Vous n'êtes pas un docteur, n'est ce pas?

J: *Non. ... Mais je me souviendrai du nom de cet homme, celui qui essaie de vendre des terres en Arizona.*

A: Quel imbécile!

Chapitre 5

Le décés de June/Carol

Il était évident que la santé de June s'était gravement détériorée, mais elle garda son sens de l'humour jusqu'à la fin. Deux autres courts épisodes ont confirmé qu'elle était malade au lit tout le mois de juillet 1927. Ils contenaient essentiellement les mêmes renseignements que ceux relatées ici.

J: *Nous sommes le 27 juillet 1927. Que faites-vous maintenant?*
A (Sa voix était presque un murmure.) Je suis au lit.
J: *Comment vous sentez- vous? Avez-vous un rhume?*
A: Non, je suis juste malade ... fatiguée. Très faible.
J: *L docteur vous a-t-il rendu visite?*
A: Il vient tous les jours. Il me fait des piqûres.
J: *Quand dit-il que vous irez mieux?*
A: Il me dit n'importe quel jour à partir de maintenant ... mais chaque jour je me sens plus faible.
J: *Est- ce qu'il sait ce qui ne va pas chez vous?*
A: Non, il dit qu'il ne le sait pas. Mais ... il dit que c'est mon âge. Pouvez-vous imaginer ça! Je lui ai dit que j'avais 40 ans, et il a juste ri. Il sait voir ce qui est vrai. Al vient me voir tous les jours. Il m'apporte des fleurs. Il a dit qu'il était désolé que nous ne nous n'ayons pas pu nous marier.
J: *Est-il toujours marié à son épouse?*
A: Ouais. Il ne pourrait jamais la quitter et en divorcer. Ce n'était pas possible. Il voulait, mais il ne le pouvait tout simplement pas.

Johnny la déplaça un jour de plus jusqu'au 28 juillet et fut surpris par sa réaction.

J: C'est le 28 juillet 1927. Qu'est-ce que vous faites?
A: Je suis à nouveau libre!
J: Libre? Où êtes-vous?
A: Flottante dans l'air et en train d'attendre. J'attends à la maison.
J: Que voyez-vous dans la maison?
A: Je vois tout, et Al. Il pleure.
J: Êtes-vous là?
A: Je suis là couchée dans le lit. Je me regarde.
J: Oh? A quoi ressemblez-vous?
A: (Prosaïquement) Je suppose que je ressemble à n'importe quel autre cadavre.
J: (Choqué) Vous voulez dire ... vous êtes morte?
A: Oui.

Nous n'avions pas prévu cela. Je ne sais vraiment pas ce auquel nous nous attendions au cas où elle serait régressée à l'instant de sa mort. Mais elle parlait avec nous de la même manière qu'elle l'avait faite pendant la vie de June/Carol. Sa personnalité était complètement intacte et elle ne semblait pas du tout différente. Pourtant, il était difficile pour Johnny de réfléchir à une façon de formuler ses questions. Comment parlez-vous à une personne morte?

J: De quoi êtes-vous morte?
A: Mon coeur ... et le sang. Je me suis étouffée dans mon sang. Je me souviens d'avoir été en train de bavarder et j'ai continué à parler. Al a pleuré, et le docteur a fait tout ce qu'il pouvait, mais je suis simplement morte. Et je peux me voir.

Ceci troublait tellement Johnny qu'il pensait qu'il serait bien préférable de passer à une autre scène. Il ne parviendrait pas à maintenir une attitude objective avant qu'il n'ait eu le temps d'absorber de telles informations aussi surprenantes. Mais chaque fois qu'il l'a emmenée à ce moment-là, période à la fin des années 1920, elle retournait à cet état de "mort" ou esprit. Finalement, nous avons appris à y faire face et à réfléchir à des questions objectives. Que demandez-vous à quelqu'un après sa mort? Cela a ouvert une mine d'informations possibles, une fois que le choc s'est dissipé. Il ne faut pas oublier que notre expérience sur la réincarnation a eu lieu avant que des livres sur ce sujet dans le monde occidental ne deviennent disponibles, et qui auraient pu nous aider à faire face à cette situation. Je suppose que nous aurions pu être effrayés par cette tournure des événements et aurions du cesser de travailler avec Anita sur ce sujet, mais notre curiosité était grande.

Pris d'une autre session:

A: Je suis dans un cimetière. Non, ce n'est pas un cimetière. Il y a juste quelques personnes dans cet endroit avec moi, un cimetière de famille. Et je peux me voir, mais je suis enterrée.
J: Pouvez-vous voir les autres personnes?
A: Non, mais je sais qu'elles sont là. Je parle à certaines d'entre elles. Nous avons parlé de la femme d'Al. Elle ne voulait pas que je sois enterrée là-bas. Elle a dit, de toutes les insultes, c'était la pire. Je suis dans son cimetière familial.
J: Et à qui parlez-vous?
A: Eh bien, c'est la mère d'Al. Je pense bien qu'il s'agit de sa mère. Elle est morte depuis plus longtemps que moi. Elle m'a dit de ne pas avoir peur. Ce cimetière ... c'est sur la propriété de la mère d'Al. La maison a été vendue maintenant, mais ils ont gardé ce terrain juste ici à cause du cimetière. Ils ne voulaient pas que quelqu'un le dérange.
J: Est- ce là à Chicago?
A: Oh non. C'est dans la campagne assez loin. Plusieurs miles. C'était tellement drôle, parce que je pensais que je devais rester là, et au début, j'avais peur. Et sa mère a commencé à me parler, à tout me raconter et m'expliquer comment ne pas avoir peur.
J: Vous souvenez-vous de ce qui s'est passé?
A: Eh bien, je me souviens que j'étais très malade et que je ne pouvais pas respirer. Et tout d'un coup, je ne pouvais plus rien ressentir. Et tout le monde a commencé à pleurer, et je me tenais en quelque sorte près de mon lit. Et ça m'a fait peur que je puisse me voir allongée là. Très étrange au début. Ensuite, je suis restée avec ce corps. Je pensais que je le devais. Je ne savais pas que je pouvais le laisser.
J: Est-ce que c'est la première fois que vous avez vu la mère d'Al?

A: Oui. Je l'ai vue au cimetière. J'avais peur d'être dans ce corps et je ne voulais pas être enterrée. J'avais terriblement peur au début. Mais maintenant je n'ai plus peur. Elle m'a dit que je ne devais pas rester au cimetière. Je peux aller partout où je le désire. Faire juste ce que je veux faire. Ils me disent qu'il y a des choses que je devrai faire plus tard, mais jusqu'à présent, on ne m'a rien dit.
J: *Elle vous a dit ça?*
A: Oui, elle m'en a parlé. Elle m'a parlé longtemps.
J: *Est-elle là-bas maintenant?*
A: Non, elle est partie ailleurs. Je lui ai demandé où et elle a essayé de m'expliquer. Je n'ai cependant pas compris.
J: *Qu'a-t-elle dit?*
A: On vous dit parfois d'aller faire des tâches, et vous y allez pour les faire. Je lui ai juste demandé, et si je ne le voulais pas. Et elle a ri et a dit que je voudrais le faire. Je n'ai jamais eu quelqu'un qui me dise quoi faire pendant un long moment. Je ne sais rien sur un tel sujet.
J: *Vous dites que vous êtes au cimetière? Pouvez-vous voir où votre corps a été enterré?*
A: Oui. J'ai une croix.
J : *Y a-t-il quelque chose d'écrit sur cette croix?*
A: Mon nom. Et cela dit:" Ma bien-aimée est ici." Et ça dit, le 28 juillet 1927.
J: *Y a-t- il autre chose?*
A: Juste ça. Et mon nom: June ... Gagiliano.
J: *Gagiliano? Je pensais que vous et Al ne vous êtes jamais mariés!*
A: Il m'a aimé, mais il ne pouvait pas m'épouser.
J: Mais il vous a donné son nom sur votre pierre tombale.
A: Oui. ... Avant de mourir, il a dit qu'il le ferait. Il a dit que c'était son dernier cadeau.

Pas étonnant que la femme d'Al fût fâchée. Non seulement June fut enterrée dans le cimetière familial, mais on lui donna aussi son nom.

Dans une autre session:

J: *Que faites-vous, June?*
A : Je suis assise ici dans cette cour. Cette maison était la mienne.
J: *Cette maison était la tienne?*

A: Oui. J'aimerais pouvoir rester dans cette maison.

J: *Tu ne peux pas rester ici?*

A: Non. Je vais devoir aller dans d'autres endroits un jour. Je resterais bien ici s'ils me laissaient faire. Cette maison était un palais pour moi.

J: *Est-ce que quelqu'un vous a dit que vous devriez partir?*

A: Vous ne devez pas rester dans les maisons et faire peur aux gens, ou quelque chose comme ça.

J: *Qui vous a dit ça?*

A: La mère d'Al.

J: *Que se passe-t-il autour de ta maison maintenant?*

A: Ils emballent mes affaires.

J: *Qui le fait?*

A: Al. Il ne laissera personne toucher à mes affaires.

J: *Que va-t-il en faire?*

A: Je ne sais pas. Les donner, je suppose. Certaines choses je pense qu'il gardera toujours. Il met tout dans des coffres et des boîtes.

J: *Peut- être qu'il va en prendre chez lui.*

A: Je ne sais pas. Il continue de parler. Il ne sait pas que je peux l'entendre. Il me dit qu'il m'a aimé. Il me dit qu'aucune autre personne n'a jamais compté pour lui. Il veut que je revienne. Je ne veux vraiment pas y retourner.

J: *Non? Je pensais que tu aimais ta vie là-bas.*

A: J'ai aimé ma vie. C'est bien mieux de ne pas s'inquiéter. Se trouver ici. Il sera là aussi, un jour. Tout le monde arrive ici.

J: *Vous parlez de venir ici. Où est ici? Vous êtes ici dans la cour.*

A: Dans ce monde-ci. Tout le monde meurt, et leur esprit est libre à nouveau. Je ne sais pas encore tout. Je dois apprendre plus. Mais c'est un sentiment agréable d'être ici.

J: *Et d'où venez-vous?*

A: Je viens de nulle part. Je fais juste le tour des lieux.

J: *Et comment est ce monde où tu te trouves? Est-ce qu'il y fait chaud?*

A: Oh non.

J: *Est-ce qu il y fait froid?*

A: Non, c'est juste comme il faut.

J: *Et comment vous déplacez-vous? Flottez-vous ou ...*

A: Je décide juste où je veux être, et je m'y trouve. Il semble que l'on bouge juste comme par magie. Je ne le comprends pas; Je le fais simplement. Ça va me venir, me disent-ils.

J: *Vous vous déplacez vite?*
A: Oh, oui. Ou, si vous préférez, vous pouvez aller plus lentement.

Dans une autre session:

J: *Que faites-vous?*
A: En train d'attendre qu'Al vienne ici.
J: *Où êtes-vous?*
A: Assise juste ici, en train d'attendre dans le cimetière.
J: *Al va bientôt être là?*
A : Dans pas trop longtemps, je pense. Il ne devrait pas être long.
J: *Comment lisez-vous l'heure?*
A: Oh, vous jaugez en quelque sorte. C'est juste quelque chose que tu sais. Ce n'est pas comme avant, où vous deviez tout faire dans les délais.
J: *Donc vous pensez qu'Al sera bientôt ici?*
A: Avant la fin de l'année.
J: *Comment savez-vous qu'il va être ici?*
A: Sa mère me l'a dit. Et quand je suis allé le voir, je pouvais m'en rendre compte.
J: *Comment pouviez-vous le savoir?*
A: Je l'ai juste regardé et je pouvais le savoir.
J: *Vous voulez dire, qu'en regardant sa personne, vous pouviez comprendre qu'il allait être avec vous sous peu?*
A: Oui, je pouvais le ressentir.
J: *Pouvez-vous me décrire ce sentiment, ou comment cela vous affecte?*
A: Je ne sais pas comment vous le faire comprendre. Vous regardez quelqu'un et vous le ressentez, tout comme vous connaissez son nom et tout ce qu'il y a à savoir à son sujet. C'est encore plus que ça. C'est comme si tu savais leur hauteur, de quelle couleur sont leurs cheveux, et vous savez quand ils seront là avec vous. Vous pouvez tout dire sur tout dans le passé, et... tout.
J: *Et vous dites que vous pouvez voir dans leur passé?*
A: Parfois, oui. Je pourrais en dire beaucoup plus sur Al, plus que je n'ai jamais su toutes ces années que je le connaissais. Parce qu'avant, quand il me disait quelque chose, je devais soit le croire et m'interroger, soit penser que ce n'était pas vrai et à nouveau, m'interroger. Maintenant, je peux juste le regarder, et je sais quoi.

J: *Dites-moi quelques-unes de ces choses à propos d'Al que vous avez appris maintenant, que vous ne saviez pas auparavant.*

A: Bien, toujours auparavant il me disait combien il m'aimait, mais parfois il était tellement haïssable. Je n'ai jamais su si c'était vrai ou pas. Maintenant, je sais qu'il m'a toujours beaucoup aimée. Et je m'inquiétais parfois quand je ne le voyais pas, je me demandais où il était, et s'il avait une autre amie. Et quand je l'ai regardé, ces choses, je savais tout simplement. Il n'aimait vraiment personne d'autre que moi.

J: *Mais il était marié et avait des enfants.*

A: Oui, oui. Mais il n'était pas heureux avec elle. Je ne suis plus jalouse d'elle. J'avais l'habitude de l'être. Je voulais qu'il m'épouse, mais je sais maintenant ...

J: *Pouvez-vous regarder Al et voir quel genre de travail il était en train de faire?*

A: Oui, je pourrais ainsi dire. (Tristement) Oh, il est dans toutes sortes de mauvaises choses. Il m'a toujours dit avant de ne pas le lui demander. Je connaissais un peu, mais je ne voulais rien savoir de mauvais. (Sanglotante presque) Alors je n'y ai pas pensé. Et quand j'ai découvert, j'étais tellement blessée. Je ne pense pas qu'il va s'en sortir. Ils vont le tuer avant que ce ne soit fini.

J: *Que fait-il?*

A: Eh bien, il fait des choses qu'il n'est pas censé faire. Il est responsable de beaucoup de choses qui ne vont pas. Transporter des femmes d'un endroit à un autre.

J: *Aller et venir d'où?*

A : Différentes villes, différents états. Ils appellent ça "la traite des blanches".

J: *Quelles sont ces choses qu'il fait?*

A: Ils achètent cette poudre blanche. Je l'ai vu le faire, maintenant. Ils y mélangent du sucre et d'autres choses, et ils la vendent. Mettez-la dans de petites enveloppes et vendez-la.

J: *Il y a-t-il quelque chose d'autre qu'il fasse?*

A: Eh bien, ils donnent des armes à ceux qui les veulent. Il a même fait tuer des gens. Je ne pense pas qu'il l'ait jamais fait lui-même, mais il a fait tuer des gens.

J: *A-t- il quelqu'un d'autre pour le faire?*

A: Oh, il y a beaucoup de mecs qui travaillent pour lui.

J: *Est-il le chef?*

A: Il est l'un des grands mecs. Il n'y en a pas beaucoup au dessus de lui.

J: *Y a-t-il quelqu'un qui est son patron?*

A: Il y en a deux de plus, plus haut.

J: *Qui sont-ils?*

A: Eh bien, je l'ai vu parler à quelqu'un qui est avec lui. Il est responsable d'un autre territoire, et ils parlent du patron. Il y en a un si haut, ils ne l'attraperont jamais. Je ne pense pas qu'ils sauront jamais qui il est, ou s'il était impliqué ou pas.

J: *Mais vous, vous ne savez pas de qui il s'agit?*

A: Je ne sais pas très bien. Quand j'ai découvert, j'avais peur. Je n'ai pas essayé d'en savoir plus. Je déteste connaître de telles choses à son sujet, mais je sais qu'il a travaillé avec Frank.

J: *Frank? Est-ce le patron?*

A: C'est le seul.

J: *Est ce qu'il est si haut placé que personne ne le touchera jamais?*

A: Non. Frank est juste ... quand ils l'auront, ils vont penser qu'ils ont la personne en charge.

J: *Connaissez-vous son nom complet?*

A: Eh bien, quand je le connaissais, je ne savais pas qu'il était le patron. Mais quand je suis retourné voir Al, j'ai su à ce moment là. Je connaissais son nom, alors et tout. Je ne le savais pas avant.

Johnny et moi retenions littéralement notre souffle. Aurions-nous enfin quelque chose qui pourrait être vérifié?

J: *Quel est son nom de famille?*

A: Nitti.

J: *Nitti. Frank Nitti. Le connaissiez-vous bien?*

A: Oh, je l'ai vu. Je l'ai beaucoup vu. Je ne pensais pas qu'il était très intelligent. N'est-ce pas amusant?

J: *Et ici, il est le patron d'Al.*

A: Oui, je pensais que Al était son patron. Personne ne savait jamais exactement ce que Frank faisait. Al a toujours dit qu'il avait un mauvais caractère. De ne pas lui poser de questions. Quoi qu'il dise, soyez d'accord avec lui, et agissez comme si vous le pensez.

Donc, nous avions enfin le nom d'une personne réelle. Quiconque connaît les histoires des années folles et les gangs d'Al Capone et de

Frank Nitti connaissent leur réputation notoire. Ils étaient parmi les personnages les plus remarquables de cette époque flamboyante. Mais essayez de trouver des informations sur son gang! Le Chicago Tribune et le département de police de Chicago n'ont pas été en mesure de m'aider du tout.

Le Chicago Tribune n'a même pas pu donner d'informations sur Frank Nitti, que nous savions avoir vécu. Ils ont répondu: "Nous sommes désolés de ne pas pouvoir vous être très utiles concernant vos questions sur l'histoire du crime à Chicago. Nos dossiers d'articles ne sont que fragmentaires par rapport à cette période et nous n'avons rien trouvé concernant les sujets de votre enquête, c'est-à-dire, Frank Nitti et sa bande."

Le département de police de Chicago était également une impasse. Ils n'ont même pas répondu à ma lettre. La meilleure source d'information s'est avérée être un vieux livre que j'ai trouvé dans la bibliothèque de l'université de l'Arkansas. Il avait été imprimé en 1929 et est considéré comme une rareté. C'était à propos du crime organisé à Chicago, par John Landesco. Frank Nitti, également connu sous le nom de l'«Enforcer» (l'imposeur), était commandant en second et directeur commercial du syndicat Al Capone. Il a géré la plus grande partie de l'argent de protection. Il a été impossible de trouver des informations sur les hommes qui auraient pu travailler pour lui. Landesco a déclaré que le système de tenue de dossiers dans les services de police était très primitif à cette époque. Les empreintes digitales ayant été prises, mais si la personne n'avait aucun dossier, celles-ci n'étaient pas classées, mais étaient jetées. Les dossiers étaient extrêmement incomplets et certains chefs de gangs très importants n'avaient aucun dossier sur eux ou très peu. Les journaux de l'époque (que j'ai localisés sur microfilm) en disaient plus sur ce qui se passait que dans les registres.

Aussi, il semble que le nom Gagiliano soit commun à Chicago, même si c'était étrange pour nous. Donc, une recherche dans les fichiers de police serait une question de séparer le bon grain de l'ivraie et en espérant que l'on trouverait quelque chose. Cela prendrait aussi beaucoup de temps. Ensuite, June a mentionné qu'Al ne voulait pas que quelqu'un connaisse son vrai nom. Il a peut-être changé de nom avec le gang pour protéger sa famille.

Dans ces circonstances, toute recherche sur cette époque devient extrêmement difficile. En apparence, cela ne semble pas être le cas, puisque les événements se sont produits dans un passé relativement récent. Et c'était décevant quand ces obstacles ont commencé à apparaître.

Au cours d'une autre session, on a demandé à Anita où elle se trouvait.

A: Je vais juste dans des endroits différents. Je fais juste ce qu'on m'a dit ... apprendre. Parfois, je retourne chez moi, mais il y a d'autres personnes qui y vivent maintenant, et ce n'est plus très joli. Ils n'en ont pas pris soin. Ils ont laissé mes murs blancs se salir. Ils ont besoin de peinture. Je n'aime pas les voir. Ils déplacent mes meubles. Ils font bouger les choses et je n'aime pas ça, alors je n'y vais pas très souvent.
J: Où restez-vous la plupart du temps?
A: Avec Al. À son domicile.
J: Pensez-vous qu'il puisse vous voir?
A: Je lui parle, mais il ne m'entend pas. Il pleure beaucoup. Il vieillit aussi. Je ne l'aime plus comme je l'ai fait, mais je me sens toujours proche de lui.
J: Vous ne l'aimez plus?
A: Pas comme je l'aimais alors. Je me sens beaucoup plus proche.
J: Pensez-vous que vous allez attendre ici jusqu'à ce qu'il meurt?
A: Non. Je sais comment il va mourir. Je ne veux pas le voir.
J: Comment le savez- vous?
A: Je peux le voir. (Bouleversée) Je peux le voir. Si vous vous concentrez, vous pouvez voir des choses.
J: Comment Al va-t-il mourir?
A: Ils vont le tuer. La police va l'abattre. Ils l'ont surveillé pendant longtemps. Et ils vont finalement le tuer.
J: Quelle sera l'année quand ils le tueront?
A: Dans pas longtemps à partir de maintenant. Avant que cette année ne se termine.
J: Pouvez-vous vous concentrer et voir à l'avance ce que vous allez faire?

A: (Longue pause) Je vais rester ici un moment. Je dois parler à Al. Pour lui dire que je comprends tout. Ensuite, je vais juste partir.
J: *Où pensez-vous aller?*
A: Je ne sais pas. Je pensais que j'irais en Enfer quand je mourrais, mais je ne l'ai pas fait. Je ne brûle pas!
J: *Avez-vous vu le paradis?*
A: Non. J'en ai parlé avec la mère d'Al. Elle n'a pas encore été là, non plus. Nous regardons autour de nous et voyons des choses.
J: *Vous pouvez voir des bâtiments. Vous pouvez voir les choses telles qu'elles étaient quand vous étiez en vie?*
A: Oui. Je peux marcher au travers des bâtiments. Je peux parler, je peux crier, et ils ne peuvent pas m'entendre. Personne ne peut m'entendre. S'ils se concentraient, ils pourraient m'entendre. Tout le monde pourrait entendre les esprits s'ils se concentraient. Certaines personnes ont peur des esprits. Ils essayent de vous prévenir, mais ils ne vous blessent pas. Je parle à Al, et je lui dis: "N'y va pas ce soir, n' y va pas, n'y va pas, la police te surveille."
J: *Où va-t-il?*
A: Il va à cet endroit où ils fabriquent des choses.
J: *Du whisky?*
A: Toutes sortes de choses. Il va là-bas et supervise. Il leur dit où le prendre. La police l'a observé pendant longtemps. Ils vont vraiment sévir.

Selon d'anciens journaux, la répression a commencé en 1929, alors que 3000 personnes ont été arrêtées en une seule journée. Elle a continué en 1930 quand les journaux ont énuméré les noms des policiers et le nombre de gangsters que chacun avait tué. On a dit au commissaire qu'il recevrait toute l'aide dont lui et ses escouades auraient besoin. Les noms des gangsters ne figuraient pas sur la liste parce qu'il y avait trop d'arrestations ou de morts. Il est logique de supposer que la mort d'Al s'est produite à cette même époque.

J: *Vous n'allez pas rester et le regarder mourir?*
A: Je ne veux pas le voir mourir.
J: *Mais vous avez dit que vous voulez cependant lui parler.*
A: Quand il sera enterré, nous parlerons. Je n'irai pas là où ça va arriver. Je vais rester ici et l'attendre.
J: *Il sera enterré au cimetière familial?*

A: Ouais. Ils vont le mettre là. Sa femme en est folle. Elle ne veut pas de lui près de moi.

J: *Pouvez-vous voir quand sa femme va mourir?*

A: Elle va vivre encore plus longtemps. Elle vivra pour leurs petits-enfants. Ses fils sont tous mariés maintenant, et ils vont avoir des petits-enfants.

J: *Voyez-vous Al après sa mort?*

A: Je vois son esprit. On se parle.

J: *Est- ce que la mère d'Al est là aussi?*

A: Elle nous a parlé. Elle sait qu'il m'a aimé quand il a vécu. Nos esprits étaient proches. Nous ne pouvons pas rester longtemps ensemble. Il semble que je doive aller ailleurs.

J: *Vous devez partir?*

A: Ils t'appellent quand ils ont besoin de toi.

J: *Qui vous appelle?*

A: Il y a cette voix qui m'appelle. Elle m'appelle.

J: *Et où allez-vous?*

A: Je ne sais pas. ... Suivez, flottez et suivez. ... Al est déjà appelé. Je l'ai attendu. Il s'en va. Il s'en va. (Pause) Il y a cette femme. Elle continue de prier pour obtenir de l'aide.

J: *Quelle femme?*

A: Je ne sais pas. J'y vais, mais je ne l'aime pas. C'est dans le Missouri. Cette femme s'est éloignée de la ferme. Elle n'a pas aimé être à la ferme non plus. Peut-être que c'est pour ça que je suis supposée l'aider. Mais elle est idiote. Je lui parle, mais elle ne m'écoute pas. Si je fais du bruit, elle écoute des bruits. Elle les appelle des avertissements.

J: *Et cette femme prie?*

A: Elle dit:" S'il te plaît, mon Dieu, aide-moi, je ne peux plus le supporter." Elle travaille terriblement dur. Elle a beaucoup d'enfants. (Pause) Oh, mon Dieu, je ne veux pas rester ici. ... C'est comme avant. ... Son mari est méchant avec elle. J'essaie de lui dire de partir, mais elle a peur de s'en aller. Elle a beaucoup d'enfants et elle a peur.

J: *Est- ce que c'est la voix qui t'a appelée pour venir à elle?*

A: Oui. Je suis supposée faire quelque chose ici, mais je ne sais pas quoi. (Sa voix semblait vraiment pitoyable.) Ils me le diront. Quelqu'un va me dire quoi faire. La voix! Je dois y retourner et être pauvre encore une fois. (Elle semblait stupéfaite.) Je vais devoir être quelqu'un d'autre encore!

J: *Qui vous a dit ça?*

A: Je le sais tout simplement. C'est un sentiment que j'ai. Je suis dans ce corps. Cette femme me déteste et je ne suis même pas encore née. ... J'ai des bras qui commencent à pousser ... des jambes ... elles vont être des jambes. Je dois revenir. (Avec un sentiment de résignation.) J'ai vécu cela avant, et avant, et avant. Et je dois tout recommencer. ... Celle-ci ne va pas être facile.

J: *Ca va être plus dur que celles que tu as connus auparavant?*

A: Oui. Elle me déteste. Elle continue à prier chaque jour pour que je meurs. Elle me déteste!

J: *Quelle taille avez-vous maintenant?*

A: Je suis presque prête à naître. Je suis grande ... pour un bébé, je suis très grande. (Pause) Elle reste assise et elle pleure. Elle ne me veut pas. Elle ne sait pas que je l'ai déjà aidée. Son mari allait la quitter, mais quand elle tombée enceinte, il n'est pas parti. Il ne pouvait pas la laisser enceinte.

J: *Combien d'enfants a-t-elle?*

A: Je vais être son huitième, mais un est mort. Je lui ai parlé. Il m'a dit ce qui est arrivé. Elle a dit à tous qu'il était mort, mais il n'est pas mort. Il était né et elle était seule dans la maison. Il est né tôt, et elle ne voulait pas attacher le cordon. Elle l'a laissé mourir. Elle l'a tué! Elle le détestait. Elle ne voulait plus d'enfants.

Il est devenu évident qu'Anita parlait de son entrée dans sa vie actuelle. Elle a dit plus tard qu'elle n'avait pas eu connaissance de problèmes entre son père et sa mère. Son père était toujours aimable et gentil avec elle, mais sa mère ne lui a jamais montré aucune affection. Elle était une femme très froide. Anita est née quand sa mère était plus âgée, elle avait passée la "ménopause" et elle semblait toujours en vouloir à Anita. En conséquence, elle a grandi sans sentiments envers sa mère, mais elle adorait son père. Elle a beaucoup de frères et sœurs, tous plus âgés qu'elle. La plus jeune fille était une adolescente quand Anita est née, donc il n'y avait pas non plus de proximité avec les frères et sœurs. La famille a toujours dit qu'il y avait eu un autre enfant, un garçon qui est mort avant la naissance d'Anita, mais c'est tout ce qui a été dit sur ce sujet. Si ce dont Anita se rappelait sous hypnose était vrai, elle savait qu'elle ne serait jamais capable d'en parler à personne dans sa famille. Je suppose que sa mère serait la seule personne à connaître la vérité sur ce qui s'était vraiment passé. La mère d'Anita est morte à peu près en même temps que nous avons commencé cette expérience et Anita n'a pas pleuré son décès. Mais ce n'était pas exactement le genre de chose que vous pourriez demander à votre mère de toute façon.

J: N'ëtes-vous pas déjà née?
A: C'est vraiment pour bientôt. Son corps est fatigué. Elle ne pousse plus. Le docteur l'aide. Il la pousse et ses muscles bougent. Il pousse ... il pousse.

C'était très dramatique. Anita commença à haleter et à respirer pour avoir de l'air. Elle agrippa les bras de la chaise et faillit sortir du siège en tordant sa tête d'un côté à l'autre, comme si elle se battait pour respirer.

A: (Elle haletait.) C'est difficile de respirer ... C'est difficile de respirer. Ils feraient mieux de se dépêcher. Je vais m'étrangler.

Je commençais à m'inquiéter. C'était très difficile à regarder. Pourrait-elle se blesser? Mais alors je me souvenais, elle était née. Elle est bien arrivée ici. Si Johnny éprouvait quelque inquiétude, il ne l'a pas montré. Il semblait contrôler la situation.

J: Le cordon est-il enroulé autour de votre cou?
A: (Elle haletait et haletait.) Non, je ne peux pas respirer. Elle est étroite. C'est étroit ... Je ne peux pas bien respirer. ... Dieu merci, le docteur est là. Elle ne va pas me tuer!

Elle laissa échapper un grand soupir de soulagement et s'effondra contre la chaise.

J: Est-il plus facile de respirer maintenant?
A: Je suis née maintenant. Ma tête est sortie en tout cas. C'est la partie la plus difficile. (Pause) Je suis allongée sur une table. Ma tante est en train de me laver. Ma tante ... Lottie est son nom.

Sa tante Lottie lui avait dit qu'elle était présente quand Anita était née à la maison.

J: Pouvez-vous la voir?
A: Quand elle aura retiré ce voile de mon visage, je pourrais.

Notez qu'il existe une croyance populaire selon laquelle un bébé né "coiffé" aurait des capacités psychiques.

A: Je suis un joli bébé, mais je suis rouge.
J: Eh bien, ça va prendre quelques jours pour s'en aller.
A: Je vais tout recommencer.
J: Vous souvenez-vous de ... Carol?
A: Quelque part dans mon passé je l'ai connue. Elle a fait beaucoup de mauvaises choses. De mauvaises choses. Je dois faire attention cette fois-ci. Et ne pas refaire ces choses. Si je me marie, je resterai mariée. Je ne m'enfuirai plus jamais, peu importe à quel point je le veux. Je pense que c'est la raison pour laquelle je devais revenir.
J: Ta mère t'a donné un nom?
A: Eh bien, ma mère veut me nommer, mais mon papa ne la laissera pas. Mon père a dit qu'elle n'avait jamais voulu de moi. Elle n'aura aucun droit de me donner mon nom.
J: Est- ce que ton papa va te donner un nom?
A: Je pense qu'il va écouter ma tante. ... Elle dit qu'Anita est un joli prénom. C'est un nom exotique, et peut-être que je serai célèbre ou que je ferai quelque chose avec un nom comme ça. Et ma mère déteste ce nom. En ce moment, elle déteste ça ... mais je m'en fous. Mon père a dit au docteur, et c'est déjà sur le registre. ... Et ils m'ont appelée Jane. Anita Jane. (Secrètement) Jane est comme Carol. ... j'étais aussi Jane.

Elle a dit ça comme si elle avait un secret, elle le savait.

J: Que veux-tu dire, tu as été Jane?
A: Il y a longtemps, j'étais une Jane. ... Et tu sais ce qui est drôle? Ma mère pense qu'elle a gagné une dispute, mais elle n'a rien gagné. Elle a dit que j'avais été nommé d'après sa mère, Jane. Mais j'étais jadis Jane. J'aurais été Jane de toute façon.

Cette session qui a englobé la mort et la renaissance de June comme Anita avait duré deux heures passionnantes. Nous étions épuisés émotionnellement ... épuisés ... et prêts à jeter le torchon et prendre une pause. Pourtant, maintenant elle nous disait qu'il y en avait encore plus. Il y avait une autre personnalité qui s'appelait Jane! Eh bien, nous en avions assez pour cette session, et nous aurions besoin de digérer ce que nous avions déjà entendu. Jane devrait attendre plus tard.

Chapitre 6

Nous rencontrons Jane

Les remarques mystérieuses et intrigantes d'Anita à la fin de la dernière session nous avaient donné l'indication qu'il y avait beaucoup plus de faits cachés hors de notre atteinte. Cela nous indiquait que nous n'en avions seulement que gratté la surface. C'était comme appâter un poisson sans méfiance avec un ver, et nous étions accrochés. Qui était Jane? Y avait-il une Jane? Dans cette session, nous essayerions de le découvrir, mais Johnny devait être très prudent pour formuler les questions de manière à ne pas l'influencer. Il essayait toujours de permettre à Anita de raconter son histoire avec ses propres mots. Il l'a ainsi ramenée à une époque antérieure à la vie de June/Carol.

J: Je vais compter jusqu'à cinq, et nous revenons à l'année 1870. (Il compte) Que faites-vous?
A: Je ne fais que flotter.
J: Flotter? Est-ce qu'il fait chaud?
A: Il fait bon.

Nous avions découvert que chaque fois qu'elle disait qu'elle ne se sentait ni au chaud ni au froid, elle était habituellement sous la forme d'un esprit. Cette condition sera explorée plus en détail dans un autre chapitre.

J: Pouvez-vous voir quelque chose?
A: Je vois où j'avais l'habitude de vivre. Dans la grande maison qui a brûlé. Au Tennessee.

J: Dans quelle ville est-ce?
A: Memphis.
J: Comment la grande maison a-t-elle brûlé?
A: Les soldats l'ont brûlée.
J: Pourquoi ont-ils fait ça?
A: Je ne sais pas. Il y avait la guerre, et ... je n'étais pas là quand ils l'ont brûlée. Je les ai juste regardés.

Comme elle était évidemment un esprit, Johnny a décidé de reculer un peu plus en arrière pour en savoir plus sur cette vie. Il l'a régressée à l'année 1860 et lui a demandée: "Où êtes-vous?"

A: Je suis chez moi.
J: Et où est votre maison?
A: (La voix d'Anita avait changé avec un accent du sud bien prononcé) Ma maison se trouve à Memphis.
J: Et quel est votre nom?
A: Je m'appelle Jane.

Donc c'était la Jane à laquelle Anita avait fait référence après sa mort en tant que June/Carol.

J: Quel est votre nom de famille, Jane?
A: Je m'appelle Jane Rockford.
J: Quel âge avez-vous?
A: Je vais bientôt avoir 18 ans.
J: Êtes-vous mariée?
A: Pas encore. Je suis fiancée au fils de notre voisin. Il s'appelle Gerald, Gerald Allbee (Allby?)
J: Aimez-vous Gerald?
A: Je l'aime beaucoup.
J: Quand allez-vous vous marier?
A: L'été prochain.
J: Allez-vous à l'école maintenant?
A: Oh non. Je suis déjà allée à l'école. J'ai été à l'école pendant plusieurs années pour apprendre à être une Dame.
J: Et ... êtes-vous allée à l'université?
A: Non, je suis allée dans une institution pour demoiselles de bonne famille. Près de St. Louis.

J: Quel était le nom de cette école?

Johnny cherchait quelque chose que nous pourrions vérifier.

A: C'était ... C'était ... Whitley? Whittley? C'est drôle, je ne m'en souviens pas. Cela n'a pas été si long. ... J'avais vraiment le mal du pays. Il fait beaucoup plus froid là-bas, tu sais. Et ma maman m'a manquée.

Plus tard, j' ai écrit à la Société Historique du Missouri (Missouri Historical Society) pour voir s'ils pouvaient nous donner des informations sur une école portant ce nom. Voici leur réponse: "Nous trouvons dans le registre de Saint-Louis en 1859, sous la rubrique Écoles et Séminaires, Privé, le nom d'Elizabeth Whiting, Locust St., entre le 4ème et le 5ème avenue. Le journal républicain du Missouri, daté du 1er septembre 1860, contient une publicité en première page qui dit: "Madame. Jewett (successeur de Mademoiselle Whiting) commencera la deuxième session annuelle de son école le lundi 3 septembre ...

Que ce soit ou non la même école que Jane ait fréquentée, la similitude des noms et les dates correspondantes semble significative. En 1860, quand l'école a changé de mains, elle avait déjà fini et était de retour à Memphis.

Johnny a tenté d'obtenir des informations historiques parce que nous savions que cette date était antérieure à la guerre civile.

J: Pouvez-vous me dire qui est le président maintenant?
A: Eh bien, nous avons un grand débat sur qui va être président. Et Lincoln, s'il le devient; il ne va pas rester président longtemps.
J: Oh, mais qui est le président en ce moment?
A: Je ne le connais pas. (James Buchanan)
J: Mais cet homme, Lincoln, va-t-il être président?
A: Mon père dit qu'il ne peut pas l'être. Nous ne pouvons pas le tolérer. C'est une chose intolérable. Il ne sait rien de notre vie et ne nous comprend pas dans le sud. Et nous ne pouvons pas le laissez le devenir. Ils se disputent, et vous ne pouvez pas vous empêcher de les entendre. Je n'aime pas écouter. Ils parlent de guerre.

J: *Est-ce qu'il va y avoir une guerre?*
A: Cela se pourrait, s'il est élu. Ils ne le toléreront pas. Ce n'est pas tolérable.
J: *Et ... vous avez 18 ans?*
A: Oui, msieu (monsieur.)
J: *Et votre maison est là à Memphis, Tennessee? Quelle est la taille d'une telle maison?*
A: Oh, toutes les terres, c'est une grande maison, pourriez-vous dire, pour ce coin. J'imagine de taille similaire aux autres maisons. Il doit y avoir ... oh, peut-être 14, 15 chambres, porches, ect...
J: *Votre maison est-elle juste à Memphis?*
A: Eh bien, elle est juste au bord de la ville. C'est sur la route de Gately.
J: *Avez-vous des frères ou des soeurs?*
A: Eh bien, j'ai une soeur plus âgée qui est déjà mariée. Et j'ai un jeune frère, juste un an plus jeune.

À ce stade, Johnny pensait qu'il serait intéressant de voir si Jane pouvait écrire son nom. Il y avait travaillé auparavant quand il avait demandé à la jeune Carolyn de lui écrire son nom. Elle l'avait écrit en caractères d'imprimerie pour nous. Il fit donc ouvrir les yeux à Anita et lui donna un crayon et du papier. Il semblait toujours très difficile pour Anita d'ouvrir ses yeux dans une telle situation, comme quelqu'un de profondément endormi. Même avec ses yeux ouverts, ils conservaient une apparence vitreuse. Anita (Jane) écrivit dans un joli script coulant, avec des fioritures sur les lettres majuscules, "Madame Jane Rockford". Cela ne ressemblait en rien à son écriture normale (celle d'Anita).

J: *C'est joli. Avez-vous appris cela à l'institution pour demoiselles?*
A: De la pratique, et encore de la pratique, pour écrire clairement.

Tout en essayant de penser à plus de questions, Johnny a décidé d'obtenir sa description physique. "De quelle couleur sont vos cheveux ?" demanda-t-il.

A: Blonds.
J: *De quoi avez-vous l'air? Etes-vous mince?*

A : Eh bien, mon tour de taille n'est que de 18 pouces. Bien sûr, elle est un peu serrée avec des lacets.

Une déclaration étrange pour la personne avec du surpoids assise dans la chaise!

J : *Que portez-vous?*
A : Je porte une robe bleue.
J : *Est-ce une jupe longue?*
A : Oh, j'ai mes cerceaux.
J : *Oh, oui. Et combien de jupons?*
A : J'en porte quatre la plupart du temps.
J : *Quatre?... Quel genre de chaussures?*
A : Oh, mes chaussures sont de petites sandales, et il y a une sangle au travers de mon coup de pied.
J : *Et comment sauriez-vous me décrire vos cheveux?*
A : Eh bien, ma maman me les met en place. Et elle les peigne en mèches... vous pouvez voir vous-même les boucles dans mon dos. (Anita tourna la tête et tapota ses cheveux.)
J : *Ah, votre maman? Avez-vous beaucoup de serviteurs?*
A : Oh, mon père a beaucoup de nègres.
J : *Quel est le nom de votre père?*
A : Maître Rockford.
J : *Et de votre mère?*
A : Le nom de ma mère? Son nom est aussi Jane.

Notre seconde personnalité était donc apparue et cette jeune fille du sud était aussi différente de notre délurée de Chicago que le jour de la nuit. Et les deux étaient aussi très différents d'Anita. Le reste de l'histoire de Jane Rockford est apparu dans le courant de plusieurs sessions, donc encore une fois, je les ai organisées dans un ordre chronologique pour une lecture plus facile. Notre premier contact avec Jane date de 1850.

J : *Que faites-vous?*
A : Je joue avec mes poupées. (Encore l'accent du Sud.) Il fait horriblement chaud dehors!
J : *Ce doit être l'été.*
A : Oh, sur les terres, oui.

Johnny a de nouveau demandé son nom et où elle vivait pour vérifier que nous parlions avec Jane.

A: Je vis sur la route de Gately dans la grande maison blanche.
J: Quel âge avez-vous, Jane?
A: Huit ans. Mon anniversaire a été célébré au printemps.
J: Avez-vous eu une fête d'anniversaire?
A: Juste la famille.
J: As-tu eu beaucoup de belles choses ?
A: Je reçois toujours des cadeaux. J'ai eu une jolie bague, de nouveaux vêtements. J'ai eu cette poupée avec laquelle je joue.
J: Oh, elle est jolie. Allez-vous à l'école?
A: Une dame vient à la maison.
J: Oh, vous avez une preceptrice.
A: Une quoi?
J: Oh, ils n'appellent pas ça une preceptrice? Comment l'appelez-vous?
A : (Innocemment) Je l'appelle Mademoiselle White.
J: Mlle White. Vous ne l'appelez pas "Maîtresse" ou quelque chose comme ça?
A: Oh, elle est mon professeur.

Cela nous a toujours semblé étrange quand Anita ne connaissait plus le sens d'un mot de tous les jours, pendant qu'elle était sous régression dans ces autres vies. Ce sont des mots que son esprit conscient reconnaitrait certainement. Cela est arrivé à de nombreuses autres occasions. Parfois, quand vous devez expliquer la signification d'un mot, cela devient compliqué. Cela vous donne un sentiment étrange que vous êtes vraiment en contact avec une personne d'une autre période. Nous avons de nouveau contacté Jane, à l'âge de 15 ans.

J: Que voyez-vous?
A: La cour. Ce sera vert ... cela ne l'est pas encore.
J: Où vivez-vous, Jane?
A: Dans la maison de mon père et de ma mère.
J: Oh, c'est la grande maison blanche?
A: Elle est très grande.
J: Dans quelle ville êtes- vous?

A: À Memphis un peu en retrait.
J: *Comment allez- vous en ville?*
A: Dans le fiacre.
J: *Est-ce un long trajet?*
A: Oh non! Ce n'est pas loin.
J: *Allez-vous souvent en ville?*
A: Parfois, j'y vais.
J: *Quel âge avez-vous, Jane?*
A: Cela se fait de me le demander?
J: *Eh bien, je me posais juste la question.*
A: Eh bien, j'ai 15 ans.
J: *Allez-vous à l'école?*
A : J'y vais. Je suis juste à la maison pour le moment. Je vais y partir cette année. Je vais aller passer trois ans à l'école. Il se pourrait que j'y demeure plus longtemps.
J: *Où allez-vous?*
A: C'est très près de St. Louis.
J: *Oh, c'est au nord.*
A: Oui. Mon papa va m'y amener. Nous irons par bateau. Les bateaux y vont tout le temps. Vous pouvez aller encore plus loin si vous le souhaitez.
J: *Avez-vous été sur ces bateaux sur la rivière auparavant?*
A: Je suis descendu sur les quais et je les ai regardés.
J: *Mais vous n'avez jamais voyagé sur l'un d'entre eux?*
A: Pas jusqu'à maintenant.
J: *Je parie que ce sera amusant.*
A: J'ai un peu peur, mais je pense que ce sera amusant, oui.
J: *Oh, il n'y a rien à craindre. Savez-vous nager?*
A: Non. (Dans cette vie, Anita est un instructeur de natation.)
J: *Tu n'as jamais appris à nager?*
A: Non.
J: *Eh bien, vous savez, comme les poissons. Ils s'amusent beaucoup dans l'eau.*
A: Que ferais-je avec mes bras?
J: *Eh bien, vous voyez, quand vous nagez, vous devez utiliser vos bras comme le poisson utilise ses nageoires.*
A: Je suppose.
J: *Vous dites que vous avez vu le bateau? Quelle est sa taille?*

A: Oh, c'est à trois étages. Et papa dit qu'il y a même encore une autre pièce, en- dessous. Ce serait donc sous l'eau.
J: *Quel est le nom du bateau?*
A: Oh, il y en a plusieurs qui entrent et sortent de Memphis. Je ne sais pas lequel nous allons prendre.
J: *Je pensais que vous aviez déjà pris vos dispositions.*
A: Oh, il y a encore pas mal de temps jusqu'au commencement de l'école.
J: *Est-ce que ton père et ta mère vont tous les deux t'accompagner là-bas, jusqu'à ce que tu sois installée à l'école?*
A Je pense seulement papa. Il fait ce genre de choses.
J: *Vous dites que l'école est près de St. Louis. Ce n'est pas à St. Louis?*
A: Oh non. Ce n'est pas en ville; c'est à la sortie. Et ils vous enseignent toutes sortes de choses, comme, faire du cheval, et des choses comme ça.
J: *Ça va être très amusant.*
A: Mais nous pouvons parfois aller en ville pour faire des choses. Ce n'est pas si loin que vous ne puissiez pas vous rendre en ville. Papa a dit que ce serait juste un peu plus loin que notre maison est d'ici jusqu'à la ville. Juste un peu plus loin.
J: *Avez-vous votre propre cheval à la maison? Faites-vous du cheval?*
A: J'en fais parfois. Cependant, je ne suis vraiment pas très bonne. J'aime ça. J'apprécie.
J: *Au moins vous savez déjà comment monter. Je parie que certaines de ces filles qui vont à l'école ne savent même pas comment en faire.*
A: Elles ne le pourraient pas, si elles ne viennent pas d'une plantation. Certaines filles qui y vont sont des filles de la ville. Certaines ne vivent pas comme nous. Je veux monter à cheval comme papa.
J: *Est-ce qu'il sait bien monter à cheval?*
A: Oui, et il peut s'asseoir sur la selle autrement que nous ne le pouvons. Ce serait plus facile d'aller plus vite si vous pouviez simplement enfourcher et décoller.
J: *Oh, vous ne pouvez pas vous asseoir comme ça?*
A: Non, la selle... Je suis vraiment... Je sens que je pourrais tomber. Mais papa dit que personne ne le fait jamais. Vous pouvez mettre votre jambe sur cette petite chose, et cela vous aide aussi pour vous maintenir. Je tiens les rennes beaucoup trop serrées, et papa dit que j'ai un don de trop bien tirer en serrant sur les rênes. Cela

rend un cheval nerveux quand vous faites cela. Il faut être souple avec le mors du cheval. Si vous tirez dessus en arrière, ça lui fait mal à la bouche. Tu gâches un bon cheval de cette façon.

On aurait dit qu'elle faisait référence à une selle de dame. Une situation inhabituelle a émergé lorsque nous sommes retournés à l'année 1860, et on a demandé à Anita. "Que faites-vous?"

A: (Pause) Rien.
J: Fait-il chaud?

Il pensait qu'elle pouvait être en forme d'esprit, même si elle n'aurait pas dû l'être, d'après l'année.

A: Non.
J: Fait-il froid?
A: Non.
J: Juste comment?
A: Confortable.
J: Que voyez-vous?
A: Eh bien, il y a beaucoup de fermes ici.
J: Où êtes-vous?
A: Je me repose simplement maintenant. Je peux le faire... c'est sympa de faire ça... Bientôt, je me réveillerai. (Ainsi c'était ça, elle était endormie.) De si jolis endroits.
J: Sont-ils tous agréables et verts?
A: (Elle hocha la tête.) Tout est bien ce printemps. (Pause) J'ai entendu dire que les choses sont différentes dans d'autres endroits, mais... Je pense que tout est comme ça partout. J'aimerais aller vérifier si tout est comme ça partout.
J: Que voulez-vous dire par d'autres endroits?
A: Oh, ils disent que si vous traversez la rivière et allez vers le nord, vous entrez dans les montagnes et toutes sortes d'autres choses. Il y a des endroits qui ressemblent à des prairies. Ils n'y plantent pas beaucoup comme nous. Il y a des endroits vraiment secs avec pas d'eau du tout. Et il y a des endroits où la température est presque la même toute l'année, et... et parfois, vous allez jusqu'au bout en direction de l'ouest et jusqu'au nord, il fait froid en hiver. Pourquoi est-ce qu'ils disent qu'il y a de la neige sur le sol, parfois, plus haut

que la tête d'un homme. Je ne peux pas m'imaginer ça. Je pense qu'il y a des fermes partout. Ce ne sont que des histoires.

J: *Allez-vous vous réveiller bientôt, Jane?*

A: Eh bien, je suis supposée faire une sieste. Chaque après-midi, nous sommes supposées nous allonger et nous reposer comme des dames. Mais je m'allonge simplement et je rêvasse et pense à quoi tout doit ressembler. Et parfois, je me couche juste ici et je regarde la glycine, et je fais juste une sorte de rêvasserie.

J: *Quel âge avez-vous, Jane?*

A: Oh, 18 ans.

J: *Et vous vivez à Memphis. Vous avez une grande rivière qui coule par là, n'est-ce pas?*

A: Oui.

J: *Vivez-vous près de la rivière?*

A: Eh bien, pas juste à proximité. Les gens qui vivent plus près se retrouvent inondés de temps en temps, et nous rebatissons. Cette maison a été ici depuis longtemps. Le papa de mon papa l'a construite. C'est là qu'il la voulait.

J: *Il a trouvé où la construire pour que les inondations ne l'atteignent pas.*

A: Nous ne sommes jamais touchés. Nous avons des terres élevées tout autour de nous. C'est sûr ici.

J: *Oh, c'est bien. Avez-vous beaucoup de gens qui travaillent pour votre papa?*

A: Blancs, tu veux dire? Juste le surveillant est blanc. La dame qui coud pour ma mère. Elle est blanche. J'ai beaucoup d'esclaves.

J: *Savez-vous combien d'esclaves votre papa possède?*

A: Oh, il y a plus de 50 familles.

J: *Ça en fait quelques uns...*

A: Eh bien, oui, mais vous savez, C'est nécessaire. Il y a beaucoup de terres.

J: *Beaucoup de coton à cueillir?*

A: Ou la la. Nous cultivons beaucoup de coton.

J: *Quoi d'autre cultivez-vous dans la plantation?*

A: Eh bien, papa aime que nous ayons un jardin et que nous ayons des choses fraîches. Vous savez, nous préparons beaucoup de notre nourriture nous-même de cette façon.

J: *Avez-vous votre propre jardin?*

A: Il y a un jardin pour la maison.

J: Mais vous n'en avez pas un qui est juste pour vous... êtes-vous déjà sortie et avez-vous travaillé dans le jardin?

Il repensait à une pauvre Carol qui travaillait à la ferme.

A: (Choquée) Oohh, j'aurais des taches de rousseur sur moi. Brunir comme une nègresse. Je ne sors pas au soleil. Je dois mettre du babeurre sur mes mains, tel qu'il est.

C'était certainement bien loin de l'experience de Carol.

J: Pourquoi mettez vous du babeurre sur vos mains?
A: Oh, ça aide à les conserver blanches. Vous mettez du babeurre sur votre visage et vos mains, et cela empêche les taches de rousseur de se montrer, vous savez, lorsque vous sortez sous ce soleil. C'est la raison pour laquelle, Sukey est toujours après moi pour porter mon chapeau et des gants. Il fait parfois si chaud, j'aimerais les enlever, mais c'est important pour une femme de paraître belle. Vous devez être blanche et jolie.
J: Qui est Sukey?
A: Oh, c'est ma nounou.
J: Où vivent tous ces esclaves?
A: Eh bien, ils vivent dans leurs quartiers. Sukey, elle, reste dans la maison. Elle pleure et gémit et se plaint si ils essayent de la faire rester dehors. Elle a une petite cabane à l'arrière, mais elle ne veut pas y rester dedans. Elle veut rester avec moi. Vous savez, elle a été avec moi depuis qu'elle était ma nourrice. Elle est juste misérable si je ne suis pas là avec elle. Alors mon père la laisse juste rester dans la petite chambre à côté de la mienne.
J: De cette façon, elle est proche de vous tout le temps. Avez-vous des petits amis?
A: Quelques-uns.
J: Pensez-vous que vous vous marierez bientôt?
A: Oui. Je vais me marier.
J: Quand allez-vous vous marier?
A: Oh, ça ne va plus être très long. Mais j'aime toujours converser avec tous les autres garçons, et danser avec eux.
J: Oh, quand vous vous marierez, vous ne pourrez plus parler aux autres garçons?

A : Eh bien, ce n'est pas juste de ... ça ne fait pas pour une dame d'agir comme ça. Je dois juste me débarrasser de tout dans mon système avant de me marier.

J: *Qui pensez-vous épouser?*

A: Oh, je vais épouser Gerald. Cela a été convenu il y a longtemps.

J: *Quand avez vous fait cet accord?*

A: Eh bien, quand nous avions environ 16 ans... c'était juste décidé. Je n'en ai jamais parlé, mais c'est ce que je voulais de toute façon.

J: *Il semble que vous aimez vraiment Gerald.*

A: Oh, c'est le cas.

J: *Il doit vraiment être un gentil garçon.*

A: Il est très beau.

J: *Est-ce qu'il vit près de chez vous?*

A: Eh bien, oui, juste à côté de chez nous. Nous allons construire notre maison ici, juste entre les deux. Un jour, tout ceci sera à moi, et un jour ses terres lui appartiendront, et nous allons construire cette maison juste au milieu.

J: *Joindre tout ensemble.*

A: Oui, je veux ma propre maison. J'aime celle-ci, mais je veux la mienne.

J: *Pensez-vous que Sukey ira avec vous quand vous vous marierez et vivrez dans votre propre maison?*

A: Oh, elle restera avec moi. Sinon elle se plaindra jusqu'à la mort. Mon père a dit que je l'aurais, et ma mère a dit que je prendrais également Missy.

J: *Qui est Missy?*

A: C'est la petite-fille de Sukey, une petite chose minuscule. Elle servira d'aide autour de la maison. Nous aurons également des esclaves provenant de sa maison. Nous devrons en avoir aussi, si nous commençons tout type de plantation plus tard. Je pense qu'il va juste travailler avec son père pendant un petit moment.

J: *Est-ce que ses gens ont aussi une grande plantation?*

A: Oh, elle est plus grande que la nôtre. Elle est d'une bonne taille.

J: *Et quand allez-vous vous marier?*

A: L'année prochaine.

Johnny a décidé de se deplacer d'un an jusqu'à l'époque de son mariage.

J: Allez-vous vous marier à l'église?
A: Je vais me marier ici même à la maison. A la maison, et je m'entraîne à en descendre les escaliers.
J: Voulez-vous un grand mariage?
A: Oh, tout le monde sera à mon mariage.
J: Pour quelle date est-ce?
A: C'est pour le premier jour d'août.
J: En quelle année sommes-nous?
A: Nous sommes en 1861.
J: Qui est notre président?
A: Abraham Lincoln.
J: Depuis combien de temps est-il président?
A: Cela ne fait pas depuis très longtemps, et nous avons beaucoup de problèmes à ce sujet. Nous allons avoir Jefferson Davis comme président.
J: Jefferson Davis? Fera-t-il un bon président?
A: Il est un homme bien élevé du sud.
J: (Pause) Quand allez-vous vous marier?
A: Nous allons nous marier très bientôt, quand Gerald sera de retour. Il s'est joint à la milice pour y aller voir ce qui s'y passe. Il va peut-être devoir être dans la milice. Nous avons attendu jusqu'à ce qu'il ait quitté l'école, et maintenant il doit être dans la milice. Il sera de retour demain.
J: La milice l'a-t-elle appelé?
A: Il a reçu une semonce. Tous les messieurs honorables s'y rendent.
J: Avez-vous tout de prêt pour le mariage? La maison est-elle toute en ordre?
A: Ils ont fait des pâtisseries et des pâtisseries. Nous recevrons beaucoup de monde. Ils arriveront ici dans deux jours. Nous serons mariés dans deux jours.
J: Et nous sommes le premier août?
A: C'est correct.
J: Vous allez donc vous marier le 3 août? Qui officiera pour la cérémonie?
A: Pourquoi cette question, ce sera le révérend Jones.
J: Quelle est votre religion?
A: Nous sommes épiscopaliens.

Johnny l'a déplacée vers le 3 août, le jour du mariage.

A: Je descends cette envolée d'escalier dans ma maison.
J: Y a-t-il de la musique qui est jouée?
A: De la belle musique... Je suis tellement heureuse.

Et elle était heureuse. Vous pouviez sentir la véritable émotion dans sa voix.

A: Et excitée.
J: Pouvez-vous voir Gerald debout là?
A : Oui. Il est très beau et blond. Il est en uniforme. Mais il m'a dit que ce ne sera pas pour très longtemps.
J: Quel genre d'uniforme est-ce?
A: Il est gris, avec des boutons en laiton dessus.

Le gris était la couleur des uniformes confédérés.

J: Où allez-vous pour votre voyage de noce?
A: Je ne sais pas. Nous partirons en voyage sur la rivière. Descendre la rivière sur un bateau.
J: Pour aller où?
A: Gerald va me surprendre.
J: Eh bien, descendre sur la rivière signifirait aller vers le sud?
A: Oh, oui. Nous n'irions jamais au nord avec ces Yankees.
J: Nous allons avancer, Jane. Vous avez été mariée. Nous sommes le 4 août. Où êtes-vous?
A: Je suis sur un bateau, en train de regarder l'eau. Nous descendons jusqu'à la Nouvelle-Orléans.
J: Avez-vous déjà été à la Nouvelle-Orléans?
A: Non.
J: Vous pensez que ça vous plaira?
A: Ils me disent que je vais adorer.
J: Quel genre de bateau est-ce sur lequel vous vous trouvez?
A: C'est un bateau comme ils en ont, avec des roues. Juste comme... tu sais...
J: Bateau à roue à aubes?
A: Je pense que c'est la façon dont ils appellent ça.
J: Y a-t-il beaucoup de gens sur le bateau?
A: Oh, un grand nombre.

J: *Avez-vous rencontré des personnes?*
A: Non, la plupart du temps nous restons seuls.

Naturellement, ils étaient en lune de miel.

J: *Où est votre mari?*
A: Il a reçu un message quand nous nous sommes arrêtés ce matin, et il parle au capitaine de notre bateau.
J: Vous avez dit que votre mari est dans la milice?
A: Oui. C'est un lieutenant. Un message lui est venu lorsque nous nous sommes arrêtés dans une ville ce matin, tôt, très tôt.
J: *Gerald vous a-t-il dit quel était le message?*
A: Il a dit que je ne devais pas m'inquiéter, mais... nous allons peut-être devoir retourner plus tôt. Ils pourraient avoir besoin de lui.
J: *Mais vous allez toujours à la Nouvelle-Orléans?*
A: Je veux tellement y aller. Je ne veux pas retourner maintenant.
J: *Je vous comprends. Nous allons aller de l'avant jusqu'au 6 août. Je vais compter jusqu à trois, et nous serons le 6 août.*

Comme Johnny a atteint le compte de trois, le corps entier d'Anita a commencé à trembler comme si elle pleurait. Elle a continué à sangloter sensiblement pendant qu'elle parlait.

J: *Où êtes-vous, Jane?*
A: Je suis à la maison.
J: *Que faites-vous à la maison?*
A: Gerald est parti. Nous allons avoir une guerre... une mauvaise guerre. Il devait partir. Il est parti avec la milice jusqu'à la capitale de l'état. (Elle semblait très malheureuse.)
J: *Il n'a pas dit quand est-ce qu'il revient?*
A: (En colère) Ils vont remettre ces maudis Yankees à leur place. Il va revenir.

Pour la sortir de cette pénible situation, Johnny l'a déplacée jusqu' au 15 septembre et lui a demandé : "Que faites-vous maintenant?"

A: (Elle était encore très déprimée.) J'attends... Encore j'attends.
J: *Avez-vous reçu des nouvelles de Gerald?*

A: Nous sommes en guerre. Nous avons quelques nouvelles, mais pas vraiment beaucoup.
J: *Quand la guerre a-t-elle commencé?*
A: Elle a commencé en juin.
J: *Oh, ça a commencé avant que vous ne soyez mariée.*

En cherchant dans les encyclopédies pour savoir quand la guerre civile avait commencé, j'ai trouvé quelques surprenantes incohérences. Les premiers états se séparèrent de l'Union dès janvier 1861, et d'importantes batailles se déroulèrent dans les environs du mois d'avril de cette même année. Ainsi, il semblerait que Jane pourrait avoir tort quand elle a dit que la guerre avait commencé en juin. Mais avait-elle vraiment tort? J'ai décidé d'aller voir plus loin. J'ai vérifié l'histoire du Tennessee, et j'ai constaté que le Tennessee avait voté pour ne pas faire sécession avec les états originaux. Ils ont attendu jusqu'à ce que la guerre soit sérieusement engagée et que des batailles aient eu lieu. Ils furent le dernier état à se séparer de l'Union et rejoignirent les autres en juin 1861. Donc, apparemment, Jane avait raison, car la guerre commença, en ce qui la concernait, ce mois-là. En outre, en ces temps de communications plus pauvres comparé à ce que nous avons aujourd'hui, il ne serait pas inhabituel pour les nouvelles de voyager plus lentement. Gerald avait apparemment su que quelque chose se passait, mais n'avait pas voulu alarmer sa nouvelle épouse en parlant de guerre pendant leur lune de miel.

J: *Quel genre de jour est-ce Jane?*
A: Il pleut. (Déprimée) De la pluie et encore de la pluie.
J: *Où êtes-vous?*
A: Je reste avec ma maman.
J: *Et votre père est là?*
A: Mon père est là... Il attends et attends. Papa me dit tous les jours: "Ça ne va pas tarder maintenant."

Johnny s'est souvenu dans la vie de June/Carol de sa relation avec ses parents, et de celle avec ceux qui le sont dans cette vie présente.

J: *Aimez-vous votre mère et votre père?*
A: Ils sont très bons pour moi, très bons pour moi.

J: *Jane, je vais compter jusqu'à cinq, et ce sera le 1er décembre. (Il Compte) Qu'est-ce que vous faites?*
A: Je suis en train de flotter.

C'était une surprise. Habituellement, cela aurait signifié qu'elle était en forme d'esprit.

J: *Où flottez-vous?*
A: Je reste simplement ici. J'attends de voir si Gerald revient. Il est parti depuis deux ans.
J: *(Surpris) En quelle année sommes- nous?*
A: Nous sommes en 63.

Apparemment, Jane avait sauté plus loin que ce qu'il lui avait été demandé.

J: *Etes-vous morte?*
A: Pneumonie, ils ont dit que c'en était une.
J: *À cause de tout ce temps pluvieux?*
A: Je ne mangeais pas.
J: *Quand êtes-vous morte?*
A: Il y a environ deux, trois mois. Le temps n'a plus beaucoup de sens maintenant.

Estimant l'heure de sa mort en septembre, Johnny revint à ce mois-là.

J: *Que faites-vous?*
A: Je flotte.
J: *Et que voyez-vous?*
A: Je vois beaucoup d'esprits. Je leur pose des questions à propos de Gerald. Personne ne l'a encore vu. Il doit être quelque part. Je regarde partout. Aucun esprit ne l'a vu.

J: *Eh bien, ils ne l'auraient probablement vu que s'il était mort.*
A: Vous devez être mort. J'ai cherché et cherché encore. Je pense qu'il est prisonnier. Je ne sais pas. J'ai juste un sentiment.
J: *Savez-vous où?*
A: Dans le nord. Et je veux aller le chercher.
J: *Pourquoi ne pouvez-vous pas y aller?*

A: Je déteste aller là-bas. Je déteste ces gens. Ils ne savent pas qu'ils ont tort, mais je les hais pour ce qu'ils font.

Encore une fois, Johnny l'a reculée d'un mois supplémentaire.

J: *Nous sommes le 1er août. Qu'est-ce que vous faites?*
A: (Sa voix a baissée très basse et douce.) Je ne me sens pas bien.
J: *Où êtes-vous?*
A: Dans mon lit.
J: *Avez-vous de la fièvre?*
A: Je pense que j'en ai.
J: *Avez-vous mangé?*
A: Je ne peux pas manger. Je tombe malade quand je mange.
J: *Le médecin vous a-t-il rendu visite?*
A: Les médecins sont occupés avec des blessés de guerre. Il est venu une fois et m'a donné des médicaments. Sukey reste là.
J: *Sukey reste là avec vous?*
A: Chaque jour. Elle dort juste à côté de mon lit. J'ai de la fièvre. J'ai cependant aussi froid.
J: *Avez-vous des nouvelles de Gerald?*
A: J'ai eu une lettre le mois dernier. Les lettres ne viennent pas souvent.
J: *Où était Gerald? Qu'a-t-il dit?*
A: Il se battait. La lettre venait du nord. Il l'a donné à quelqu'un qui rentrait à la maison. Ils me l'ont apporté.
J: *Il se bat dans le nord?*
A: Sur le front... A Maryland, là- bas.
J: *C'est loin.*
A: J'aimerais bien qu'il rentre à la maison.
J: *Comment vont votre maman et votre papa?*
A: Mon père est mort.
J: *Oh? De quoi est-ce que votre papa est-il mort?*
A: Je ne sais pas. Il était malade une semaine... et puis il est mort.
J: *Comment votre mère se porte-t-elle?*
A: Elle est si faible et elle pleure beaucoup.

En la déplaçant jusqu'au 10 août, Johnny a demandé ce qu'elle était en train de faire.

A: Je flotte et je regarde.
J: *Que voyez- vous?*
A: Je vois mon père.
J: *Où êtes-vous?*
A: Près de ma maison, près de notre cimetière. Il a dit que ma mère serait avec nous très bientôt. Vraiment très bientôt, dit-il.
J: *Et vous allez attendre là pour votre mère?*
A: Je voudrais bien ... mais je veux voir Gerald. Mon père me dit d'attendre, d'attendre. Et papa, je ne veux pas.
J: *Savez-vous comment votre mère va mourir?*
A: Elle a aussi de la fièvre maintenant.

Cela ne ressemblait pas à une pneumonie. Cela ressemblait plus à quelque chose de contagieux. J'ai trouvé que c'était un fait connu que le Sud avait souffert d'une épidémie de fièvre jaune à peu près à ce moment-là. Une question qui me dérangeait cependant était, pourquoi Sukey n'était pas malade si c'était quelque chose de contagieux? Elle avait certainement été exposée alors qu'elle prenait soin de Jane, et peut-être des autres dans la famille. Quand j'ai étudié les symptômes de la fièvre jaune, j'ai découvert que la maladie serait originaire d'Afrique et que les Noirs y ont une certaine immunité naturelle. Ils ne contractent pas la maladie aussi sévèrement que les blancs.

La séance s'est poursuivie:

J: *Eh bien, Jane, nous allons passer à l'année 1878. Que faites-vous?*
A: Je me déplace simplement... c'est bien! Jamais chaud ou froid. Juste à l'aise.
J: *Où vous rendez-vous?*
A: Eh bien, je suis allée à la Nouvelle-Orléans pour voir le quartier français. Je ne l'avais jamais vu et je le désirais.
J: *Dites-moi ce que vous voyez pendant votre voyage.*
A: Notre maison a disparue maintenant. Les Yankees l'ont brûlée. Ils l'ont brûlée.
J: *Pourquoi l'ont-ils brûlée?*
A: Je ne sais pas.
J: *C'était une jolie maison.*
A: Une belle maison, mais ils l'ont brûlée. On aurait dit qu'il y avait des combats, et ça a brûlé.

J: *La guerre continue-t-elle?*
A: Non, elle est finie maintenant.
J: *Avez-vous déjà retrouvé Gerald?*
A: Je lui ai parlé une fois. À son esprit. Je lui ai parlé.
J: *Est- il mort à la guerre?*
A: Il n'en est jamais revenu.
J: *De quoi avez-vous parlé?*
A: Nous avons parlé de quand nous nous sommes mariés, à quelle heure. Pendant deux jours. Il m'a dit qu'il resterait tout près, et qu'un jour nous nous reverrions.
J: *Qu'allez-vous faire maintenant?*
A: J'attends qu'on me dise quoi faire.
J: *Qui va vous le dire?*
A: Cette voix me parle. Quand je n'ai rien à faire, je peux juste flotter et... parfois je dois faire des choses.
J: *Comme par exemple?*
A: Parfois, j'essaie d'aider les gens. Parfois, ils écoutent, mais la plupart du temps, ils n'écoutent pas. (Pause) Je suis allé voir Sukey.
J: *Sukey, est- elle encore en vie?*
A: Quand je l'ai vue, elle l'était.
J: *Où vivait elle?*
A : Elle est restée près des quartiers à l'arrière de la maison. Même s'ils lui ont dit qu'ils étaient libres, elle est restée et a cultivé des choses à manger. Quand je lui ai parlé, elle ne m'a pas entendu. Et je l'ai laissée me voir ... et ça lui a fait peur. Ça l'effrayait tellement, qu'elle s'éloignait. Je ne voulais pas l'effrayer. Je voulais la remercier. Je sais qu'elle a essayé d'aider.
J: *Comment as-tu laissé Sukey te voir?*
A: Je peux juste... le faire. Si cela peut aider, je peux les laisser me voir. Mais la plupart des gens ont peur. Parfois, quand ils voient, ils prétendent qu'ils ne le font pas ... ou ils disent que c'était un rêve. Ils ne veulent pas penser qu'ils l'ont fait. Je ne sais pas pourquoi tout le monde a peur de mourir.
J: *Est-ce que... Ne devraient-ils pas avoir peur de mourir?*
A: Non!
J: *Que se passe-t-il quand tu meurs?*
A: Eh bien, au début, vous vous sentez très, très froide... et dans un petit instant, vous êtes partie. Et vous pouvez regarder autour de

vous, et vous pouvez voir les gens autour de vous. Les gens qui vous ont aimé et qui sont déjà morts. Ils viennent à votre rencontre pour que vous n'ayez pas peur.

J: Et... avez-vous vu le paradis?

A: Non, je n'y suis pas encore allée.

J: Est-ce que les personnes qui sont venues à votre rencontre vous en ont parlé?

A: Ils me disent que c'est beau.

J: Y en a-t-il parmi eux qui y sont déjà aller?

A: Je pense que cette fille le savait parce qu'elle ne cessait pas de m'en parler. Mais elle a dit, qu'avant d'en partir, vous devez apprendre beaucoup de choses.

J: Vous voulez dire comme des bonnes choses, ou des bonnes actions ou ...

A: Vous devez apprendre comment être bonne. Ce n'est pas assez d'être bon parce que vous avez peur d'être mauvais. Vous devez être bon parce que vous voulez l'être. (Pensez-y un instant.) Et vous faites de bonnes choses pour les gens. Vous aidez les gens.

J: La fille t'a-t-elle dit à quoi ressemblait le paradis?

A: Des couleurs brillantes. Et tout est beau.

J: Ont-ils des bâtiments?

A: Eh bien, vous voyez, tout est esprit. Et tout ce que vous voulez, est là. Si vous voulez être près de l'eau, il y aura de l'eau là-bas. Et si vous voulez être dans une forêt, c'est où vous vous trouverez.

J: Ça, c'est au paradis?

A: C'est ce qu'elle a dit.

J: Mais maintenant, quand vous êtes un esprit et que vous voulez, disons, voir New York, bougez-vous et dérivez-vous jusqu'à New York pour le voir?

A: Vous partez juste à la dérive. Cela ne prend pas très longtemps. Juste quelques minutes et je suis là-bas.

J: Eh bien, vous allez continuer à dériver et me dire des choses que vous voyez ou que vous ressentez alors que vous dérivez.

A: Eh bien, je vais revenir. Pour être née de nouveau. J'en ai parlé à mon père.

J: Savait il que vous alliez être rappelée?

A: Il m'a dit que ce serait pour bientôt. Tout le monde y va, plusieurs fois. Il m'a dit d'essayer d'apprendre tout ce que je peux. Il a dit de m'attendre à ce que ce soit différent parce que ce sera différent à chaque fois. Et de cette façon, nous apprenons tout sur la vie. Nous devons tout essayer. Nous devons tout savoir.

J: Et ton papa t a dit que tu renaîtrais bientôt?

A: Très bientôt. Je lui ai dit quand je l'ai entendu, et il a dit qu'il le savait parce qu'il me surveille. Il a dit, qu'un jour nous nous reverrons, peut-être sur Terre, peut-être pas. Mais de ne pas m'inquiéter, il suffit d'apprendre. Il m'a dit que ça ne serait pas long... Je vais être une petite fille.... Et j'avais peur.

J: Pourquoi avez-vous eu peur?

A: Être née de nouveau. Le pays est déchiré. (Pause) Quand ce bébé va naître, je vais être elle.

J: Es-tu en train de regarder le bébé qui va naître?

A: Oui. Ce bébé est dans sa mère. Il va naître très bientôt maintenant.

J: Et quand allez-vous ... devenir le bébé? Vous n'êtes pas dedans maintenant?

A: Je n'y suis pas encore. Je continue à me retenir. Et la voix me dit d'y aller maintenant! Et je demande, je ne peux pas attendre? Mais au premier souffle, je dois être le bébé.

J: Quand le bébé prendra son premier souffle?

A: Et je lui demande, je ne peux pas encore regarder. Puis-je toujours chercher Gerald? Et elle m'a dit, quand je deviendrai le bébé, je ne me souviendrai pas du reste. Je serai juste ce bébé. Quand je redeviendrai un esprit, je chercherai à nouveau Gerald.

J: Y at il des mauvais esprits autour?

A: Je n'en vois pas. ... Mais nous devenons parfois fous.

J: Mais vous n'essayez pas de blesser quelqu'un?

A: Oh, non, nous nous fâchons simplement quand ils rient.

J: Qui est-ce qui rient?

A: Les gens. Ils n'y croient pas ... et nous essayons de le leur dire et de les avertir. Ils n'écoutent pas.

J: Mais ils ne peuvent pas vous entendre, n'est-ce pas?

A: Non, mais nous essayons si fort.

J: Y at-il aucun moyen grâce auquel les gens pourraient parvenir à vous entendre?

A: S'ils écoutaient, s'ils pensaient et écoutaient. Concentrez-vous très, très fort sur nous. S'ils nous aimaient et nous les aimions, ils pourraient nous entendre.

J: Et, avez-vous entendu quelque chose à propos de l'enfer?

A: C'est la raison pour laquelle je ne veux pas renaître. Parce que c'est là où cela se trouve.
J: *Vous voulez dire que naître est un enfer?*
A: Être sur la Terre c'est l'Enfer.
J: *Qui vous a dit ça?*
A: Les esprits auxquels j'ai parlé. Parce que vous continuez à faire des choses, et vous vous blessez et vous blessez les autres. Tu veux dire des choses quand tu es humain, et un esprit ne fait pas ça. C'est la manière grace à laquelle vous devez apprendre. Tu as blessé... et tu apprends.
J: *Ce bébé dans lequel vous allez naître: est-il à l'intérieur de sa mère maintenant?*
A: Non, elle... elle est née. Je vais la voir.
J: *Le bébé a-t-il pris son premier souffle maintenant?*
A: Oui.

À ce stade, Anita est devenue plus terne et quelque peu insensible.

J: *Où le bébé est-il né?*
A: Dans cette maison... Je ne me souviens pas... Je ne peux pas penser... je ne peux pas penser (ça lui prenait plus de temps pour nous répondre.)
J: *Vous ne savez pas dans quelle ville se trouve la maison?*
A: (Très lentement) Je... ne sais pas.
J: *Savez-vous quel nom a été donné au bébé?*
A: Ne sais pas.
J: *Ils n'ont pas encore nommé le bébé?*
A: Non.

Il était évident qu'Anita ne répondait pas parce qu'elle était le bébé. Donc, elle a été amenée à l'âge de cinq ans dans cette vie, et elle était Carol à la ferme et parlait normalement à nouveau.

Au réveil, Anita raconta un incident étrange qui s'était passé dans sa vie actuelle. Elle ne pouvait jamais l'expliquer en termes conventionnels, et maintenant elle se demandait si cela pouvait être lié à sa vie de Jane.

Comme nous l'avons dit, elle est l'épouse d'un soldat dans la Marine, mariée à un homme de la Marine de carrière. Dans les premiers jours de leur mariage, il a reçu ses premiers ordres. Ils devaient être transférés en Floride, et il avait été décidé qu'elle attendrait chez ses parents au Missouri pendant qu'il partirait à l'avance et trouverait un endroit où vivre. Elle suivrait alors seule. Ce serait leur première séparation. Ils étaient chez ses parents et il devait partir le matin. Anita a dit qu'elle ne pouvait pas dormir cette nuit-là. Elle est devenue très perturbée et a marché toute la nuit. Elle ne cessait de penser: "S'il s'en va, je ne le reverrai plus jamais, s'il y va, il ne reviendra jamais." Alors elle se réprimandait en pensant:"Comme c'est bête, qu'est-ce qui pourrait bien arriver? Ce n'est pas la guerre! Il va simplement en Floride." Elle était malheureuse toute la nuit parce que cela n'avait aucun sens... Au matin, elle avait pris sa décision, elle l'accompagnerait plutôt que d'attendre.

Cet incident l'avait toujours intriguée, jusqu'à ce qu'elle voit le parallèle avec Jane et Gerald et la guerre civile.

Nous avions donc pris Anita à travers deux vies distinctes, deux morts et deux naissances, chacune étant différente. Que pourrait-il y avoir de plus dans les profondeurs insondables de son esprit subconscient? Nous pouvions à peine attendre la prochaine session!

Tout en passant au peigne fin les bibliothèques essayant de trouver des informations sur Memphis pendant la guerre civile et espérant que le nom de Gerald pourrait être retrouvé quelque part, j'ai trouvé un livre très instructif intitulé The Military Annals of Tennessee (Les annales militaires du Tennessee) par John Berrien Lindsley. Il a été publié en 1886, juste 20 ans après la fin de la guerre et contient beaucoup d'informations, plus des pages et des pages de noms et quelques photos de ceux qui ont été tués pendant la guerre. Ils étaient disposés en fonction de leurs régiments. Selon son auteur, ce sont les archives publiées les plus complètes sur les hommes venant du Tennessee qui se soient battus pour la Confédération.

Je citerai quelques faits du livre sur Memphis au début de la guerre: "En avril 1861, des volontaires étaient organisés en prévision de la sécession, à l'époque des tirs sur Fort Sumter (12-13 avril 1861), qui avaient officiellement déclenché la guerre, mais de nombreux autres États avaient déjà fait sécession auparavant, mais le Tennessee avait voté de ne pas se joindre à eux. Ensuite, le 8 juin 1861, le Tennessee fit également sécession et, le 11 juin, le Gouverneur donna son premier ordre en informant les commandants de la milice de tenir leurs troupes prêtes et de commencer à s'entraîner. Le général Pillow avait établi son quartier général à Memphis et Memphis était devenu un grand centre militaire. Le 13 juillet, le major général Polk devint commandant du département 1 (à Memphis.) En quelques semaines, des troupes furent mises en service et organisées en régiments, et furent envoyées dans des campements près de la ville et à Fort Pillow."

Étonnamment, cela nous amène à la première partie d'août 1861, ce qui correspond parfaitement à ce que racontait Jane. Selon le livre, tout l'été a été consacré à la formation des régiments et à l'envoi des hommes à la guerre. Beaucoup de régiments étaient composés par des hommes provenant d'une certaine région. Il y en avait plusieurs de Memphis. Notamment, le cinquième confédéré était composé presque entièrement d'Irlandais de Memphis. Le 154éme Infanterie du Tennessee et la 15ème Cavalerie Tennessee étaient également de Memphis. Beaucoup de régiments ont eu une perte de vie extrêmement importante. Certains ont commencé avec environ 1100 hommes et ont terminé en fin de guerre avec seulement 100 restants. Bien que de nombreux noms sont donnés dans le livre, il y avait des notes tout au long qui montrent son caractère incomplet.

Les documents ont été perdus pendant la guerre et certains ont été détruits par erreur. Dans certains cas, le seul enregistrement était le journal de quelqu'un. Une grande partie du livre et les listes ont été faites de mémoire et de nombreuses remarques montrent qu'il manque beaucoup de choses en raison d'une erreur humaine. Plusieurs fois, la déclaration a été faite que tant de personnes ont été tuées, il était impossible de donner tous les noms. Et ce livre a été écrit seulement 20 ans après la guerre.

J'ai donc été déçue de ne pas trouver mentioné un Gerald Allby, mais dans les circonstances, cela aurait été un miracle si nous avions trouvé quelque chose. Encore l'exactitude de la connaissance d'Anita sur l'histoire des deux, de cette période et de celle de June/Carol est absolument incroyable.

L'idée d'essayer d'obtenir des échantillons d'écriture d'Anita alors qu'elle était en transe profonde était purement spontanée. La pensée vint à Johnny quand la petite Carolyn s'entraîna à écrire son nom dans la terre. Sur une impulsion, il attrapa un crayon et du papier. Puis il lui avait demandé d'imprimer son nom pour nous, sans même savoir si elle serait capable de le faire. Elle a eu beaucoup de mal à ouvrir les yeux et nous avons été tous deux surpris quand elle a soigneusement et minutieusement produit des griffonnages d'enfant.

Plus tard, quand Jane parlait de fréquenter l'établissement de finition à Saint-Louis, il semblait naturel de lui demander à nouveau d'écrire son nom pour nous. Parce qu'elle utilisait un crayon, la signature résultante était légère sans trop de pression sur le papier. Si nous avions su à l'époque que nous écririons un livre un jour sur notre expérience, nous aurions été préparés et aurions eu un stylo à portée de main. Vous avez toujours le recul parfait lorsque vous faites des régressions. Mais, comme je l'ai déjà dit, au cours d'une régression, vous ne savez jamais à quelle période historique ou quel pays se rendra le sujet. Nous n'avions pas pensé à chercher à obtenir des écritures, principalement parce que dans le passé, peu de femmes pouvaient écrire. Elles n'ont pas été jugées dignes d'être éduquées. N'ayant rien pour nous guider, nous avons dû nous frayer un chemin tout au long de l'expérience et ainsi agir spontanément plusieurs fois.

Lorsque le concept d'écrire ce livre a semblé devenir une réalité, j'ai joué avec l'idée d'inclure les échantillons d'écriture. Mais je pensais qu'ils étaient si imperceptibles (surtout ceux de Jane), qu'ils ne pourraient jamais être reproduits. Mais j'ai sous-estimé les nouvelles techniques des photocopieuses.

Lorsque nous avons comparé les deux échantillons (la signature de Jane et l'écriture normale d'Anita), ils nous semblaient très différents, mais nous ne sommes que des profanes. Je me demandais ce qui se passerait si un analyste professionnel de l'écriture les voyait. Ces personnes sont très habiles à évaluer la personnalité, parfois étonnamment. Les analystes de l'écriture manuscrite sont reconnus et utilisés comme les experts qu'ils sont. C'est une science exacte qui nécessite des années d'études et qui est donc hautement respectée.

Il y avait toujours la possibilité qu'un professionnel puisse dire que les échantillons ont été écrits par la même personne essayant de déguiser leur écriture. En fait, c'était vrai; ils étaient et ils n'ont pas été écrits par la même personne. Cela dépend de la façon dont vous regardez la chose. C'était une situation complexe, et je ne crois pas qu'un hypnotiseur ait déjà fait face à quelque chose de similaire. Je ne me souviens pas d'un cas où l'écriture ait été obtenue à partir d'un sujet régressé, puis analysée plus tard par un expert objectif. C'était une idée intrigante et nous avons pensé qu'il serait intéressant d'en saisir l'occasion.

Mais où trouverais-je un analyste? Je ne voulais pas que quelqu'un joue simplement avec l'écriture comme passe-temps. Si notre histoire devait avoir de la crédibilité, alors l'analyse devait être faite par un expert. Peut-être que dans une grande ville il ne serait pas vraiment un problème pour en trouver un. Mais dans la zone rurale dans laquelle nous vivons maintenant, vous pourriez tout aussi bien espérer trouver un expert en science nucléaire. L'idée est donc restée dormante jusqu'à la fin de ce livre en 1980.

Puis, tout à fait par hasard, j'ai entendu parler d'une femme à Little Rock, Arkansas, qui faisait l'analyse de l'écriture. En vérifiant, j'ai trouvé qu'elle était en effet une experte. Il s'agit de Sue Gleason et elle est diplômée de la Société Internationale de Graphologie. J'ai donc décidé de la contacter. J'ai trouvé qu'elle travaillait habituellement à partir de quelques pages de l'écriture de ses sujets. Serait-elle capable d'obtenir quelque chose à partir de nos petits échantillons? Nous n'avions que des signatures et aucun espoir d'obtenir quoi que ce soit de plus. Serait-ce suffisant?

Je lui ai envoyé les trois échantillons et je lui ai demandé de comparer l'écriture et de voir ce qu'elle pouvait me dire sur les personnes qui les ont écrites. Je ne lui ai rien dit sur la source ou la méthode par laquelle ils avaient été obtenus. Ne connaissant pas cette femme, j'avais peur qu'elle puisse penser que nous étions fous. Je pensais aussi que ce serait mieux si elle pouvait me donner ses premières impressions, impartialement.

Voici ce qu'elle a trouvé:

Carolyn Lambert: L'écriture en caractères d'imprimerie est le type d'écriture le plus difficile à analyser. Le manque de forme et de continuité des lettres et la façon dont elles sont produites montrent un manque de maturité dans la personnalité. Cela conduirait à supposer que cela a été écrit par une personne plus jeune. Bien que de nombreux adultes impriment également, cet échantillon suggère une personnalité moins mure. Il est difficile à analyser car le caractère d'une personne n'est formé que lorsque l'individu est plus âgé.

Ainsi, il semblerait qu'elle ne pouvait pas nous en dire beaucoup sur Carolyn, mais il est significatif qu'elle ne pensait pas que l'échantillon venait d'une adulte. Carolyn était en effet une personne plus jeune, ayant seulement l'âge de neuf ans lors de la régression.

Maîtresse Jane Rockford: C'est un style d'écriture à l'ancienne, en particulier l'utilisation du mot "Maîtresse". Il y a beaucoup de flamboyance. La structure de la lettre et les fioritures sont un retour définitif au passé. C'est une personne artistique, mais voyante. Il y a beaucoup d'ego, peut-être pas d'égoïsme, mais définitivement de l'égotisme, une introvertie. Une personne réellement égocentrique. C'est quelqu'un avec de nombreux souvenirs, accrochées à la tradition et au passé. Elle a probablement été élevée très strictement et peu susceptible de se rebeller hors de sa place dans la société. Lettres majuscules dans un nom nous disent qui vous êtes, et ses majuscules sont plus grandes que le corps de la signature, en particulier dans le nom de famille. Cela indiquerait qu'elle est très consciente de "Qui elle est". Le nom de famille et sa place dans la tradition familiale sont très importants pour elle. Son statut personnel et public est très fortement souligné. Ses propres sentiments personnels sont secondaires à son image publique. Il y a une tendance à dépeindre une image d'un soi fort et défini.

La tradition est très importante dans sa vie, si bien qu'elle éclipse tout sentiment personnel. Ainsi, elle dresse une devanture, ne permettant pas aux gens de voir son vrai côté.

Mme Gleason a tellement insisté sur la position de la famille de Jane que cela lui a donné l'air d'une snob!

L'écriture actuelle d'Anita a été obtenue à partir de l'enveloppe d'une lettre écrite pour moi. En raison de son désir d'anonymat, cet exemple n'apparaîtra pas dans ce livre.

Il s'agit d'une personne très sympathique. Extrovertie et sensible aux sentiments d'altruisme. Elle se préoccupe des autres. Elle se met en avant, s'exprimant facilement, extravertie. Elle a un esprit ouvert et un désir de connaître et de comprendre les aspects plus profonds de la vie. Elle a un grand sens de l'humour, voyant le côté lumineux de la vie.

Plus tard, quand j'ai parlé à Sue Gleason de la source des signatures et de la méthode par laquelle elles avaient été obtenues, J'étais très soulagée qu'elle ne pensait pas que nous étions des fous. Il est étonnant de constater à quel point son analyse correspondait à ce que nous savions déjà à propos de Jane, élevée dans une très bonne famille dans le "Vieux Sud". Quand j'ai parlé à Sue de Jane et de son éducation dans l'école de jeunes filles de famille, elle a dit que cela en expliquerait bien une partie. Les élèves fréquentant ce type d'école provenaient généralement de familles aisées, et les écoles enseignaient aux élèves à projeter une image de soi très positive. Une grande importance a été accordée à la présentation du soi. Cela se refléterait naturellement dans l'écriture. Les étudiantes y ont également appris à écrire très soigneusement et avec précision, en mettant l'accent sur les lettres majuscules. Comme Jane a dit, "Pratiquez et pratiquez encore pour écrire distinctement." Mme Gleason a dit qu'il y a beaucoup de gens aujourd'hui qui écrivent avec ce style, en particulier certains membres de la génération plus âgée. Ces personnes ont un attachement certain au passé et à la tradition, ce qui est montrée dans l'écriture de Jane.

Madame Gleason a été surprise quand on lui a dit que tous les échantillons avaient été écrits par la même personne. Elle a dit qu'elle ne s'en serait pas doutée. Si on lui avait demandé est-ce une même personne qui avait pu écrire toutes les trois, elle nous a dit qu'elle aurait été obligée de répondre que c'était très improbable. Les écritures de Jane et Anita étaient, à son avis, des écritures de deux personnes différentes, deux personnalités distinctes. En fait, les personnalités étaient si différentes qu'elles en étaient à l'opposé l'une de l'autre. L'une était introvertie et l'autre extravertie!

Ces personnalités avaient toujours été réelles pour nous, mais maintenant nous avions quelque chose pour les rendre encore plus concrètes. Sous hypnose, non seulement la personnalité d'Anita avait changé, sa voix, ses expressions et ses manières, mais aussi son écriture était devenue celle d'une autre personne, totalement différente!

Il est vraiment remarquable qu'un expert impartial puisse se rapprocher si étroitement des personnalités que nous avions vues. Que ceci ait pu arriver par hasard, à mon sens, ne serait qu'une incroyable chance.

Chapître 7

Sarah à Boston

Au moment où notre troisième personnalité est apparue, nous étions tombés dans une sorte de modèle. Nous avions commencé à accepter l'inhabituel comme banal, si une telle chose puisse être possible. Nous pensions que nous savions à quoi nous attendre en traversant différentes phases de sa vie: Jane et June/Carol; puis glissé dans cette période d'entre deux vies, le fascinant plan spirituel. Mais elle avait encore pas mal de surprises à nous faire découvrir.

Nous avons commencé à avoir l'impression de faire un voyage dans une machine à voyager dans le temps. C'était une méthode excitante pour apprendre l'histoire. Juste au moment où nous commencions à nous sentir à l'aise de parler aux gens du passé, le personnage suivant est apparu et ce qu'elle a raconté était ahurissant!

Au cours de cette session, nous avions décidé de la ramener à travers ses différentes vies, de voir combien elle en avait vécues et de voir jusqu'où elle irait dans le passé. Nous pourrions les explorer davantage plus tard. Il nous a été finalement donné plus que ce auquel nous nous attendions. Tout a commencé assez innocemment. Johnny la régressait par l'entremise de sauts entre 20 et 30 ans. Nous venions de passer une autre fois sous forme d'esprit, ce qui sera raconté plus tard. Puis nous avons de nouveau rencontré des terres stériles en s'arrêtant à l'année 1770 et nous avons demandé: "Que faites-vous?"

A: Du barattage. (Elle chante une chanson Beurre, babeurre.)
J: Aimez- vous le babeurre?

A: Franchement, je ne peux pas le supporter. La famille aime le beurre frais, alors j'en fais pour eux.
J: *Quel est votre nom?*
A: Sarah ... Sarah Breadwell. (Phonétiquement)
J: *Quel âge avez-vous, Sarah?*
A: Environ 60 ans maintenant.
J: *Êtes-vous mariée?*
A: Bien sûr! Depuis que j'étais une jeune fille. Depuis que j'ai eu 14 ans.
J: *Où vivez-vous, Sarah?*
A: Nous vivons ici chez nous. Nous l'avons construit nous-mêmes.
J : *Je parie que c'était du travail difficile.*
A: Je me souviens d'avoir durement travaillé dessus. Elle a maintenant son propre sol, plus de saleté. Beaucoup plus agréable, c'était terriblement difficile quand tous les enfants étaient petits d'avoir un sol en terre battue.
J: *Combien d'enfants avez-vous?*
A: Eh bien, j'en ai eu dix, mais je n'en ai seulement élevé que deux.
J: *Vivez-vous dans une ville?*
A: Non, nous sommes ici à la ferme. La grande ville la plus proche est Boston. Je n'aime pas trop y aller.
J: *À quelle distance de Boston est votre maison?*
A: Deux jours, monsieur. Deux jours entiers.
J: *Et comment appelez-vous cette région où vous vivez?*
A: La Nouvelle Angleterre. Un nouveau pays, les gens l'appellent de façons différentes. Certaines personnes n'aiment pas l'appeler Nouvelle Angleterre. Ils disent que nous sommes venus ici pour être différents; nous ne voulons pas être quelque chose venant d'Angleterre.
J: *Quand êtes-vous venu ici, Sarah?*
A: Je suis venue ici il y a quelques années ... bien plus que quelques-unes, en fait. Je suis venue ici quand j'étais une petite fille. Je suis moi-même née en Angleterre.
J: *Êtes-vous venue avec votre mère et votre père?*
A: Oui, j'ai fait une longue traversée! Cela a pris près de cent jours.
J: *Quel était le nom du bateau?*
A: Oh, laisse-moi voir... ça fait longtemps, et... beaucoup de choses à penser sur ce sujet. C'était le bateau du roi.
J: *Avez-vous eu des problèmes pendant la traversée?*

A: Non, juste une tempête. Un coup de tempête.

J: *Avez-vous eu le mal de mer?*

A: Je suis la seule qui ne l'ait pas subi. Ma mère a dit que Dieu protège les enfants.

J: *Euh-bon. Maintenant, voyons, c'est l'année 1770, et vous faites du babeurre...*

A: (Interloquée) Je ne baratte pas pour avoir le babeurre, tu es fou. Je baratte pour avoir du beurre!

J: *(Pensant à quelle date la révolution américaine avait commencée.) D'accord, Sarah, je vais compter jusqu'à trois, et ce sera l'année 1777. Nous allons de l'avant. Un, deux, trois ... c'est 1777. Que faites-vous aujourd'hui, Sarah?*

A: Se balancer et coudre, se balancer et coudre. Des chaussettes pour le raccommodage.

J: *Quel genre de jour est-ce?*

A: Un beau soleil... Un automne frais.

J: *Et que se passe-t-il dans le pays?*

A: Oh, il y a du combat et des commérages qui volent. D'abord un côté, puis c'est l'autre qui avance. C'est difficile à dire.

J: *Qui se bat?*

A: Nous combattons l'Angleterre et nous ne nous en sommes pas encore débarrassée. Nous n'allons pas devenir la Nouvelle-Angleterre!

J: *Qu'allez-vous être?*

A: Nous allons être libres! Faire nos propres lois et règles, et gouvernement! C'est ainsi que les gens devraient vivre, vivre libres. On dirait que les lois de la nature, c'est de "vivre librement!"

J: *Et votre mari, se bat-il aussi?*

A: Ho-ho, non; il est proche de mon âge et même plus âgé. Il n'est pas là maintenant. Il est avec les médecins et fait ce qu'il peut pour aider. J'ai des nouvelles de lui assez souvent.

J: *C'est un docteur?*

A: C'est un docteur.

J: *Pourquoi vivez-vous à la ferme s'il est médecin?*

A: Nous n'aimons pas vivre en ville. Nous aimons ça ici. Il y a une petite communauté autour de nous, et partout où il y a des gens malades, vous avez besoin d'un médecin. Il s'occupe de la ferme, et nous vivons heureux.

J: *C'est bien. Maintenant, je vais compter jusqu'à trois et ce sera l'année 1740. (Il a décidé de revenir en arrière.) Que faites-vous aujourd'hui, Sarah?*

A: Je vais juste nettoyer et faire mon travail et... Me conduire en bonne épouse, dirions-nous.

J: *Quel genre de jour est-ce?*

A: C'est l'hiver. Il fait froid dehors.

J: *Avez-vous du feu pour garder la maison au chaud?*

A: Oui. La famille est restée à l'intérieur. C'est bien.

J: Quelle est la taille de votre maison?

A: Eh bien, j'ai six pièces. C'est une maison de bonne taille.

J: *(Revenant sur ce qu'elle avait dit auparavant.) Votre mari et vous, avez-vous tout construit?*

A: Petit à petit. Nous avons commencé avec une pièce, puis avons continué à ajouter et à ajouter. Cela prend beaucoup de temps pour obtenir quelque chose. Du travail dur.

J: *C'est lent, mais une fois que vous l'avez, ça reste.*

A: C'est à nous.

J: *Tout à vous. (Encore une fois, Johnny veut vérifier les déclarations précédentes.) Que fait votre mari, Sarah?*

A: Il est médecin, agriculteur, et il dit: "touche-à-tout." Il a déménagé ici pour s'éloigner de la vie en ville, je vivais dans une ferme avec mes parents.

J: *Avaient-ils une ferme à proximité d'où vous vivez maintenant?*

A: Assez proche. Nous étions voisins. Bien sûr, ils nous ont quittés maintenant.

J: *Et c'est l'année 1740. Quel mois est-ce?*

A: Nous sommes en décembre.

J: *Quel genre de feu avez-vous pour garder la maison au chaud?*

A: J'ai des bûches dans le feu.

J: *Sont-elles dans une cheminée?*

A: (Irritée) Bien sûr!

J: *Eh bien, je pensais que vous aviez peut-être un de ces types de poêles.*

A: Non, j'ai trois cheminées dans notre maison.

J: *Est- ce qu'elles gardent la maison confortable et au chaud?*

A: Oui, nous avons un petit courant d'air, mais il faut s'attendre à ce genre de choses. Les poêles sont bien, et peut-être que nous en aurons un un jour. D'abord on s'occupe du bâtiment.

J: *Quel âge avez-vous maintenant, Sarah?*
A: Vingt-neuf ans.
J: *(vérifiant à nouveau) Depuis combien de temps êtes-vous mariée?*
A: Depuis que j'avais 14 ans.
J: *Combien d'enfants avez- vous?*
A: J'en ai un maintenant. Un garçon. Il a 12 ans. J'en aurai un autre très bientôt.
J: *Va-t-il à l'école?*
A: J'insiste sur l'école. Je veux qu'il soit intelligent comme son papa.
J: *Quel est le prénom de votre mari?*
A: Bruce.
J: *Qu'aviez-vous dit que vous portiez comme nom de famille?*
A: Breadwell. Il est anglais lui-aussi, mais il est né ici.
J: *Alors ses parents sont venus avant que votre famille ne le le fassent?*
A: (Sarcastique) Cela doit être le cas.

À ce stade, Johnny a compté Sarah à rebours jusqu'à 1720.

J: *Que faites-vous maintenant?*
A: J'écris. Je pratique mon écriture. C'est terriblement difficile pour moi d'apprendre.
J: *Il faut beaucoup de pratique.*
A: Je ne peux jamais l'avoir correct sur l'échantillonneur de broderie.
J: *(Pause) Quel genre de journée est-ce dehors?*
A: Laissez-moi aller à la fenêtre et voir... Le brouillard s'étend maintenant.
J: *Où vivez-vous?*
A: Avec ma mère et mon père. Maman est ici dans la maison avec moi. Elle est dans la cuisine, elle prépare le souper.
J: *Et le nom de cette ville dans laquelle tu vis?*
A: Elle s'appelle Bostonia. Elle a été nommée d'un autre nom quand nous venions d'arriver ici, et ils l'ont changé. Autrefois cela s'appelait Crossing on Post Road (croisement sur la route postière, en français). Et bientôt ils vont de nouveau le changer, dit papa. Papa, papa, il est dans le champ.
J: *Est-ce que votre maison est en ville, ou êtes-vous loin de la ville?*
A: Nous vivons près de la ville, nous avons des terres autour de nous et sortons par un chemin. Nous ne vivons pas sur toutes nos terres.

J: *Vous devez vous déplacer pour arriver à certaines de vos autres terres?*
A: Il monte à cheval.
J: *Quel âge avez-vous, Sarah?*
A: Dix ans.

Note: Cela confirme les références précédentes sur son âge des autres années. Incidemment, la voix et la diction de Sarah correspondaient à chaque âge avec un naturel surprenant.

J: *Dix ans! Vous devenez une grande fille!*
A: Je suis petite pour mon âge. Pourquoi dites-vous "grande"?
J: *Eh bien, dix ans, et ici vous êtes en train d'apprendre à écrire...*
A: (Rire) Tout le monde peut écrire!
J: *Oh, mais ça demande beaucoup de pratique.*
A: C'est le cas, c'est le cas.
J: *Y a-t-il des Indiens par ici?*
A: Quelques-uns, quelques-uns. Ils restent dans les bois. Si nous ne les dérangeons pas, ils ne nous dérangeront pas, mon papa a dit.
J: *Alors vous n'avez jamais parlé avec l'un d'entre eux, ou essayé de vous en faire des amis?*
A: Je les ai vu. Je ne peux pas parler leur langue. Cela ressemble à... (Elle a fait des sons de grognements.) Je ne peux pas prononcer ce qu'ils disent. Ils parlent avec un languaige de signes parfois. S'ils viennent à la porte, ma mère leur donne à manger. La seule chose que je les ai entendus dire dans la langue que je comprends est, "bonne dame ... gentille dame." Ils appellent ma mère avec des noms gentils. Maman dit que la raison en est qu'elle avait aidé l'un d'entre eux lorsqu'il était malade. Il est venu, et nous n'avions aucun médicament. Mais elle lui a donné du thé de liseron épineux, de salsepareille. Ça a aidé contre sa fièvre. Ils sont revenus et ont apporté des peaux, et les ont déposées à notre porte, pour la bonne dame.
J: *C'était gentil de leur part.*
A: Mon papa dit toujours d'être amical, de ne montrer aucune peur. Ils détestent la peur.
J: *Avez-vous déjà vu où vivent les Indiens?*
A: Oh non! Ils vivent dans la forêt. Je serais effrayée. Je n'irais jamais aussi loin de chez moi. Ils ont la réputation de prendre des enfants.

Ils ont fait ça; nous en avons entendu parler. Mon papa dit, nous sommes amis avec eux tant qu'ils veulent être amis, mais vous devez toujours rester sur vos gardes. Ils peuvent changer.

J: Je vois. Depuis combien de temps vivez-vous ici maintenant?
A: Nous sommes ici depuis deux ans. Le temps passe si vite! Les choses changent toujours. Les mères ne pleurent plus jamais pour posseder un toit sur la tête maintenant. Ce que nous avons apporté est à nous, nous le garderons. Nous allons créer notre maison ici. Nous ne reviendrons pas.

J: Pourquoi, certaines personnes parlent- elles de retourner?
A: Certains le désirent. Nous, nous sommes fiers, nous resterons. Si les temps sont durs, resserrez votre ceinture et travaillez plus dur, dit papa.

J: Eh bien, ça sonne bien. Je vais compter jusqu'à trois, Sarah, et ce sera l'année 1707 ... Que faites-vous?
A: Rien.

J: Rien? Où êtes-vous?
A: Je ne suis pas sûre.

J: Que pouvez-vous voir?
A: Je vois des choses étranges... de nouvelles choses se produisent... que l'esprit n'a jamais connu auparavant... que ces choses puissent arriver?

J: Quelles choses?
A: Un nouveau pays où vivre, à faire prospérer! De nouvelles idées ... les gens vont changer et ne pas avoir peur de ce qu'ils ne savent pas. Quand tu ne peux pas supporter certaines choses, tu partiras ailleurs.

Elle était évidemment un esprit, mais cela semblait vague et déroutant. Regardait-elle les premiers colons venir au nouveau monde, en Amérique? Johnny l'a rapidement déplacée vers l'année 1715, quand elle aurait dû être vivante et avoir cinq ans comme Sarah.

J: C'est 1715. Que faites-vous?
A: Je regarde les choses.

J: Qu'est-ce que vous regardez?
A: Les familles. Les familles se préparent.

J: Quel âge avez-vous?
A: Je n'ai pas d'âge. Je vais faire une chose étrange!

J: Qu'allez-vous faire?
A: Je vais entrer dans un corps qui est vivant maintenant.
J: (Étonné) Vous allez ... QUOI?
A: Entrer dans un corps qui vit maintenant. L'esprit est malade et doit se reposer, mais l'enfant doit vivre.

Anita avait une voix complètement différente et sereine et une manière tranquille.

Johnny resta sans voix pendant un moment. Puis il a demandé, "Quel âge a cet enfant?"

A: Elle est très jeune ... Je regarde ... Je peux les voir ... Je serai une fille maintenant. Je serai une petite fille.
J: Quelqu'un vous a dit de faire ça?
A: Toujours, nous suivons ce que nous ressentons. La voix nous dit.
J: Entendez-vous cette voix ou la sentez-vous juste?
A: Les esprits n'ont pas d'oreilles. Nous entendons en ressentant. Nous voyons en ressentant.

Johnny essayait de suivre ce développement étrange.

J: Et l'enfant... l'enfant est-il malade quand vous prendrez la relève?
A: Le corps est malade. Mais plus important, l'esprit... l'esprit doit se reposer maintenant.
J: Oh. Est-ce que cet esprit quitte le corps et vous entrez?
A: L'esprit partira et j'entrerai, et ... l'enfant ira mieux immédiatement. La rupture d'une fièvre... et ils ne remarqueront aucun changement ... car je serai l'enfant. Je vais me taire et apprendre à quoi ressemble l'enfant. Personne ne remarquera un grand changement. Seulement après sa fièvre, elle sera calme pendant un moment, comme si elle se reposait.
J: Et de cette façon, l'autre esprit peut maintenant avoir une chance de se reposer?
A: Elle doit retourner prendre du repos. Elle n'était pas encore prête quand elle a été appelée. Parfois, cela arrive et cela peut être rectifié très facilement.
J: Oui. Et quel est le nom de la petite fille?
A: Le nom de la petite fille est Sarah.

J: *Sarah. Et, quel âge a-t-elle?*
A: Je crois qu'elle a entre cinq et dix ans. C'est difficile à dire jusqu'à ce que je me rapproche. Bientôt, je serai là.

À ce stade, Johnny a décidé d'aller de l'avant trois ans dans l'espoir d'obtenir une image plus claire de cette situation étrange.

J: *Nous sommes maintenant en 1718. Que faites-vous?*
A: J'aide ma mère.
J: *Quel genre de jour est-ce?*
A: C'est un jour ensoleillé.
J: *Agréable et le soleil brillant. Quel est votre nom?*
A: Je m'appelle Sarah.
J: *Quel âge avez-vous, Sarah?*
A: J'ai sept ans. Bientôt, j'en aurai huit.
J: *Où vivez-vous?*
A: Je ... je ne vis pas avec ma famille, maintenant. Je reste ici jusqu'à notre départ. Avec ces gens. Ils vont partir aussi. C'est confu.
J: *Vous restez avec... qui... des amis?*
A: Oui, nous partirons ensemble... pour déménager dans la campagne.
J: *Oh. Alors vous vivez en ville maintenant?*
A: Dans une ville.
J: *Et vous déménagerez dans une ferme?*
A: Ce sera probablement une ferme.
J: *Et avez-vous été sur le bateau?*
A: oui, oui...
J: *Comment s'appele cet endroit, le savez-vous?*
A: Nouvelle ... La Nouvelle-Angleterre.
J: *Oh, vous venez d'arriver ici alors?*
A: Il n'y a pas longtemps.
J: *Et vous restez chez des amis. Est-ce que votre famille construit une maison pour que vous alliez y vivre?*
A: Ils ne me l'ont pas dit ... je dois bien me comporter. Ils seront bientôt de retour pour moi. Je suis déstabilisée, disent-ils. Ce n'est pas bon pour moi de quitter la maison trop souvent ... jusqu'à ce que j'arrive mieux à me retrouver.
J: *As-tu été malade?*

A: Oui, cela fait un petit moment, très malade. Je me suis bien rétablie. Maintenant je suis en bonne santé, mais mon esprit vagabonde. Et je leur dis des choses qu'ils ne croient pas.

J: *Que leur dites-vous qu'ils ne croient pas?*

A: Je leur dis des choses que je vois. Les choses qui vont arriver dans le futur. Mais ils disent que je ne peux pas voir ces choses. Ma mère dit: "Chut, c'est dangereux de parler ainsi!"

J: *Oh ... bien, je crois à ces choses. Qu'avez-vous vu qui arriverait bientôt?*

A: Comme nous sommes allés en ville, j'ai regardé, et soudainement c'était une ville de ... taille énorme. Mes yeux ne pouvaient pas en concevoir la taille! La ville était tout autour de nous, et les bâtiments différents de ceux de maintenant. Et les gens habillés différemment dans les rues. Les rues étaient pavées, pas pavées. Lisse, roulé lisse.

J: *Pourriez-vous dire quand tout cela allait se passer?*

A: Seulement que ce serait dans un futur, très lointain, car beaucoup de changements auront eu lieu. Et la ville, comme je l'ai vu ma mère a frotté mon front, et elle a dit, "Pauvre enfant, elle n'a jamais été la même depuis la fièvre." Et elle a pleuré.

J: *Mais vous avez effectivement vu cette ville énorme?*

A: Énorme, formidable.

J: *Beaucoup de gens? Comment les gens étaient-ils habillés, Sarah?*

A: Peut-être que si je ne lui avais pas dit cela, elle m'aurait cru. Elle ne pouvait pas me croire.

J: *Dites-moi!*

A: Me croirez-vous?

J: *Je vous croirai.*

A: Eh bien, les robes que les femmes portent ne descendent pas jusqu'au sol ... que près des genoux, mais pas tout à fait, peut-être au milieu du mollet. Et elles portent des bas transparents, des tuyaux où l'on peut voir à travers ... et des talons hauts pour marcher. Elles doivent être des personnes très intelligentes pour marcher ainsi. Les hommes portent des chapeaux étranges, et leurs pantalons sont beaucoup plus serrés, et pourtant jusqu'en bas, ils épousent les formes sans problème.

J: *As-tu vu d'autres choses dans le futur?*

A : Oh, j'ai vu d'autres choses, mais ma mère me dit que rien n'a de sens, et elle s'inquiète pour moi. Elle me dit que mon esprit est dérangé.

J : *Non, je ne pense pas que votre esprit soit dérangé. Je pense que vous voyez juste ce qui va se passer.*

A : Croyez-vous que cela va arriver?

J : *Je le crois. Et j'aimerais que vous me disiez certaines des autres choses que vous avez vues.*

A : Eh bien, j'ai regardé ma mère une fois et j'ai vu la maladie autour d'elle. Je le lui ai dit, et elle a ri. Mais deux jours plus tard, elle a perdu le bébé qu'elle portait. Elle était très malade.

J : *Elle ne vous a pas cru après ça?*

A : Non, non, elle a dit, "c'est seulement une enfant", et que je ne pouvais pas me rendre compte de ce que j'avais dit. Peut-être aurais-je dit n'importe quoi. J'ai, à plusieurs reprises, dit des petites choses que je voyais. Je sais maintenant qu'il vaut mieux ne pas leur dire les choses importantes que je vois. Ils penseraient alors que je suis trop fada.

J : *Quelles autres grandes choses as-tu vues?*

A : J'ai regardé le quai, et je leur ai dit que les navires seraient fabriqués à partir de matériaux avec lesquels nous fabriquons les tubes de nos canons. Ils seraient grands, de grands navires et traverseraient l'océan en quelques jours. Tout le monde a ri. "Pauvre enfant, disait ma mère, elle avait la fièvre, la fièvre cérébrale". Je suis devenue une curiosité pour les femmes.

J : *Je pense qu'ils devraient vous écouter.*

A : Je pourrais leur dire beaucoup de choses en les regardant. Quand je regarde une personne, je vois le bien et le mal autour d'eux, et parfois, je peux même dire ce qui va se passer. Je les regarde, et ils changent, et ils ont l'air, je crois, de ce qu'ils seront dans les années à venir. Une fois, j'ai vu un homme, il ... il a disparu devant mes yeux, et je savais qu'il serait bientôt un esprit.

J : *Et vous dites que vous regardez les gens et que vous pouvez voir le bien et le mal autour d'eux. A quoi le mal ressemble-t-il?*

A : Le mal apparaît en noir. C'est une ombre. Parfois, vous voyez une personne et ils sont partiellement couverts, comme s'ils se trouvaient dans un nuage ou partiellement dans le brouillard. Et vous savez que cette personne a fait des choses mauvaises, ou fera, ou que quelque chose de mauvais arrivera. Si vous les regardez et que vous pensez, vous pouvez dire de quoi il s'agit. Je les regarde très fort et je ferme les yeux, et je peux dire si quelque chose de mauvais va arriver. Cela peut avoir à faire avec une maladie ... même dans le passé. Parfois, je vois si par le passé ils ont fait de très mauvaises choses.

J: *Et A quoi le bien ressemble-t-il?*

A: Il brille, comme si une personne se tenait dans la lumière du soleil. Un beau regard.

J: *Y a-t-il des différentes couleurs?*

A: Beaucoup de couleurs. Autant de couleurs que l'arc-en-ciel et plus encore. Une belle vue.

J: *Savez-vous si les différentes couleurs ont des significations différentes?*

A: Parfois, je les vois comme signifiant des choses différentes. Parfois, je peux dire exactement ce que ce sera. D'autres fois, je doute, je suis curieuse. Et je peux regarder et voir.

J: *Eh bien, votre mère et ces autres dames devraient vous écouter. Elles pourraient apprendre quelque chose.*

A: Ils prient toutes pour moi. Ils prient pour que je perde l'ensorcelement dans mon esprit.

J: *D'accord, Sarah, et c'est l'année 1718?*

A: C'est l'année 1718.

J: *Je vais compter jusqu'à trois, et nous revenons à l'année 1700.*

Quand elle a été régressée à cette année, elle est redevenue un esprit. Ces épisodes seront rapportés dans un chapitre séparé. Lors d'une session ultérieure, Johnny a brièvement abordé les années 1770. Cette technique a été utilisée un certain nombre de fois, plus ou moins pour vérifier les incohérences. Mais chaque personnalité a toujours traversé distinctement. Anita passait instantanément de l'une à l'autre comme s'il n'y avait pas eu d'interruption, même après plusieurs semaines. Cette portion suivante date des années 1770 quand on lui a demandé: «Que faites-vous?

A: Eh bien ... je dormais!

J: *Vous êtes-vous réveillée?*

A: C'est possible ... je me sens drôle ... je viens juste de me réveiller ... Ça va être une belle journée.

J: *Le soleil s'est-il déjà levé?*

A: Oui, le soleil est là-bas. C'est joli ... J'aime les matins.

J: *Quelle période de l'année est-ce?*

A: C'est le printemps. Ça va être une belle journée claire. Je mets toujours mon lit à l'ouest pour que je puisse regarder par ma fenêtre à l'est.

J: *Quel est votre nom?*

A: Je m'appelle Sarah.

J: *Quel est votre nom de famille, Sarah?*

A: Breadwell. Sarah Breadwell.

J: *Et quel âge avez-vous, Sarah?*

A: Oh, je grandis maintenant, je pousse dans les années ... Je suis malade

J: *Êtes-vous mariée, Sarah?*

A: Oui, mariée.

J: *Où se trouve votre mari?*

A: Eh bien, il n'est pas revenu hier soir. Il a du sortir en tant que docteur.

J: *Quelqu'un était malade?*

A: un accouchement. Ça se passe mal. La sage-femme est venue le chercher. Je suppose qu'il y a passé toute la nuit. Il n'aime pas rentrer dans l'obscurité. Ses yeux ne sont plus comme avant.

J: *Oui, bien sûr, le cheval pourrait trébucher et tomber.*

A: Eh bien, c'est vrai. Bien sûr, il connaît très bien les routes, et le cheval aussi.

J: *Depuis combien de temps votre mari est-il parti?*

A: Oh, il est parti la nuit dernière à peu près... oh, juste avant la nuit. Nous étions assis sur le porche et ils sont montés et lui ont demandé. Il y va toujours, il est rarement payé en argent comptant. Mais il aime aider les gens. Parfois, ils lui donnent du maïs ou ce qu'ils ont d'autre. Cette jeune fille, nous connaissions sa famille et je sais qu'il a de la pitié pour elle.

J: *Qu'allez-vous faire aujourd'hui?*

A: Je pense que je vais m'asseoir un moment aujourd'hui. Bientôt, je devrais être capable de me lever et de mieux me déplacer. La hanche ne peut pas vous immobiliser pour toujours.

J: *êtes-vous blessée à votre hanche?*

A: Eh bien, je suis tombée cette fois-là, vous savez, là-bas près de la cave. Fracturée cette stupide chose. Ça a eu besoin d'un long moment pour être bien réparée. Je dois rester couchée au lit.

C'était comme de devenir folle, à rester allongée dans son lit aussi longtemps.
J: *Oui, c'est la partie la plus difficile d'être malade, allongé dans son lit.*
A: Après que cela ait cessé de me faire souffrir et d'avoir mal, je voulais me lever. Mais quand tu bouges, ça fait mal. J'ai bien peur qu'elle ne devienne trop rigide pour moi maintenant. Je veux me lever et commencer à bouger plus, et ne pas la laisser s'enkyloser.
J: *Bien sûr. Avez-vous des enfants, Sarah?*
A: J'en ai deux.
J: *Où sont-ils?*
A: Oh, ils sont partis. Vous comprenez, ils se sont mariés et ne restent plus tout le temps ici.
J: *Vivent-ils très loin d'ici?*
A: Non, pas très loin.
J: *Comment s'appelle la ville, Sarah?*
A: Je crois qu'ils l'appellent Bostonia. C'est ce qu'ils veulent l'appeler, je pense.
J: *Comment est-ce que vous l'appeliez quand vous êtes arrivée ici pour la première fois?*
A: Eh bien, quand nous sommes arrivés ici, nous ne l'avons pas nommée ainsi. Au début, c'était comme "crossing on Post Road" (croisement sur la route postière, en français.) Ils empruntent cette route depuis... Je crois qu'ils disent que ça va jusqu'à New York où vivent les Hollandais.
J: *Les hollandais?*
A: Oui, allemand, néerlandais, vivant là-bas à New York. Et ils utilisent cette route, il y a beaucoup de trafic et tout, et tout. C'est pourquoi, parfois je regarde vers la route là-bas et je peux voir jusqu'à quatre ou cinq étrangers sur la journée. Les choses se développent. Ils vont la développer jusqu'à Philadelphie. Cette route va commencer à Philadelphie et remonter tout le long à travers l'état de New York et Ici. Je suppose que nous en sommes à la fin. Je n'en ai jamais entendu parler qui continue plus au nord. Je pense que ça va simplement s'arrêter ici.

Quand j'ai essayé de vérifier certains de ces faits, une fois de plus j'ai rencontré des problèmes. J'ai écrit à plusieurs sociétés historiques de Boston, et obtenu essentiellement la même réponse de chacun. Ils reçoivent trop de demandes d'informations; par conséquent, ils ne peuvent pas répondre par courrier. Leurs dossiers sont disponibles pour la recherche uniquement aux généalogistes professionnels, qui, bien sûr, doivent être payés. Une société a mentionné que le terme "Bostonia" serait proche de l'orthographe latine du mot "Boston", et qu'il y avait, pendant des années, une route principale menant à l'ouest connue sous le nom de Boston Post Road (route postière de Boston, en français.)

Certaines données proviennent d'un endroit surprenant: l'un des livres d'histoire de nos enfants. Citation provenant de l'histoire de nos États-Unis, chapitre 12, "Résoudre les problèmes de transport". "Les sentiers deviennent des routes Au début de la colonisation, la forêt semblait infinie: une personne qui voyageait par terre parcourait les sentiers indiens, et les hommes nettoyaient peu à peu certains de ces sentiers ou en coupaient de nouveaux, assez larges pour être montés à cheval. Vers la fin de la colonisation, certains de ces sentiers avaient été assez élargis pour un char à bœufs ou une charette. Quand un voyageur arrivait à un ruisseau, il devait trouver un endroit où l'eau était assez peu profonde pour servir de gué. Près des villes, un homme entreprenant exploitait parfois un ferry. Près des villes également, des routes étaient parfois construites.

"Ainsi, en 1760, la longue route que les diligences et les voitures privées pouvaient parcourir d'une colonie à l'autre était celle qui reliait Boston, New York et Philadelphie, et où l'on pouvait aller en diligence de Boston à New York en une semaine, ou alors, atteindre Philadelphie trois jours plus tard.Un voyage en hiver prenait plus de temps.

"Si vous vouliez voyager au sud de Philadelphie en 1760, vous preniez un bateau côtier à Savannah ou à Charleston. Si vous alliez par les terres, vous montiez à cheval, car à certains endroits, la «route» côtière était impraticable.

Ainsi, il semblerait que les meilleures informations peuvent provenir des sources les plus improbables.

La session a continué pendant que Johnny a amené Sarah à l'année 1790 et lui a demandé, "que voyez-vous?"

A: Une famille.
J: Que faites-vous?
A: (Sa voix est un murmure) Je suis allongée dans mon lit.
J: Êtes-vous malade?
A: Très malade.

Il est apparu que Sarah est morte à l'âge mûr de 80 ans, qui était assez vieux pour cette période.

L'étrange apparition de son entrée dans cette vie et la capacité psychique qui en résulta s'estompèrent après quelques années; celle-ci n'étant évidemment pas encouragée. Plus tard, sa vie a semblé être tout à fait normale.

Se pourrait-il que Sarah ait eu de telles capacités psychiques parce qu'elle n'avait pas une naissance normale, mais était entrée dans le corps de l'enfant fraîchement sorti du monde des esprits? Il est apparu qu'une naissance normale ternit et supprime le souvenir de la vie passée et du monde des esprits. Comme l'enfant en développement se concentre sur l'apprentissage du corps, de la marche, de la parole, etc., les souvenirs s'estompent et, dans la plupart des cas, ne reviennent jamais, sauf peut-être sous hypnose. Ce cas montre une exception à cette règle. Il est apparu que le monde des esprits et notre vie physique sont beaucoup plus compliqués que nous ne pouvons jamais le concevoir.

Ce n'est que plusieurs années plus tard (dans les années 1970) que Ruth Montgomery a inventé le terme "walk-in" pour décrire une incidence comme celle que nous avons connue, dans son livre Strangers Among Us (ètrangers parmi nous, en français). Ce terme s'applique à une occasion où deux âmes échangent leurs places pour un certain nombre de raisons. Mais au moment de notre expérience, une telle idée était totalement inconnue et tout le concept nous a étourdis. Walk-ins (avec son concept correspondant d'"Image se refléchissant") sont discutés plus en détail dans mon livre, Entre la mort et la vie (non traduit en français).

Chapître 8

Mary en Angleterre

Jusqu'à cette époque, Anita avait été remarquablement cohérente avec ses dates et ses heures, tout au long des vies de June/Carol, Jane et Sarah. Mais tout au long de sa vie, elle a commencé à confondre l'élément-temps. Nous avons seulement pu estimer, par des choses qu'elle a dites, quelle était l'époque a laquelle elle faisait référence.

Quand la quatrième personnalité est apparue, nous avions apparemment traversé l'océan, et nous étions maintenant en Angleterre. Elle est apparue sur la scène comme une vieille femme parlant dans un délicieux dialecte irlandais. Nous avons établi qu'elle s'appelait Mary, et elle vivait près de la frontière écossaise. Mais encore une fois, pour plus de clarté, il vaudrait mieux que nous commencions un enregistrement, le plus tôt possible dans cette vie.

Johnny l'avait régressée à environ dix ans. Immédiatement, sa voix et sa diction devinrent enfantines.

J: *Que faites-vous, Mary?*
A: Je suis dans le véhicule ... je regarde mes patrons ...et je me demande où nous serons bientôt. C'est un long trajet.
J: *Où allez-vous?*
A: C'est la ville de ... la ville de ... Papa! Papa, tu m'as dit le nom de la ville, mais je l'ai oublié. (Faites une pause, comme si vous écoutiez.) Quoi? Papa m'a dit que c'est le Loch. Nous allons vivre là-bas. Nos affaires ont été amenées par carriole, et maintenant nous venons nous-mêmes.

J: Où viviez-vous?
A: Nous vivions dans une petite ville près de la côte. Presque personne d'autre que nous!
J: Était-ce loin de Loch?
A: Oh non. Peut-être si vous avez emprunté le long chemin. Je demande toujours à mon papa, pouvons-nous prendre le long chemin? Mais si vous allez directement par la carriole, vous êtes là en deux heures.
J: Quel est le nom de l'autre ville?
A:Crew.

Je savais que Loch était le mot écossais pour un lac. J'ai regardé des cartes essayant de trouver la mention d'une ville appelée Crew. Tout ce que nous avons pu trouver était un Crewe dans le centre de l'Angleterre, qui n'a pas été construit avant les années 1800 par les chemins de fer. Par chance, il y avait une femme de la marine qui vivait à Beeville et qui venait d'Écosse. Je lui ai posé la question à propos de Crew. Elle a dit qu'il y avait une ville appelée Crew du côté écossais, et qu'elle était si petite qu'elle n'apparaîtrait probablement pas sur les cartes. Elle a dit que ça avait toujours été un petit endroit.

J: Et comment cela marchait pour ton papa à Crew?
A: Pas bien, je le crains. Mais ici, il va monter son affaire lui-même.
J: Quelle est sa profession?
A: nous aurons un magasin de cordonnerie.
J: Il était un cordonnier à Crew?
A: Il travaillait pour un cordonnier, comme apprenti.
J: Avez-vous été à l'école?
A: Non. Ma mère, elle m'apprend ce qu'elle peut. Ce n'est pas convenable que les femmes en sachent trop. Mon papa dit, qu'elles deviennent insatisfaites de leur sort de femme si elles apprennent avec leur cerveau comme un homme. C'est contre la nature.

Ici, Johnny a montré une trace de chauvinisme insoupçonnée en remarquant (avec suffisance, pensais-je)," Ton papa est très intelligent! " Mary a continué:

A: Papa a appris son métier, et j'ai demandé à aller à l'école et apprendre un métier moi-même, et il s'est moqué de moi. Il a dit qu'il ferait assez d'argent pour nous tous. Et je devrais apprendre à être une femme, et apprendre à faire les choses qu'une femme fait. Oui, et je ne devrais pas essayer d'être un homme. Ça embrouille le cerveau, ça va contre la nature. L'homme devrait apprendre et la femme devrait rester à la maison. Oui, il y a beaucoup à apprendre, à cuisiner et à coudre, à tenir la maison convenablement. C'est un péché et une honte de ne pas le faire correctement.

La fois suivante que nous avons trouvé Mary, elle était plus âgée et mariée.

J: Que faites-vous?
A: J'attends pour le soleil.
J: Oh, le soleil n'est pas encore levé?
A: Non.
J: Depuis combien de temps êtes-vous debout?
A: Depuis bien plus tôt. J'aime quand c'est comme ça, pas Sombre, pas clair. J'attends tout simplement.
J: Vous aimez regarder le soleil se lever le matin? C'est vraiment joli.
A: Ça me plait bien.
J: Quel est votre nom?
A: Mary.
J: Quel est votre nom de famille, Mary?
A: (Rires) C'est Riley.
J: Êtes-vous mariée, Mary?
A: Je le suis.
J: Depuis combien de temps êtes-vous mariée?
A: Depuis longtemps ... de nombreuses années.
J: Et que fait votre mari?
A: Il fait des chaussures. Et des bottes et des pantoufles.
J: Quel âge avez-vous, Mary?
A: Je ... je pense presque 40 ... je pense que j'ai 40 ans.
J: Combien d'enfants avez-vous?
A; J'ai une fille.
J: Quel est son nom?
A: Je l'ai appelée Mary.
J: Après toi-même?
A: Après Sainte Marie, que la Vierge la protège toujours.

J: Voyons, votre maison ... dans quelle ville est-ce?
A: Loch.
J: Depuis combien de temps vivez-vous à Loch?
A: Presque toute ma vie. Je suis venu ici en tant que petite fille.
J: (Il savait que Loch signifie Lac) Vivez-vous près de l'eau?
A: Assez proche. Vous pouvez le voir de la ville. La ville est construite près de l'eau.
J: Oh, vous vivez en ville, alors.
A: En bordure, un peu, mais en ville.
J: Voyons voir, vous êtes en Angleterre, n'est-ce pas?
A: Oui, l'Angleterre.
J: Qui est le roi?
A: Nous avons une reine.
J: Quel est son nom?
A: Mary.

C'était la seule chose qu'elle ait dite qui pourrait probablement fournir une date. La recherche a révélé qu'il y avait une reine Mary I (Mary Tudor) également appelée Bloody Mary (la reine sanglante,) qui a régné de 1553-1558. Cette Marie était la fille de Henry VIII; d'où la demi-soeur d'Elizabeth I. Le terme «sanglant» lui a été donné par les protestants parce que Mary avait eu l'intention de réintégrer l'église catholique (papiste) comme l'église d'état anglaise même si cela signifiait la guerre. A peu près 300 protestants devinrent "martyrs" pendant cette période. Il y avait aussi une règle commune de William III et Mary II de 1689-1694. Cela aurait pu être l'un de ces dirigeants.

J: Avez-vous déjà vu la reine Mary?
A: Je n'ai jamais été là-bas; c'est trop loin.
J: Où vit-elle?
A: Au sud du pays. J'ai entendu dire qu'elle vient parfois ici dans un château près d'ici. Mais je ne l'ai jamais vue.

La recherche a révélé que le château de Balmoral, dans les bois d'Aberdeenshire dans les Highlands écossais, est la résidence écossaise du monarque régnant en Grande-Bretagne. Serait-ce le château dont elle parlait?

J: Elle vient probablement, comme pour ses vacances d'été?

A: Oui, c'est mieux ici que là-bas. Elle aime l'eau.
J: Où est ton mari aujourd'hui?
A: Il travaille.
J: A-t-il sa propre boutique?
A: Qu'il le fasse, qu'il le fasse. Il doit travailler dur, une paire de bottes spéciale. Cela doit être fait aujourd'hui.
J: Oh, a-t-il travaillé toute la nuit, ou s'est-il levé et est-il allé travailler tôt?
A: Il est parti il n'y a pas longtemps. Je lui ai préparé son petit déjeuner.
J: Qu'avez-vous mangé au petit-déjeuner?
A: Sa crêpe écossaise préférée, un scone, il les appelle. Un petit gâteau qu'il mange, et je fais des gâteaux supplémentaires pour le déjeuner. Et vous les mettez avec du beurre, du miel, de la confiture. Ils sont bons chauds ou froids. Un gâteau très sucré. Je suis une très bonne cuisinière, tu sais.
J: Oui. Est-ce que votre fille dort encore?
A: Oui. Elle ressemble à un ange. Ses cheveux sont très noirs. Une belle enfant, magnifique. (Elle avait une telle fierté dans sa voix.)
J: Quel âge a-t-elle?
A: Elle aura bientôt neuf ans, très bientôt.

Nous avons rencontré Mary à peu près au même âge dans une autre session.

J: Que faites-vous, Mary?
A: Je balaye et nettoie, et je fais briller les objets très fort. Je vais donner une fête.

(Elle semblait heureuse et excitée.)

J: Vous allez!
A: L'anniversaire de ma fille.
J: Quel âge a-t-elle?
A: Elle aura ses dix ans.
J: Quel âge avez-vous, Mary?
A: Oh ... (riant) ... J'ai 40 ans. Près de 40 ans.
J: Qui viendra à la fête d'anniversaire?
A: Toutes ses amies qu'elle connaît.

J: *Est-ce qu'elle va à l'école?*
A: Elle va à l'école dans la ville ici, une petite ville, l'école est petite. Et elle apprend bien. C'est une enfant brillante. Pas comme sa mère! Avec des yeux brillants.
J: *Quel est le nom de son école?*
A: (En riant) L'école de Loch. Nous n'appelons pas ça par un autre nom. Le prêtre dit, oui, nous l'appelons parfois par le nom de l'église, vous savez. Ils lui enseignent bien là-bas.
J: *Quel est le nom de l'église?*
A: St. Joseph. Pour le saint Père, nous l'avons nommé ainsi.

C'était la seule vie dans laquelle elle parlait en tant que catholique.

J: Qu'est-ce que vous préparez pour la fête?
A: Des gateaux "Vanités"! Ma fille les aime tellement.
J: *(Perplexe) Qu'est-ce que sont des vanités?*
A: C'est une pâte à chou. Ils semblent légers et moelleux, et vous pensez que ça va être beau à l'intérieur, aussi. Mais quand tu l'ouvres, c'est presque vide, un trou à l'intérieur. Nous l'appelons donc vanité, gonflé de vanité.

La recherche dans les anciens livres de cuisine n'a rien révélé sous ce nom. Personnellement, je pense que ça ressemblait beaucoup à un gateau "popover".

A: Et je leur servirai du thé comme des dames. Elle aimerait que ce soit comme une fête pour dames.
J: *Je suppose que toutes les petites filles aiment faire semblant d'être des dames.*
A: Oh, oui. Et elle sera la plus belle de toutes. Belle. Mais si cela ne vous dérange pas, j'aimerais continuer à travailler pour ne pas être en retard.
J: *Oui, allez-y. Elle va se souvenir de cette fête pour le reste de sa vie.*
A: Oui, je l'espère. Nous avons attendu si longtemps pour elle!
J: *Qu'est-ce que vous allez lui offrir pour son anniversaire?*
A: Son père lui a fait la plus belle paire de chaussures, et je lui ai fait une robe ... en velours! Elle sera si fière.
J: *Elle le sera sûrement.*

La dernière fois que nous avons rencontré Mary, elle était une vieille femme et elle a dit qu'elle tricotait un châle.

J: *C'est un beau châle que tu tricotes.*
A: Oui, la couleur est claire, ça va me remonter le moral.
J: *C'est sympa. Mary, tu ne m'as pas dit ton nom de famille.*
A: Ah! Vous êtes si gentil et intéressé par moi? Vous allez me rendre visite pendant un petit moment?
J: *Oui, je le ferai.*
A: C'est bien. C'est bien. Je m'appelle Smythe-Riley. (Apparemment, Smythe était son nom de jeune fille.)
J: *Vous sentez-vous seule ici?*
A: Les gens viennent acheter mon tricot. Les petits-enfants viennent parfois.
J: *Avez-vous beaucoup de petits-enfants?*
A: Non, seulement deux. Douces. Les brownies (Jeannettes en français) sont douces.

On a dit que la division des brownies (Jeannettes) des Scouts féminines était ainsi nommée parce que c'était ainsi que les vieilles grand-mères irlandaises appelaient leurs petites-filles.

J: *Voyons voir. Vous avez dit que vous avez 70 ans?*
A: Oui. C'est vieux, mais j'ai eue une bonne vie. J'attends maintenant, ma santé n'est pas bonne. Si je ne bouge pas trop, mes pieds ne me font pas mal. Mes doigts je me les frotte. Je peux encore bien tricoter. C'est bon de faire quelque chose de bien. L'esprit, l'esprit est l'endroit où nous vieillissons.
J: *Et où est ce cottage, Mary? Dans quel endroit sommes-nous ici?*
A: (Rire) Pourquoi? Nous sommes en Angleterre! Vous pouvez voir la rive écossaise.
J: *Quel est le nom de la ville?*
A: Nous vivons en bordure de la ville; ça s'appelle Loch.
J: *Est-ce une grande ville?*
A: Oh ... qu'est ce que tu appelles grande? Pas comme Londres. J'ai entendu dire que Londres est vaste.
J: *Avez-vous déjà été à Londres?*
A: Non, jamais. J'ai traversé la mer une fois jusqu'en Écosse, j'ai traversé la mer une autre fois pour l'Irlande, mais je ne suis jamais

allée à Londres ou dans une grande ville. Je suis une fille simple, avec une vie simple.

J: Êtes-vous anglaies, écossaise, irlandaise, ou quoi?

A: Je suis née ici. Je parle comme mon mari après de nombreuses années de vie avec lui. Il était à moitié ... à moitié irlandais; il est à moitié écossais. Un homme bon. (Cela explique le rogue irlandais.)

J: Quel genre de travail votre mari faisait-il?

A: Il travaillait ici dans la ville; il a fait des chaussures; il était un cordonnier. Il a fait des bottes, et des chaussures pour dames, aussi. Le meilleur. Il a fait même la paire que j'ai maintenant. Je prends soin de celles-ci. Elles sont la dernière paire qu'il m'ait jamais faite.

J: Quel était le nom de votre mari?

A: Thomas. Thomas Riley. Un homme bon.

J: Depuis combien de temps est-ce que Thomas est décédé?

A: Près de 20 ans maintenant.

Ils ont dû bien mieux faire des chaussures à cette époque là, Pour qu'elles résistent 20 ans. Puis, elle aussi était une vieille femme qui, évidemment, ne bougeait plus beaucoup.

J: Combien d'enfants as-tu eu, Mary?

A: Une seule a survécu. Cela a affligé le pauvre Thomas; il aurait voulu une famille plus grande. Mes bébés sont morts avant qu'ils ne soient commencés. Je n'ai jamais eu à porter un bébé, seulement un. Elle est arrivée à long terme. Je l'ai appelée Mary.

Il est apparu que Mary a vécu longtemps dans cette vie anglaise, et apparemment elle était heureuse. Il semblait n'y avoir aucun lien avec la vie actuelle d'Anita, sauf le fait qu'elle était maintenant catholique et que ses enfants fréquentaient l'école catholique locale.

"Chapître 9

Bélligérante Gretchen"

J'avais supposé qu'à partir du point où nous en étions arrivés aussi loin dans les régressions, il ne resterait plus rien qui pourrait nous surprendre. Mais chaque session contenait quelque chose de frais et de nouveau pour stimuler nos esprits.

La partie suivante s'est produite quand Anita a été régressée à un moment juste avant qu'elle ne soit née dans la vie en Angleterre en tant que la douce et gentille Mary. C'était naturellement en tant qu'esprit, mais ce qu'elle nous a dit était déroutant. Elle parla d'un étrange nouvel endroit qu'elle n'avait pas mentionné auparavant, un endroit qui semblait différent du plan d'esprit où nous la retrouvions habituellement.

J: *D'accord, Mary; C'est loin. Que voyez-vous?*
A: C'est noir, sombre. Cela va bientôt devenir plus léger.
J: *Qu'est-ce que c'est ... la nuit?*
A: C'était la nuit, c'est à présent l'aube.
J: *Que faites-vous?*
A: Je suis venu à cet endroit pour la toute première fois. Mon esprit s'y est reposé des centaines d'années.
J: *Quel endroit est-ce?*
A: L'Angleterre, je pense. Et je suis prête maintenant pour commencer ma nouvelle série.
J: *Série de quoi?*
A: Mes leçons. Mon âme doit être purifiée, et je dois apprendre. Je vais franchir des étapes en entendant la voix qui me le dit. Et à

chaque fois, j'apprendrai quelque chose de différent, quelque chose de nouveau. Chacun doit apprendre. Je commencerai; je vais observer et regarder.

J: Où étiez-vous?

A: Je me suis reposée, de nombreuses années ... des centaines, semblerait-t-il. Le repos...

J: Où vous reposiez-vous?

A: Au-dessus de la Terre, par-dessus tout. Pas de sentiments, de vibrations ou de couleurs. Quand vous vous reposez, vous êtes complètement en paix.

J: Mais vous étiez loin de la Terre?

A: Au loin. J'ai entendu dire qu'il y avait des problèmes là-bas.

J: Sur la Terre?

A: Toujours des ennuis, ces pauvres âmes. Envoyées loin de la paix vers cette terre. Avant que nous puissions revenir, nous devons apprendre.

J: Vous allez sur Terre pour apprendre des leçons?

A: Oui, je dois apprendre.

J: Vous vous reposez depuis longtemps?

A: Un long, long moment.

J: Pourquoi? Votre esprit était-il fatigué?

A: Il a traversé beaucoup de violence. Beaucoup de violence, et mon esprit était déchiré et blessé. J'avais besoin de me reposer. C'était ici, mais je ne parlais pas cette langue. Mais maintenant je vous parle. Je me souviens d'une partie ... mais pour être vraiment reposé, je ne devrais pas m'en souvenir. La voix me dit, pendant que l'on se rapproche du temps que je vais oublier de plus en plus. Je ne dois pas m'en souvenir. Cela affecterait ma langue, mon ... cela affecterait tout, ma pensée, mon apprentissage. Je ne devrais pas me souvenir du passé. L'esprit entre frais sans connaissance. Et reposé, vous entrez dans le corps ... et vous commencez. Tu commences.

C'était déboussolant. Afin de poser des questions et ramener la session à quelque chose que nous pourrions comprendre, Johnny a essayé de l'orienter dans une période ou une année.

J: Voyons voir ... vous dites que vous avez dû vous reposer des centaines d'années. Je vais compter jusqu'à trois, et nous

remontons à 100 ans. Vous pourrez me parler dans la langue avec laquelle je parle. Dites-moi ce que vous êtes en train de faire?*
A: Préparation. Repos.
J: Et où vous reposez-vous?
A: Cela n'a pas de nom ... il n'y a pas de nom pour appeler ça. Nous sommes ici; nous sommes ensemble.
J: Nous? Êtes-vous nombreux?
A: Beaucoup d'esprits, beaucoup, et nous nous reposons. Parfois, vous pouvez revenir très rapidement, ils me disent. Si quelque chose que vous avez fait est très mauvais, vous voulez revenir en arrière avant que la mémoire soit entièrement effacée. Et vous essayez de ne pas faire les mêmes erreurs ou vous serez damné de revenir de plus en plus. Il vaut mieux se reposer et oublier.
J: D'accord. Je vais compter jusqu'à trois, et nous y repartons pour encore 100 ans en arrière. Que faites-vous maintenant.
A: J'ai commencé mon repos.

Elle commençait juste son temps dans ce lieu de repos mystérieux? Jusqu'où remonterions-nous pour une vie avant ceci? Nous continuerions à revenir en arrière jusqu'à ce que nous l'ayons découvert.

J: D'accord. Je compte jusqu'à trois, et nous reviendrons à l'année 1300. Vous pourrez me parler dans la langue avec laquelle je parle. Qu'est-ce que vous faites?
A: Je me prépare pour le festin.
J: A quoi sert le festin?
A: La fête est pour les grandes vacances. Il y aura aussi un festin quand les hommes reviendront.
J: Où sont les hommes?
A: Ils sont partis à la guerre. Nous sommes victorieux, nous ne perdrons pas.

Cette personnalité était très dominante et avec du caractère.

J: Qui êtes-vous?
A: Veuillez m'escusez... je comprends....Votre question... Pas.

Quiconque ayant étudié une langue étrangère reconnaîtra ce qui se passe ici. Johnny lui a demandé de parler en anglais. Pour traduire d'une langue à une autre, vous devez inverser l'ordre des mots dans votre esprit. Apparemment, elle n'a pas compris la question parce qu'elle pensait dans une autre langue.

J: Oh ... comment vous appelez-vous?
A: Mon nom? Gretchen.
J: Gretchen. Et as-tu un nom de famille?
A: Je suis appelée par le nom de mon père Müller.
J: Gretchen Müller. Et où êtes-vous? Dans quel pays êtes-vous?
A: Vous connaissez mon pays comme l'Allemagne. Ce serait l'Allemagne.
J: Comment appelez-vous cela?
A: Dans la langue que vous me dites pour vous parler, je l'appelle Allemagne.
J: Dites-moi ce que vous appelez votre pays dans votre langue?
A: Deutschland. (Elle l'a prononcé différemment Do-sch-land). L'accent était sur la dernière syllabe.) Je suis LA mère patrie.

Je pensais que c'était toujours appelé la Patrie, ou est-ce seulement dans les temps modernes?

J: Et les hommes sont partis à la guerre. Qui combattent-ils?
A: Ils combattent le château en bas sur le Rhin. Et nous gagnons; nos hommes sont forts et nombreux.
J: Combien d'hommes avez-vous là dans votre château?
A: Ce serait ... près d'une centaine, je crois que c'est ce que vous diriez. Beaucoup d'hommes.
J: Et votre père, est-il parti au combat maintenant?
A: Mon père est parti. Mon oncle, tous les hommes, les serfs, le valet, ils se battent pour une protection commune. Nous ne serons pas envahis; nous sommes forts.
J: Gretchen, que fait votre père au château quand il est là et qu'il ne se bat pas?
A: Il fait les choses que tous les hommes font. Il aide son frère. Son frère possède ce château, et c'est dans la famille. Nous vivons tous ici, la famille.
J: Et c'est le château du frère de votre père ...

A: Mon oncle. Wilhelm. Fort Wilhelm Müller.

J: Et l'autre château qu'ils sont allés combattre. Est-ce qu'ils sont venus ici pour commencer un conflit?

A: (Indignée) Ils ont essayé de prendre la terre qui était la nôtre! Toutes nos terres ne sont, bien sûr, pas à l'intérieur de notre château ici. Nous vivons tous ensemble, proches, mais notre terre est tout autour. Ils ont essayé de prendre une partie de notre terre! D'abord, ils chassaient dessus, puis ils voulaient même planter quelques choses sur nos terres. Et c'était trop. Pour cela, la guerre nous devons commencer, mon oncle a dit.

J: Dites-moi, quel âge avez-vous, Gretchen?

A: Près de l'âge du mariage.

J: Allez-vous vous marier?

A: Quand mon oncle et mon père seront d'accord, et qu'un homme convenable sera trouvé dans notre pays, avec des biens appropriés, je me marierai.

J: Avez-vous hâte de vous marier?

A: Toutes les femmes devraient se marier, avoir des fils forts. Nous sommes un peuple fort, nous ne serons jamais vaincus, nous sommes les plus forts. Nous sommes forts en esprit, en corps, en intelligence, et j'aurai des enfants comme ça quand je me marierai. Les plus forts. Nous nous battons avec d'autres châteaux, mais nous gagnons toujours. Il n'y aura pas de château pour prendre le nôtre.

Il semble que l'idée d'une race allemande forte remonte à plusieurs siècles. Il doit y avoir beaucoup de consanguinité dans les gens.

J: Et le vôtre est-il un grand château?

A: C'est, pour un château, c'est grand. Nous englobons beaucoup de familles; il y a beaucoup d'endroits stables. Les terres sont étendues. Les murs sont épais et hauts.

J: Et ton âge maintenant, combien d'années ont passé depuis que tu es née?

A: Dix-huit, je crois qu'ils me le disent. Ce n'est pas pareil, voyez-vous; une mère garderait une trace de tout cela. Mon père ne peut pas être dérangé avec de tels sujets. Il est occupé, il travaille dur.

Johnny espérait l'obliger à parler allemand. Même si nous ne pourrions pas la comprendre, nous en aurions au moins un enregistrement. Il pensait que peut-être quelqu'un d'autre pourrait le traduire.

J: Ce que je voudrais que vous fassiez, Gretchen, c'est de me parler dans votre propre langue. Dites-moi tout sur le château. Décrivez à quel point il est important, combien de personnes y vivent et tout ce que vous y faites dans votre langue.
A: Comment pourriez-vous me comprendre?
J: Eh bien ... je vais apprendre votre langue.
A: (En colère) Je n'ai pas le temps de t'apprendre. Je dois être avec le festin. Je peux parler avec vous un moment, mais je n'ai pas le temps de vous apprendre la langue.
J: (surpris) Oh, eh bien, je ... quelqu'un d'autre va "m'apprendre". Je veux juste que vous me donniez quelques mots dans la langue.
A: Je vais vous dire les mots les plus gentils de toute ma langue, dans n'importe quelle langue, mots que vous connaissez déjà. Ich liebe dich (je t'aime). Vous pouvez les dire dans n'importe quelle langue, toujours ils sont gentils.
J: Et dans votre langue, comment appelez-vous votre château?
A: (Impatiemment) Mon château? Le château de mon oncle. Il s'appelle Müller, le château fort de Müller.
J: Et dans votre langue, vous l'appelez aussi "château"?
A: (Brusquement) Tu veux que j'enseigne, et je n'ai pas le temps, je te dis! (Elle avait vraiment de la personnalité.)
J: Je suis désolé, Gertrude ... Gretchen.

Cela l'avait vraiment mise en colère. Elle avait commencé à crier.

A: Tu ne peux pas te souvenir de mon nom. tu ne peux pas te souvenir de la langue. Peux-tu me répéter maintenant ce que je t'ai dit dans ma langue?

Johnny a fait une triste tentative de prononcer "Ich liebe dich".

A: (Elle s'est calmée.) Votre accent est pire que le mien, et le mien porte l'accent de la région.

J: *(Rire) Eh bien, nous devons tous apprendre, cela prend du temps. (Il a décidé de changer de sujet.) Que préparez-vous pour le festin?*

A: Préparer le cerf. Venaison.

J: *Aimez-vous le cerf?*

A: Les hommes aiment la viande, nous servons de la viande. Des hommes forts, des aliments forts. Nous mangeons ce que nous cultivons, nous mangeons ce que nous attrapons, et nous serons tous forts. Être fort, c'est tout. Le plus important de tout. Vous devez être très fort pour survivre, pour vivre.

Nous avions donc été initiés à une autre personnalité, certainement à l'opposé de la douce et agréable Marie. Cette fille allemande avait de la personnalité.

Nous avions décidé, lors de la session de la semaine suivante de voir si nous pouvions savoir ce qui lui était arrivé de si violent pour l'envoyer se reposer pendant si longtemps. L'idée était un peu déconcertante pour Anita à cause de sa grande aversion pour la violence de toute sorte. Elle craignait que la violence puisse être une affaire personnelle et craignait que ce soit traumatisant. Elle était prête à essayer la régression, mais cela la dérangeait toujours.

Quand Johnny a commencé l'induction, Anita est devenue irritable, et a résisté. C'était la seule fois où elle se battait contre la descente. C'était comme si une partie d'elle savait que nous nous approchions de quelque chose d'insupportable qui avait été longtemps réprimée. Mais elle avait été con-ditionnée pendant plusieurs semaines de travail en hypnose, aussi se détendit-elle et se glissa dans cet état familier de transe profonde.

Johnny lui avait dit qu'il ferait de son mieux pour la guider dans cette expérience avec le moins de traumatisme possible. Anita avait développé beaucoup de foi en lui, comme cela sera évident pendant cette session.

Comme tout indique que Gretchen a vécu au début des années 1300, John l'a régressée à cette période et a demandé: "Que faites-vous?"

A: Couture. Je fais une écharpe.
J: Quel âge avez-vous?
A: Je ne suis pas sûre.
J: Quel est votre nom?
A: Gretchen.
J: Où vivez-vous, Gretchen?
A: Avec mon père.
J: Est-ce une belle journée?
A: Non, il pleut ... il pleut très fort.
J: Où est votre mère?
A: Elle est morte depuis longtemps.

Ceci explique la raison pour laquelle elle a dit dans l'autre session qu'elle ne savait pas quel âge elle avait, parce que seule une mère garderait des traces de telles choses.

J: Oh, vous avez pris soin de vous-même alors?
A: Mon père, il prend soin de moi.
J: Allez-vous à l'école, Gretchen?
A: Un quoi?
J: Je dis, allez-vous à l'école?
A: Non ... qu'est-ce que c'est?
J: Oh, vous savez, quand ils vous enseignent de nouvelles choses et comment faire des choses différentes.
A: (Défensivement) On m'a appris à faire des choses. Ma tante, mon père, les femmes ici m'apprennent. Je sais faire des choses.
J: Est-ce que ta tante t'a appris à coudre comme ça?
A: Elle essaie. Ma tante sait coudre et faire des choses.
J: Et où vivez-vous, Gretchen?
A: Avec mon oncle, ma tante, mon père, ce qui reste de notre famille.
J: Avez-vous une grande maison?
A: Une maison? Un château, une maison, un endroit où vivre.
J: Avez-vous un château?

Comme toujours, une répétition était nécessaire pour vérifier si elle disait les mêmes choses.

A: Nous l'appelons comme ça. Très grand.
J: Combien de personnes vivent dans votre château, Gretchen?

A: À l'intérieur des murs?

J: *Oui. il y a plus de gens en dehors de vous-même, votre tante et votre oncle, et votre père, n'est ce pas?*

A: Oh oui, oui. La famille de mon oncle, les serviteurs, les gens qui travaillent la terre. Ils viennent ici; nous sommes près de cent tous ensemble. Certains ne sont pas tout le temps ici.

J: *Vous faites croitre votre nourriture à l'extérieur du château?*

A: Ceux qui mangent, travaillent, ceux qui ne travaillent pas, ne mangent pas!

J: *Travaillez-vous dans le jardin?*

A: Non! Je cuisine, je vais coudre. Je ne travaille pas.

J: *Qui fait tout le travail dans les jardins?*

A: Les fermiers. Une partie de la nourriture nous cultivons ici, mais pas tout. Ce n'est pas sûr hors des murs.

J: *Pourquoi n'est-ce pas sûr, Gretchen?*

A: Ils t'emmèneront s'ils te voient.

J: *Qui va vous enlever?*

A: Ceux du château suivant. Au bas du Rhin, le prochain château. Nous nous battons tout le temps, tout le temps.

J: *Dans quel pays êtes-vous?*

A: Allemagne. C'est l'Allemagne.

J: *C'est ce que vous l'appellez?*

A: Ce sera l'Allemagne.

J: *Mais ce n'est pas l'Allemagne maintenant?*

A: Mon père dit que c'est un bon nom. Nous ne sommes pas des barbares. Nous ne tuons que pour survivre. Nous serons un pays, nous ne serons pas le pays de quelqu'un d'autre.

J: *Qui est le dirigeant de votre pays maintenant?*

A: Je ne suis pas sûre. L'église a autorité sur ce que nous faisons. Les hommes n'aiment pas que ces hommes soient des hommes.

J: *Ils n'aiment pas que l'église leur dise quoi faire?*

A: Personne ne devrait dire à un homme quoi faire sur ses propres terres; ce sont les siennes.

La recherche a révélé plus tard que l'Allemagne n'était pas connue sous ce nom à ce moment-là. Elle faisait partie du Saint Empire Romain. Donc, techniquement, l'église avait autorité sur toute la zone.

J: *Y a-t-il un roi?*

A: Non, je ne sais pas ce que tu veux dire.
J: *Peut-être ... que diriez-vous un souverain empereur?*
A: Un souverain? Nous avons un souverain. Il s'appelle Comte. Il sera souverain.
J: *Comte. Est-ce tout son nom?*
A: C'est la seule façon par laquelle je l'ai entendu être adressé.
J: *Il gouverne tous les châteaux autour de vous?*
A: Non, mais il le fera. C'est un ami.
J: *Oh, il va être souverain.*
A: Il le fera. Quand tous les hommes l'aideront, alors il peut être le dirigeant. Certains châteaux résistent à cela.
J: *Ils ne le veulent pas comme souverain?*
A: Pour être fort, nous devons avoir un seul dirigeant. Chaque château veut être son propre chef. Nous serons un pays fort quand nous aurons un chef unique.
J: *Ok, Gretchen, voyons. C'est l'année 1300?*
A: Si vous le dites, ça l'est. Je ne regarde pas les dates.
J: *Oh, vous ne surveillez pas le temps?*
A: Je n'ai aucun souci. Seulement quand c'est le printemps ou l'automne. Je connais les tâches que nous faisons au printemps et à l'automne. L'hiver est ce que j'aime le mieux.
J: *L'hiver, pourquoi?*
A: Il y a moins de travail. Et les hommes restent à la maison.
J: *Ils ne sortent pas pour faire de l'agriculture et de la chasse?*
A: Ils peuvent s'entretuer, comme des imbéciles, en été; mais en hiver, ils sont plus susceptibles de rester à la maison.
J: *Ok, Gretchen, je vais compter jusqu'à trois, et nous allons de l'avant de nombreux étés, de nombreux hivers. (il compte) Que faites-vous maintenant?*

Alors que Johnny atteignait le numéro «trois», Anita se raidit sur la chaise et en agrippa fermement les bras. Sa bouche était hermétiquement fermée et son visage était défiant. Quand elle parlait, c'était à travers les dents serrées.

A: (Longue pause) Je ne sais rien, je ne peux rien dire. Je ne dirai rien. Cela ne servira à rien de me demander. Je ne te dirai pas où ils sont!
J: *(Surpris) Où est qui?*

A: Mon père, mon oncle et les hommes.
J: Oh! Et, Qui vous demande?
A: Je ne répondrai pas!

C'était une tournure inattendue des événements. Il était évident que nous étions à la partie de sa vie que nous voulions découvrir, mais comment procéder? Comment contourner ce blocage? Cela allait demander du tact et de la stratégie.

J: Gretchen, quelqu'un est-t-il à la recherche de votre père?
A: Vous savez où il est!
J: Votre père est-il parti depuis longtemps?
A: Je ne dirai pas. ... Je n'ai pas peur. Je n'ai pas peur!
J: Tout va bien, Gretchen. Vous pouvez me le dire. Qui vous demande où est votre père?
A: (Défiante) Comment est-ce que je peux savoir que tu ne le diras pas?

Il essayait de trouver un moyen pour faire une percée et regagner sa confiance.

J: J'ai été votre ami à travers plusieurs de ces voyages.

Anita se détendit un peu, mais resta toujours tendue.

A: Veux-tu m'aider à les chercher?
J: Oui, je vais vous aider.

Cela peut sembler une chose étrange à faire, mais Johnny était en train d'inventer ses propres lignes directrices. Il avait conclu que la seule façon de la faire parler était d'entrer dans l'histoire en tant que participant. D'ailleurs, peut-être inconsciemment, elle avait peur de la vivre toute seule.

A: Si ils les trouvent, ils seront tués!
J: Peut-être que nous pouvons les avertir.
A: Je veux sortir du château, mais ma tante dit non. Tout le monde dit non. Mais je sais où ils sont, je dois les avertir. (Elle était très désemparée.)

J: *Qui est là au château?*
A: Les hommes de l'autre château. Ils sont venus.
J: *Comment sont-ils entrés?*
A: Nous ne savions pas qui ils étaient, ils s'étaient habillés différemment. Celui qui était devant était sur le cheval de mon père. Et nous les avons laissés entrer; et quand ils étaient à l'intérieur, nous savions qu'ils n'étaient pas de notre peuple. Pas nos hommes qui revenaient. Et ils sont demeurés ici maintenant, presque trois jours. Et je ne leur dirai pas!
J: *Non. Est-ce qu'ils surveillent les portes pour qu'on ne puisse pas sortir?*
A: Ils regardent. Ils ont fouillé, tout déchiré. Tout, en regardant ... mais ils ne savent pas que mon père est allé chercher de l'aide. Nous recevrons de l'aide du nord. Je connais le sentier. Je sais à travers les bosquets. Je n'ai jamais été là-bas, mais je le sais; J'ai écouté.
J: *Dans combien de temps pensez-vous que cette aide pourrait arriver ici?*
A: Si mon père est en route, s'il est vivant, il pourrait être ici bientôt, peut-être en une journée. Nous pourrions nous y rendre vite, nous pouvons nous y rendre ce soir.
J: *Pensez-vous pouvoir nous en sortir?*
A: Nous ne savons pas si nous n'essayons pas. Je ne dois pas avoir peur. Montrer de la peur est faible. Je n'ai pas peur d'eux, je n'aurai pas peur.
J: *Combien d'entre eux sont arrivés à cheval, il y a trois jours?*
A: A propos de ... je ne peux pas compter ... plusieurs. Pas assez, pas autant que tous nos hommes, pas même une partie de ce que nous avons.
J: *Si tous vos hommes étaient là, ils n'auraient pas du tout pénétré.*
A: Personne n'aurait pu entrer s'ils étaient tous ici. Personne n'aurait su entrer. Nous avons pensé que c'était mon père.
J: *Je me demande où ils ont eu son cheval. Peut-être qu'il s'est égaré.*
A: (doucement) C'est pourquoi ... à l'intérieur de moi ... j'ai peur. Il aimait ce cheval, il ne l'aurait pas laissé partir. Ils doivent l'avoir pris. ... J'ai peur, à l'intérieur. (Criant) Je n'ai pas peur ... de ces gens!
J: *Non. Mais vous savez, s'ils avaient eu votre père, ils ne seraient pas là à vous demander où il est; ils le sauraient déjà. Donc ils ne doivent pas savoir.*

A: C'est ce que je me dis.
J: *Il doit encore être vivant quelque part en train de chercher de l'aide.*
A: Peut-être ... peut-être qu'il est blessé.
J: *Cela se pourrait être.*
A: Je vais devoir le chercher. Mon oncle aura peut-être pu passer à travers.
J: *Votre oncle était-il parti avec votre père?*
A: Il est sorti peu de temps après. Cest plus sûr de ne pas voyager ensemble. Si l'un n'y arrive pas, l'autre le réussira. (Longue pause) Dès qu'il fait noir, j'y vais.
J: *Eh bien, peut-être que vous pouvez passer devant eux, et ils ne verront rien.*
A: Je pense que je peux. Je peux traverser le mur.
J: *Avez-vous une porte qu'ils ne connaissent pas?*
A: Ce n'est pas vraiment une porte. Il y a des pierres qui sont décélées dans le mur. Et je pense que si je peux entrer là-bas ... juste de l'autre côté du mur, c'est également lâche là-bas. Le mur n'est pas trop épais. Je peux passer au travers. Je les ai entendu en parler. C'est dans le coin nord.
J: *Peut-être que vous pouvez trouver un cheval à l'extérieur afin que vous puissiez monter vers le nord.*
A: Je ne sais pas. Je marcherai si je dois. Peut-être que je pourrais trouver mon chemin plus facilement si je marchais. Je ne sais pas combien de temps cela me prendrait. ... J'essaie de penser ... effrayée. Ils ont des terres autour de nous, ils peuvent être là. Si je marche, je pourrais me cacher. Je peux passer par là.
J: *Qu'est-ce que ces gens ont fait? Ont-ils capturé cette terre autour du château et finalement entrer dans le château?*
A: Ils ont tué les gens qui travaillaient pour nous; brûlé leur terre, leur maison à l'extérieur des murs. Et nous nous sommes battus avec eux, nous nous sommes battus contre eux depuis longtemps. Ils gagnent sur nous en force.
J: *Ils continuent à avoir plus d'aide?*
A: Ils l'obtiennent.
J: *Eh bien, nous allons continuer à attendre ici jusqu'à ce qu'il fasse nuit dehors.*
A: Tu iras avec moi!
J: *Oui. (Pause) Est-ce que la pénombre arrive?*
A: Presque l'obscurité.

J: *Peut-être entre nous deux, nous pouvons sortir les pierres.*
A: Nous devons essayer, nous devons essayer. Je sais où ils sont perdus ici. Soyez très prudent de les remettre afin qu'ils ne sachent pas où nous sommes allés.
J: *Oui.*
A: L'air sent mauvais. ... Il fait sombre ici aussi. Très sombre. ... Dépêchez-vous, essayons de passer de l'autre côté. Poussez fort! (murmurant) Écoutez!
J: *(Longue pause) Qu'entendez-vous?*
A: Ils sont juste dehors!

Je pouvais presque la voir dans mon esprit, pressée contre le mur, retenant son souffle.

J: *Ouf- zut. Nous devrions attendre.*
A: Pouvez-vous respirer?
J: *Je le pense. ça sent plutôt mauvais. Pensez-vous qu'ils vous ont entendu essayer de pousser cette pierre?*
A: SHHH! (Anita retint littéralement sa respiration pendant quelques secondes.) ... Ils sont partis. ... Faites attention. ... Soyez très silencieux. (Murmure) Ne la laissez pas tomber!
J: *Grand Dieu, il fait noir.*
A: Chut! Travaille ... Je peux passer à travers.
J: *Tu vas de l'avant, ensuite je te suis.*
A: Je ne veux pas attendre. ... Je vais continuer.
J: *Je serai juste derrière toi. (Pause) Pouvez-vous trouver le chemin?*
A: Je dois le faire grâce aux arbres. ... Je me dis, je n'ai pas peur. (Pathétique) Je n'ai pas peur. Je n'ai pas peur. ... Cela doit être le chemin, le seul endroit. (Soudainement) Quelqu'un est là!

Vous pouviez sentir la peur. Puis Anita se redressa soudainement contre la chaise, en attrapa les bras et haleta brusquement, comme si elle recevait un choc soudain.

J: *Que ce passe-t-il?*
A: Ils m'ont vu. ... Je ne pensais pas qu'ils me verraient, mais ils l'ont fait. Je dois continuer.
J: *Vas-y.*
A: Ils pensent que je suis morte.

J: *Quoi? ... Ils vous ont eu?*
A: Ils m'ont frappé!
J: *Vous avez été frappée? Avec quoi vous ont-ils frappée?*

Inutile de dire que nous avons été surpris.

A: Un rocher. ... Je saigne, mais je peux y aller.
J: *Saignez-vous beaucoup?*
A: Je vais ramper. ... Je vais y aller. ... Ils regardent?
J: *Je ne pense pas.*
A: Je saigne.
J: *Pensez-vous pouvoir y arriver?*
A: Mon corps reste ici. (Longue pause) Mon corps reste ici.
J: *Votre corps reste là? Qu'est-ce que vous faites?*
A: Je vais y aller quand même.
J: *Pour trouver votre père?*
A: Je dois les avertir. Cela est étrange. Je me regarde ... Comment puis-je être à deux endroits?
J: *Tu ne l'as jamais fait auparavant.*
A: Non, je n'ai jamais fait ça. Ils traînent mon corps en arrière.
J: *Oh, sont-ils venus le chercher? Je pensais qu'ils étaient partis.*
A: Ils ont attendu; ils ont juste attendu.
J: *Que font-ils maintenant?*
A: Ils l'ont attaché au cheval. Ils le reprennent en le faisant trainer. Ils vont me ... couper en morceaux (révoltée). Devant les autres, pour les faire parler. Je ne sens rien ... Je le vois ... (Horrifiée). ...
J: *Mais vous n'êtes pas là.*
A: C'est moi, mais je ne suis pas là. Je suis confuse, très confuse. Je pense que je pourrais continuer. Je dois avertir mon père. L'aide doit arriver bientôt. Tout est lumière maintenant. Je vois; Je vois.
J: *Vous savez, ils ne peuvent pas vous voir maintenant.*
A: Non, ils ne m'ont pas vu, n'est-ce pas? Je suis restée là et je les ai regardés. Je ... je ne sais pas ce que c'est. On m'avait dit, quand tu mourras, tu seras sous la terre jusqu'à ce que Dieu t'élève.
J: *Maintenant vous savez différemment.*
A: C'est très déroutant. Je me déplace plus vite maintenant, tu vois? Nous arrivons au château. ... Je n'ai vu mon père nulle part.
J: *Est-ce le château où il se rendait?*
A: Son ami, son allié, un chevalier.

J: *Quel est son nom?*
A: Comte.
J: *Oh, c'est Comte, celui qui allait être le souverain?*
A: Je ne pense pas qu'il ne le deviendra jamais.
J: *Pourquoi?*
A: Ils vont perdre pendant un petit moment. Il va se passer beaucoup de temps avant ... ils ne m'entendent pas frapper!
J: *Vous pouvez juste rentre à l'intérieur.*
A: À travers la porte?
J: *Juste à travers le mur. Avez-vous essayé?*
A: Non, je n'ai jamais essayé.
J: *Voyez comment cela fonctionne. (Pause) Est-ce que ce mur vous a arrêté?*
A: Non. Ça ne t'a pas arrêté non plus, n'est-ce pas? Allons-y! Il n'y a personne ici à l'intérieur derrière la porte pour m'entendre. Nous allons passer d'une pièce à l'autre. Ils ne répondent pas. C'est comme si je courais ... mais je ne bouge pas comme ça. Très vite. Je pense que c'est lui.
J: *Le voyez-vous?*
A: Oui. Il dort. Il a été blessé.
J: *Cela doit être la façon dont ils ont pris possession de son cheval.*
A: Il a été blessé, et ils essaient de l'aider ici. Il ne m'entend pas non plus. (Frustrée) Comment puis-je le réveiller? Comment puis-je le réveiller? Quoi? ... Je ne peux pas le secouer. J'essaie de le toucher, et je ne le bouge pas quand je le touche. Il ne peut pas me sentir. Je vais lui jeter quelque chose. Voici sa botte.
J: *Pouvez-vous ramasser ça?*
A: Oui.
J: *Y a-t-il quelqu'un d'autre dans la pièce?*
A: Il est ici tout seul. Là! Il remue! Il a appelé.
J: *Qu'a-t-il dit?*
A: Il a crié à l'aide!
J: *Probablement il ne sait pas ce qui l'a réveillé.*
A: Je lance plus de choses. Les objets volent partout, et il ne sait pas ce que c'est.
J: *Maintenant, je pense qu'il est confus.*
A: Ici ils arrivent. Je vais essayer une fois de plus. Ils lui disent que c'est le diable qui est la cause de ce que les choses font.
J: *Pouvez-vous dire à quel point il a été blessé?*

A: Il n'est pas blessé autant qu'ils le pensent. Là! C'est vrai; C'est vrai! Pense pense. ... Oui.

J: *Avez-vous pensé à lui?*

A: Oui. Il leur dit qu'il doit rentrer, mais ils ont peur de le laisser partir. Il leur dit de venir avec lui. Ils ont peur d'y aller.

J: *Ils ne vont pas l'aider?*

A: Ils lui disent d'attendre jusqu'au matin. Ils pensent que ça pourrait être la fièvre. Il a maintenant le sentiment que j'essaye de l'atteindre. Il pense à moi. il a peur pour moi. Et pendant qu'il pense à moi, je peux lui dire. Il n'entend pas ma voix, mais il peut m'entendre dans son esprit. Il dit qu'il doit partir. Ils iront avec lui. Quand il commencera à partir, ils iront avec lui. Je me sens plus faible maintenant. Je ne sais pas ...

J: *Que pensez-vous que vous ferez maintenant?*

A: Je l'ai prévenu. ... Je veux revenir en arrière, et voir ...

J: *Voir ce qui s'est passé au château? Vous rentrez?*

A: Je vais y retourner. Je veux savoir ce qui m'est arrivé.

J: *Que faisaient-ils quand nous sommes partis?*

A: Ils allaient me couper en morceaux. Ils en ont parlé, je les ai entendus. Ils me coupaient la tête et la mettaient sur la porte, à l'intérieur, pour qu'ils puissent tous la voir. Une partie de moi dans chaque partie du château. Ils ne les laisseront pas m'enterrer. (Horrifiée) Ce n'est pas correct! (Secouant la tête) Non, ce n'est pas bien ... Je les vois faire ça!

J: *Êtes-vous de retour au château maintenant?*

A: Ma pauvre tante devient folle. Une femme crie, pleure ... ils la tuent! (sanglotante) Ils lui ont coupé la tête. (Gémissante) Ohhhh. Ils leur disent qu'ils doivent le dire, mais ils ne veulent pas le dire. (Criante) Soyez courageux, ne le dites pas! J'ai effrayé mon père, peut-être que je pourrais leur faire peur! J'attendrai que le chef soit dans la pièce, et il ira là-bas. Je vais prendre son épée et la jeter. Ha! Il n'est pas si courageux maintenant.

J: *Est-ce que ça lui a fait peur?*

A: Il est secoué, il est très secoué par ça. Je la ramasse et je la jette encore et encore. Il essaie de leur dire que le château est hanté! J'ai jeté son épée si fort qu'elle a bosselé son casque. Il pleure; il a tellement peur!

J: *Pourquoi ne partent-ils pas?*

A: Que dois-je faire? Les hommes ne l'écouteront pas. Quand ils viennent, l'épée est allongée sur le sol et je suis très calme. Dès qu'ils partent, je la fais bouger à nouveau. Je n'ai pas besoin de la lancer. Je peux le dire pour bouger et ça m'obéit. Elle danse devant lui, et il l'attrape. (Rires) Maintenant, je vais le laisser la saisir. Je ne vais pas lui faire de mal ... Je vais le laisser se faire mal. Vois! Ils pensent qu'il l'a fait lui-même. Il a saisi si fort, par peur qu'elle ne bouge. Elle a coupé sa main. Les chefs, ceux qui vont devenir les chefs, pensent qu'il est devenu fou. Ils le laissent juste perdre tout son sang. Ils ne vont même pas essayer de l'aider. Ils le sortent d'ici. Ils ne veulent pas que les gens sachent ce qu'il a fait ça.

J: *Où l'emmènent-ils?*

A: Le mur! Ils savaient à ce sujet tout le temps!

J: *Oh, l'ouverture dans le mur?*

A: Ils vont juste l'enmurer là-dedans, vivant. Ils le cachent là-dedans.

J: *Peut-être qu'il peut trouver l'ouverture de l'autre côté.*

A: Il est faible ... il va suffoquer. Je ne vais pas l'aider. J'ai un travail à faire, je dois sauver ce château.

J: *Qui dirige maintenant?*

A: Les deux qui l'ont trouvé se disputent. Ils sont tous les deux effrayés. Ils n'ont pas des âmes de dirigeants comme lui.

J: *Peut-être qu'ils pensent encore que le château est hanté.*

A: Ils n'en sont pas certains. Cela semble étrange. Il allait parfaitement bien, et ensuite il est simplement devenu fou. Et ils disent que c'était sa faiblesse: entendre les femmes crier.

J: *Peut-être que si tu arrives à les convaincre, ils prendront tout le monde et partiront.*

A: Non, je ne vais pas leur parler. Ils l'ont aidé au début en ce qui me concerne. Ils ont dispersé des morceaux de mon corps partout dans ce château. Et maintenant je vais me tenir devant le feu. Ils me voient, ils me regardent droit dans les yeux. Ils sont stupides! Ils se sont bousculés l'un l'autre en quittant la pièce. Où qu'ils aillent, je les suis. Personne ne peut me voir à part eux même dans la cour. Les chevaux sentent que je suis là. Les chevaux savent que quelque chose est étrange. Je les tapotte et je les apaise. Ces hommes disent aux autres qu'ils partent à la recherche de mon père, les laissant sans chef. Ils ne cherchent pas mon père; ils veulent juste partir du château. Je vais aller avec eux. Si je les fais aller vers le nord, ils iront directement vers le groupe de mon père.

Je me tiens sur la route vers le sud. ... Ils galopent vers le nord, maintenant. Où qu'ils regardent, ils me voient. Je peux les faire déguerpir comme je le veux. C'est marrant! C'est amusant de le faire! Mon père, il sera fier de moi quand il le saura. (Pause) Regardez-les! Regardez-les simplement là.

J: Qu'est-ce qui est arrivé?

A: Ils sont juste tombés de la falaise! Ils ont fait galoper les chevaux dans le précipice. Je n'ai pas eu le temps de leur parler maintenant. Je ne sais pas s'ils sont morts. Je retourne au château. Je vais sauver ce château, jusqu'à ce que mon père y retourne. Je ne suis pas sûre de la façon par laquelle je vais faire ça; il y en a encore à l'intérieur. Trois sont partis. Pourquoi, je le sais maintenant? Avant, je ne savais pas combien d'hommes étaient ici. (Fièrement) Maintenant je sais!

J: Combien?

A: Il y a 14 hommes de plus ici.

J: Quatorze autres à se débarrasser?

A: Oui. Ils ont enfermé toutes les femmes dans le hall principal. Une par une, ils les sortent et les tuent. Je parle à la première, mais je n'ai pas le temps de rester là. Je lui demande de le faire. Elle est nouvelle, elle ne connaît pas ce que c'est d'être un esprit non plus. Elle a eu peur, comme moi, et je lui ai dit qu'elle le comprendrait. Je lui demande de rester ici, de parler à toutes les autres femmes qu'ils tuent. Je resterai dans ce château. Je resterai dans ce château jusqu'à ce qu'ils soient tous partis. Je vais les faire partir un par un, ou tous ensemble! C'est le château de mon oncle!

J: Pourquoi sont-ils en train de tuer les femmes?

A: Ils veulent qu'elles leur disent où sont les choses, qui va les aider, qui sont les hommes du côté du Comte. Certaines de ces femmes ne savent même pas, et ils les tuent de toute façon. (Dégoûtée) Oh, ce sont des animaux! Ce sont des hommes méchants et malfaisants.

J: Y a-t-il un chef de ces 14 hommes?

A: Ils font juste ce qu'on leur a dit avant le départ des autres. Certains d'entre eux ne savent pas que les autres sont partis. S'ils le savaient, ils se chasseraient eux-même l'un l'autre hors d'ici et s'entretueraient en essayant de savoir qui serait le chef.

J: Peut-être qu'il y a un moyen de leur montrer qu'ils sont partis.

A : Je veux leur faire peur ... mais pas à ces femmes, ces pauvres femmes. Elles sont terrifiées.

J : *Comment sont-ils en train de tuer les femmes?*

A : Ils ont coupé une main ... puis un bras ... ils en ont juste battue d'autres. Oh, c'est terrible! Je dois les arrêter. Si je me tiens devant eux, peut-être qu'ils auront peur. Ils essaient de faire comme s'ils ne me voyaient pas. Chacun regarde l'autre. Drôle!

J : *Vous croyez qu'ils vous voient?*

A : Ils me voient! Ils essaient de ne pas dire qu'ils me voient. Ils décident de quitter cette pièce. Un par un, ils partent ... chacun. L'un a du rester et garder ces femmes. Ils lui disent: «Ne tue plus une autre femme, attends, il y a quelque chose de bizarre dans ce château. Il y a quelque chose d'étrange. Ils ne comprennent pas. Personne ne peut le traduire en mots. Ils ont peur, ils ont très peur. (Plus fort) Maintenant, maintenant ils devraient avoir peur. Mon père arrive. Il fait presque nuit encore. Il arrive à cheval ... ils escaladent les murs, et les hommes sont dans la cour du portail. Ils ne peuvent pas gagner, ils sont encerclés. Mon père a vu ma tête ... il savait ce qui s'était passé. Pourquoi il a été rappelé. Ils ont pris les autres comme prisonniers.

J : *Vont-ils les tuer?*

A : Ils vont les emmurer. Ils le font avec les prisonniers. Et sous les planchers. Cet endroit ... Oh, tant de gens sont morts ici. C'était mon château. C'était le mien, et je l'ai aimé.

J : *Eh bien, votre père est revenu maintenant, et ...*

A : Je lui parle.

J : *Peut-il vous entendre?*

A : Il essaie très fort. Il est tellement blessé que je sois morte. J'essaie de le réconforter. Il pense que la voix est mon souvenir de moi, mais il écoute. Je lui dis que je vais rester et protéger le château.

J : *Combien de temps allez-vous rester?*

A : Jusqu'à ce que ce combat soit terminé. Je pense que je peux rester aussi longtemps, je l'espère. Personne ne doit prendre ce château. Je ne serai peut-être pas capable de rester si longtemps. Je lui dis de ne pas avoir peur, mais de me chercher devant la cheminée. Je lui demande de m'écouter. J'espère qu'il m'écoutera. Il peut m'écouter maintenant, nos esprits peuvent s'harmoniser complètement. Ils frappent à la porte, ils interrompent ses pensées, il s'esquive. N'essaie pas de leur dire. Ils ne te croiront pas!

J: Non, ils ne le croiront pas.

Johnny décida qu'il était temps de sortir de là. Trop c'est trop.

J: Vous allez flotter maintenant, Gretchen. Flottez...
A: Je resterai dans ce château! Je dois rester ici! (Criant) Ne me rappellez pas! Je ne veux pas y aller. Je ne veux pas y aller! Mon travail n'est pas terminé! Je resterai ici!

Cela aurait pu poser un problème si ce n'était pas géré correctement. Mais Johnny est resté calme et en contrôle.

J: Nous sommes en train de flotter maintenant, Gretchen, à la dérive. (Il a utilisé un ton de voix très apaisant.) Les combats au château sont partout. Votre travail est terminé. Le château a été bien protégé.
A: Ils l'appellent "hanté" maintenant.
J: Le château hanté.
A: Ils ont tellement brûlé. Les pierres sont là. Certaines se sont décelées lorsque les supports ont été brûlés. C'est mon château!
J: Que vas-tu faire maintenant, Gretchen?
A: Je dois me reposer. J'étais trop belligérante. Pourquoi devais-je être comme ça? J'étais censé être une bonne combattante, mais pas si forte. Ma voix me dit ... j'étais très courageuse. J'avais de bonnes qualités, mais je ne dois pas résister à la voix. Je suis restée trop longtemps là-bas, et certaines choses que j'ai faites n'étaient pas correctes, pendant que je restais là. J'ai dit que je ne savais pas ... mais peut-être que je le savais au fond de moi. C'est mauvais pour moi d'y rester, et j'essaie d'y retourner maintenant, pour effrayer les gens qui le regardent. Je ne veux pas qu'ils le dérangent. Cela aurait du m'appartenir. Et je veux être Gretchen. Je ne peux pas lâcher, je ne peux pas la laisser partir. Je dois attendre longtemps, et ensuite j'oublierai.
J: Est-ce que c'est la voix vous a dit ça?
A: Oui. Et ne pas revenir en arrière. Elle est très patiente quand j'y reviens.
J: Où vous reposez-vous?
A: Eh bien, elle veut que je parte ... tout le chemin du retour. Je n'étais pas encore prête à être envoyée, peut-être, elle a dit que j'avais

trop de force. Je dois retourner me reposer. J'ai commencé à pleurer ... et elle me promet que le château sera toujours là. Elle va effacer ma mémoire, je vais me reposer. Je reviendrai. Quand je reviens, je pourrai y retourner, mais pas Gretchen. Je serai encore vivante, mais je ne dois pas être si forte. Mon esprit était trop fort.

J: Est-ce que la voix vous a dit quand vous reviendrez?

A: Quand je me suis reposée. Et elle me dit que je suis vraiment un esprit parfait. Cette personne, cette époque, m'ont rendu trop forte. C'est tout le problème, vous vous impliquez. Vous devenez cette personne. Mon esprit était si fort. Ils m'ont dit que j'étais forte et que je pouvais tout faire parce que j'étais Gretchen. Et j'étais cet esprit qui y croyait. Même la mort ne m'a pas arrêtée. Ce n'est pas une chose commun que cela arrive. La plupart des esprits ne sont pas si forts. Je serai une personne différente, beaucoup plus douce, plus tendre.

J: Est-ce que nous approchons du moment où vous retournerez sur Terre?

A: Je dois me reposer.

J: Savez-vous qui vous serez quand vous reviendrez?

A: Une femme douce, calme, paisible. Je serai loin de ce pays, et je suis désolée. J'ai aimé ce pays.

J: Dans quel pays serez-vous quand vous reviendrez?

A: Je serai en Angleterre. On me l'a promis; Je vais un jour retourner en Allemagne. Je vais y retourner. Non ... Je serai allemande un jour. (Notez qu'Anita est d'ascendance allemande maintenant.) Mais maintenant, je dois m'éloigner de toute la violence loin d'où tout cela s'est produit. (Pause) Je m'en souviens très faiblement ... (Elle devenait plus terne) ... Je me souviens ... eh bien ... pas beaucoup. Je peux être en paix un moment et juste être un esprit.

Aussi surprenant que cela puisse paraître, quand Anita se réveilla, elle ne ressentit aucun mal. Quand les gens ont écouté l'enregistrement, ils supposent que cela a dû être terriblement difficile pour elle, mais elle n'en avait aucun souvenir et il fallait lui dire ce qu'elle disait. Plus tard, quand elle a entendu la bande, elle a dit que c'était comme écouter une histoire, mais elle avait une image mentale d'une fille avec de longues tresses blondes. Elle a dit qu'elle se sentait très proche de ces soi-disant autres vies, comme vous le feriez pour une sœur, et elle ne voulait pas les voir blessées. Nous avons donc convenu de faire tout ce que nous pouvions pour protéger ses alter ego.

Quand les gens disent à Johnny: "Vous avez vraiment l'air de vous être réellement trouvé là", (pendant la séquence du château), il dit toujours, avec une étincelle dans les yeux, "Peut-être que j'y étais!"

La séquence suivante est plutôt compliquée et nous avons envisagé de l'omettre de l'histoire. Tant de choses dont Anita a parlé étaient étranges et difficiles à accepter au début. Ensuite, nous avons décidé que notre incapacité à comprendre quelque chose ne signifie pas nécessairement que ce soit sans fondement. Cela donnera aussi une illustration de combien nous étions confus plusieurs fois.

Nous venions de terminer sa vie traumatique comme Gretchen et la ramenions à la vie présente. Nous nous sommes arrêtés dans la vie de Marie en Angleterre pour l'orientation et nous avons demandé ce qu'elle y faisait.

A: (Sonnée perplexe) Je regarde, beaucoup de choses. Quelque chose d'étrange. ... Serai-je toujours comme ça? ... Je suis différente.
J: *Qu'est-ce que vous regardez?*
A: J'ai une vie ... mais je la regarde!
J: *Vous quoi?*
A: Je la regarde ... Je vais et je viens et... Je vois des choses ... Je me vois moi-même, cependant je suis .
J: *Vous êtes quoi?*
A: Très étrange! Je ne comprends pas ça!
J: *Êtes-vous revenu sur Terre?*
A: Je ne sais pas si je la regarde, ou si je suis elle. ... (Confuse) Peut-être pourriez-vous le demander pour moi?
J: *(Il a essayé de la rassurer.) Je pense que vous êtes elle. Oui, vous êtes elle. Vous êtes revenu sur Terre. Vous avez pris une autre vie.*
A: Je regarde de loin. ... Je sens son bonheur.
J: *Quel est son nom?*
A: Je ne suis pas sûr pour le moment. ... Je regarde de très près ... Je dois faire très attention ... regarder.
J: *Que fait la femme maintenant?*

A: Elle est une personne très gentille. Je la regarde, et ... elle est jolie. Elle se brosse les cheveux. Elle a peur à cause de moi. Elle sent cela aussi, comme je me sens ... Je lui parle, et elle me parle. C'est très ... elle souhaiterait que je n'aie pas fait ça.

J: *Fais quoi?*

A: Que je lui parle, et elle souhaite qu'elle ne puisse pas m'entendre, mais son esprit est fort.

J: *Quel est son nom?*

A: J'aimerais pouvoir l'appeler d'un autre nom. Je n'aime pas son nom.

J: *Quel est son nom?*

A: Je ne suis pas sûre. C'est un nom masculin, qui sonne, ils l'appellent. Je ne l'aime pas. Je lui dis de le changer.

J: *Changer son nom?*

A: Dites-leur que c'est autre chose. Ne sois pas trop forte. S'ils t'appellent un nom fort, peut-être que tu seras comme ... l'autre fille. Trop forte. Elle était trop forte, non!

Cela pourrait également faire la lumière sur une partie d'une cassette antérieure qui prêtait à confusion. Elle était supposément Mary en Angleterre. Elle nettoyait la maison, mais agissait nerveusement, manifestement mal à l'aise et effrayée. Elle ne semblait pas savoir de quoi elle avait peur. Quand Johnny lui a demandé quel était son nom, elle a répondu: "C'est Marie. J'aime ce nom. C'est un nom gentil." Plus tard, elle a nié en disant: "Je ne suis pas vraiment Mary, c'est le nom de ma sœur, je ne sais pas pourquoi j'ai dit ça ... J'ai été malade ... J'ai été malade cet hiver, je veux être debout et ne jamais retourner au lit ... J'ai tellement peur aujourd'hui Je ne comprends pas ce qui se passe."

Comme je l'ai dit, c'est confus et compliqué. S'il est possible à l'esprit éternel de parler à lui-même, peut-être que le subconscient ou l'esprit conscient nous a peut-être permis d'aborder les deux côtés de la conversation. Nous avions déjà rencontré tant de choses étranges, qu'il semble que rien n'est au-delà du domaine de la spéculation. Son esprit aurait-il pu essayer de lui faire changer son vrai nom parce que c'était masculin et qu'elle devait être douce et gentille dans cette vie de Marie. Devait-elle être le contraire de Gretchen? (Voir le chapitre suivant.) Toutes les autres fois pendant sa vie en Angleterre, elle s'est toujours appelée Mary. Quand nous lui avons parlé comme un enfant, nous n'avons pas demandé son nom, juste pris pour acquis.

Quelle que soit la réponse, elle a apparemment fonctionné, et elle n'a pas été troublée par quelque chose comme ça, à nouveau.

Une chose unique qui était évidente au sujet des cinq vies qu'Anita avait traversées était qu'elles étaient toutes des femmes. Quand je l'ai mentionné à Anita, elle a dit: "Eh bien, bien sûr! Je suis une femme. Je ne serais rien d'autre." À ce moment-là, quand nous ne savions rien sur la réincarnation, cela semblait être une explication logique. Mais dans les années qui ont suivies et des milliers de cas plus tard, je me suis rendu compte que nous devons être à la fois des hommes et des femmes. Nous devons être équilibrés, donc nous ne pouvons pas continuer à revenir pour apprendre nos leçons sous le même sexe. Nous devons savoir ce que c'est que d'expérimenter les deux points de vue. Alors, pourquoi la vie d'Anita était-elle entièrement féminine?

En les examinant, j'ai trouvé ce que je crois être la réponse. Elle a dit que la vie de Gretchen était sa première vie sur Terre, et on a découvert qu'elle avait probablement été envoyée trop tôt. Elle n'était pas encore prête à faire l'expérience de la vie en tant qu'être humain. La vie de Gretchen était comme une femme très forte. Les temps et la culture la rendaient trop forte, de sorte que même la mort ne l'arrêtait pas. Même dans son état d'esprit, elle a fait des choses qui allaient à l'encontre des règles. Il a finalement été décidé de la mettre au repos pour effacer les souvenirs, afin qu'elle puisse fonctionner comme un etre humain normal. Et ça a pris des centaines de (nos) années pour en éradiquer les souvenirs. Ainsi, quand elle a finalement été autorisée à revenir, elle devait être une femme douce et gentille. Le contraire total de la forte Gretchen. Chaque vie après, elle était des différents types de femmes. Je peux voir maintenant que si elle avait été autorisée à se réincarner en tant qu'homme, les fortes tendances auraient été multipliées, et cela ne pouvait pas être autorisé. Il aurait été plus difficile de les neutraliser et de les équilibrer. Peut-être que dans une vie future, elle sera prête à faire l'expérience d'être un homme, après que son esprit ait été conditionné et préparé à gérer ces qualités de manière contrôlable.

Chapître 10

La création d'un esprit

Lors de la prochaine session, un incident encore plus bizarre s'est produit quand une entité étrange a émergé. Nous avions décidé d'essayer de voir jusqu'où irait Anita. Nous voulions savoir combien de vies elle avait vécues. Nous nous attendions à aller beaucoup plus loin que ce que nous avions fait. La première vie d'Anita semblait avoir eu lieu au 13ème siècle, au début du 14ème siècle, sous le nom de Gretchen en Allemagne.

Nous lui avions parlé auparavant comme une forme d'esprit quand elle était entre les vies, mais cette fois c'était différent. À partir du moment où cette nouvelle entité a commencé à parler, nous savions qu'il y avait quelque chose d'inhabituel à ce sujet. Nous avons appelé celui-ci l'esprit parfait. Il y avait quelque chose de très difficile à décrire: une qualité éthérée, envoûtante, d'un autre monde qui était à la fois impressionnante et dérangeante. Le plein impact ne peut être ressenti qu'en écoutant la bande. La voix a une qualité qui lui est propre, avec un anglais parfait, soigneusement prononcé, avec un ton évocateur de la royauté. D'autres ont ressenti cela aussi, qu'il y avait quelque chose de définitivement pas de ce monde. Cela nous a donné le sentiment que nous parlions à quelqu'un d'aussi avancé, qu'elle avait les réponses à tout. Elle semblait posséder toutes les connaissances.

Après réflexion et probablement avec la consultation d'autres plus instruits que nous, nous aurions pu penser à des questions plus profondes. Mais elle est arrivée par surprise complète et nous ne pouvions que demander ce que nous pensions à ce moment là. Tout ce que nous pourrions penser à demander dans une telle circonstance doit sûrement paraître trivial. C'est l'un des problèmes avec l'hypnose régressive, quand vous régressez une personne, vous ne savez jamais dans quelle période ils vont entrer. Ce n'est que plus tard que vous serez prêt à poser des questions approfondies, après avoir fait beaucoup de recherches.

Mais, hélas, ce bel esprit n'a jamais été retrouvé. Avons-nous pendant quelques instants eu un aperçu d'un esprit à sa formation, dans son état initial? Nous ne savions pas ce que nous avons rencontré alors, et nous ne le savons toujours pas. Mais ce que nous avons vu était magnifique et merveilleux.

J'espère seulement que certains des sentiments qu'elle a engendrés en nous peuvent se manifester dans un milieu aussi pauvre que le milieu des mots écrits.

J: Ok, Gretchen, je vais compter jusqu'à trois, et nous revenons à l'année 1250. (Compte) C'est l'année 1250. Que faites-vous?
A: Je suis un esprit.
J: Que voyez-vous?
A: Je ne vois que ce qui est bon. Je n'ai jamais été sur Terre.

Apparemment, Johnny n'a pas saisi ce qu'elle a dit ou n'était pas préparé pour sa réponse.

J: Oh, vous venez de venir sur Terre?
A: Je n'ai jamais été là. Demande ce que tu veux. Ce que je sais, je peux te le dire. Ce que je ne sais pas, n'est pas révélé, je ne l'ai pas appris. Je ne peux pas vous aider, mon fils. En tant qu'esprit, je suis heureux ici.

La voix se remplit d'autorité, un Anglais pur et précis. Cette personnalité semblait savoir exactement ce qu'elle disait et semblait très supérieure. Mais Johnny ne comprenait toujours pas.

J: Et vous venez de revenir sur Terre?

A: Je ne suis jamais allé sur Terre, mon fils. Vous devez avoir ça parce qu'ils me disent quand vous allez, vous perdez la connaissance. Je serai patient avec toi.
J: *Merci.*

Johnny hésita en essayant de comprendre ce qui se passait.

A: Je suis gentil et je suis bon. J'ai toutes les vertus.
J: *Depuis combien de temps êtes-vous ici comme esprit?*
A: Depuis que j'ai été créé. Je ne compte pas avec des années. J'ai été créé.
J: *Et savez-vous où vous avez été créé?*
A: Je sais que tu veux dire un nom? Un nom pour cet endroit?
J: *Comment appelez-vous cet endroit?*
A: Je n'ai aucun besoin de l'appeler quoi que ce soit. Je sais simplement que je suis là; que tout est bon et bien. J'ai ce dont j'ai besoin. Je sais ce que je sais et je ferai ce que je dis. Mais vous pouvez l'appeler n'importe quel mot qui vous semble bon. Cela sera acceptable pour moi.
J: *D'accord. Je vais compter jusqu'à trois, et nous revenons à l'année 1150. (Il compte) C'est l'année 1150. Que faites-vous?*

Johnny ne se rendait pas compte qu'il avait atteint le début en ce qui la concernait, et qu'il n'irait pas plus loin.

A: Je suis créé et j'attends. Je connais la bonté maintenant. J'ai été créé pour plaire au créateur, et mon esprit est bon, tout est bien. Aucun mal n'est en moi.
J: Il y a combien de temps que vous avez été créé?
A: *Le temps n'existe pas ici. Le temps n'existe pas ici. Depuis le début des temps, j'ai été créé.*
J: *Et vous attendiez ici depuis que vous avez été créé?*
A: J'ai beaucoup apprécié le bonheur ici.
J: *Vous n'avez jamais été envoyé, ou appelé sur Terre ou dans n'importe quel endroit sous la forme d'un corps?*
A: Non, non.
J: *Mais pensez-vous que vous le ferez un jour?*

A: Nous sommes tous créés pour plaire au créateur, et Nous allons et aidons. Le pauvre, pauvre Père est tellement déçu de la famille qu'il a lui-même créée.

J: *Avez-vous vu le Père?*

A: J'ai vu mon créateur.

J: *Avez-vous parlé à votre créateur?*

A: Il nous a tous parlé.

J: *Pouvez-vous me le décrire?*

A: Pouvez-vous comprendre un esprit?

J: *Je vais essayer.*

A: C'est la légèreté. C'est l'aura du bien. Il peut se matérialiser à tout moment et en tout ce qu'il veut. Et le créateur peut toucher quelque chose et c'est ce qu'il dit. C'est ainsi que j'ai été créé. Il a pris un peu de bonté, et j'ai été créé. Et je suis tout bon, et je le plains maintenant. Et j'irai un jour, et j'apprendrai et j'aiderai les gens sur Terre - la famille. Je serai là plusieurs fois; il m'a dit cela. Nous devons tous partir, car seul un certain nombre fini d'esprits sont créés et nous vivons encore et encore. Vous apprenez de mauvaises choses sur Terre, et vous les désapprendrez. Tu reviens pur et bon.

J: *Le père, le créateur a-t-il tout créé sur Terre?*

A: Il a créé la Terre elle-même.

J: *Et a-t-il tout mis dessus?*

A: Tout ce qui est sur Terre, il l'a créé. Il a créé la Terre et plus encore.

J: *Dites-moi, a-t-il créé d'autres mondes que la Terre?*

A: Bien sûr, bien sûr; il a créé notre soleil. Il a créé la lune. Il a créé toutes les planètes autour d'elle. Chacune a sa propre forme de vie, ses propres esprits. Seule la Terre est si troublée, qu'il nous a demandé d'aller aider, et nous devons aider les gens là-bas. Il les a créés. Il savait en créant qu'ils ne feraient pas comme il le demanderait, mais il se sentait obligé, dans sa gentillesse, pour la plus belle de toutes les planètes, de lui donner des gens. Un animal avec des connaissances, et il savait qu'ils n'utiliseraient pas les connaissances correctement. Bien qu'il essaie de les aider, les gens rejettent cette croyance.

J: *Et il a créé et mis les gens sur cette planète Terre. A-t-il créé et mis des gens sur d'autres planètes?*

A: Pas des gens comme nous les connaissons dans le corps humain, comme j'en serai un sur Terre. Mais pour chaque planète, ce qui est le plus approprié à ce qu'il a créé là-bas. Pour les planètes qui sont proches du soleil, il a créé des esprits de feu qui peuvent vivre en chaleur, et leurs corps sont différents de ceux des humains. Pour ceux qui sont plus éloignés du soleil, des corps qui peuvent vivre sans chaleur. La terre est son choix préféré.

J: *Et le Père a-t-il jamais mis un fils sur Terre?*

A: Le Père, comme je vous l'ai dit, matérialise à volonté ce qu'il veut matérialiser. Et c'était ainsi; il a essayé d'aider la Terre.

J: *Lui-même est venu sur Terre comme Jésus?*

A: Une partie de lui-même. Il était UN, mais il est devenu deux, et il a essayé d'aider. C'était il y a plusieurs années. Et les gens, comme toujours auparavant et se sera de nouveau plus tard, ont rejeté l'aide. L'impatience du créateur est infinitésimale, si petite est son impatience, qu'il ne cesse d'essayer. Il continuera à essayer jusqu'à ... jusqu'à la fin, il va essayer.

J: *Jusqu'à la fin? Quand est la fin?*

A: Oh, loin, loin dans le futur. Quand le jour viendra où il devra vivre sur Terre lui-même, ou bien que tous les hommes de la Terre doivent partir. Je ne suis pas sûr. Il a essayé par tous les moyens de leur révéler, et ils n'acceptent pas la révélation. Un jour, tout finira, mais ce sera dans plusieurs millions d'années. Pas bientôt. Il va continuer à essayer. Et il reviendra un jour, comme il l'a fait la première fois.

J: *Vous ne savez pas quand il reviendra?*

A: Je ne connais pas l'heure exacte.

J: *Savez-vous quand il prévoit de revenir?*

A: Je sais quel est ce siècle. Cela arrivera au 21ème siècle quand il s'y enverra d'une manière différente qu'auparavant. Mais il apparaîtra et dira: "Je suis Dieu!" Et il sera rejeté comme jadis.

J: *Vous voulez dire que les gens ne l'accepteront pas?*

A: Quelques uns, comme certains l'ont accepté auparavant.

J: *Apparaîtra-t-il sous une forme humaine?*

A: Il apparaîtra d'abord comme un esprit, je crois. Et il se matérialisera devant leurs yeux.

J: *Il se matérialisera et prendra alors forme humaine à partir de l'esprit?*

A: Correct, correct.

J: *Prendra-t-il un nom autre que celui de Dieu?*

A: Il sera Dieu. Il se nommera lui-même ainsi parce que c'est ainsi que les gens l'ont appelé, et ils le reconnaîtront dans leurs religions.

J: *Est-ce qu'il ressemblera à la même forme humaine que celle qu'il avait choisi la première fois qu'il était ici?*

A: Non. Il leur est apparu comme les gens apparaissaient à cette époque. Il ne viendra pas comme un vieil homme avec une barbe flottante, comme les gens imaginent Dieu. Il leur apparaîtra comme un être humain très ordinaire. Et ils justifieront sa grandeur comme ils l'ont fait avant.

J: *Et il va venir ici ... mais ce ne sera pas la fin du monde?*

A: Ce n'est pas la fin dont ils parlent, non. Il a essayé plusieurs fois. Comme je vous l'ai dit, sa patience est grande. Il n'existe aucune impatience chez les esprits. Quand nous avons tort, il nous laisse aller dans l'erreur. Et quand nous revenons, il nous parle, et il nous dit que nous avions tort. Maintenant nous devons retourner, et nous devons apprendre. Nous ne devons pas refaire la même erreur. Nous avons été bien créés, et nous devons bien apprendre. Nous serons bons. Nous redeviendrons comme il est, comme je suis maintenant.

J: *Je vois. Est-ce que Dieu a déjà parlé du diable ou du mal?*

A: Je sais que sur la Terre les gens ont peur du mal. Le diable ils l'appellent Satan. Ce dont ils entendent parler n'est que de l'égoïsme, et chaque homme, chaque femme, en possède dans leur cœur. Ceci est le diable, et chaque homme le voit différemment. L'église a beaucoup contribué pour créer cette illusion, mais ce n'est qu'une illusion.

J: *Mais l'église est là pour être le représentant de Dieu.*

A: Elle doit parler aux gens avec une terminologie que les gens peuvent saisir et comprendre. Ils ne peuvent pas comprendre comment ils peuvent être à la fois Dieu et le diable en même temps. Les conflits humains sont très difficiles à accepter pour leurs esprits. Ainsi, si cela est expliqué simplement: Il y a un Dieu qui veut que vous fassiez le bien, et il vous aidera. Et s'ils vous disent: Il y a un démon, et il vous fera faire du mal. C'est beaucoup plus facile, beaucoup plus facile.

J: *Alors de telles choses comme de mauvais esprits n'existent pas?*

A: Il y a des esprits qui sont égoïstes, c'est le mal. Il y a des esprits qui sont jaloux, c'est le mal. La plupart de ces esprits, quand le Père les récupère, et qu'ils retournent à notre lieu de repos, s'ils ne peuvent pas être purifiés, il les renvoie à un endroit différent. Il les tient à l'écart des personnes qu'il essaie tant de transformer en bien.

J: Savez-vous où il envoie ces esprits?
A: En termes que vous comprenez, je ne peux pas vous l'expliquer. C'est loin; c'est dans l'espace. Un endroit où ils ne peuvent nuire à personne - seulement leur méchanceté leur fait du mal.

Se pourrait-il que ce soit l'équivalent de l'enfer biblique?

J: Mais c'est loin dans l'espace?
A: C'est différent de notre système solaire, comme vous l'observez ici avec moi maintenant.

D'où pourrait-elle se placer pour en parler, de quel angle de vue?

J: Notre système solaire fait partie de nombreux systèmes solaires, n'est-ce pas?
A: Oh oui. Vous saisissez et apprenez vite. C'en est un.
J: Est-ce que Dieu ... euh ...possède tous les systèmes solaires?
A: Non, non.
J: Juste ce système solaire?
A: Ce système est le sien et il en a d'autres, mais pas tous.
J: Pas tous?
A: Non. Il contrôle tellement, l'esprit humain, même mon esprit, il m'a dit, même maintenant, peut à peine accepter la grande étendue, sa magnificence.
J: Alors, dans d'autres systèmes solaires sous d'autres dieux ... il y a probablement d'autres humains aussi, comme ici sur Terre?
A: Notre Dieu a créé les humains, mais je suis très sûr que d'autres dieux pourraient créer d'autres humains dans leur forme ou dans des conditions similaires d'adaptation. Vous devez comprendre que la Terre est unique parce que la Terre exige un certain type d'humain, un certain type d'esprit. Chacune des planètes a sa propre vie, chacune a ce dont elle a besoin. Seul Dieu dans sa grandeur connaît chaque besoin. Il sait qu'il prendra soin de tout ça.

Tout cela n'était pas seulement dérangeant, c'était déroutant. Johnny et moi étions bombardés d'informations auxquelles nous n'avions jamais été exposés auparavant. Il était temps de revenir à des situations plus confortables, comme les diverses vies antérieures. Johnny décida de battre en retraite.

J: Ok ... je vais compter. Voyons voir, nous sommes dans le passé. Qu'est-ce que c'est: 1250, 1150?
A: Vous pouvez l'appeler l'année qu'il vous plaira. Pour moi, il n'y a pas de temps. Il n'y a pas le temps. Le temps est pour les humains.
J: Mais, dans le futur, tu seras appelé à aller sur Terre?
A: Je suis sûr que je le ferai. Pour l'instant sous ma forme, je me sens bien. Et chaque nouvel esprit venant sur Terre est toute bonté, et doit s'enquérir de toutes les choses qui s'y trouvent. J'étais un esprit créé pour la Terre.

Naturellement, après cette expérience plutôt bouleversante, nous nous demandions comment Anita réagirait quand elle serait ramenée au présent et réveillée. La première chose qu'elle fit fut de bâiller et de s'étirer et puis de nous demander: "Que diriez-vous d'une tasse de café, j'ai soif?" Le contraste était si dramatique que nous avons éclaté de rire. Bien sûr, Anita n'avait aucun moyen de savoir ce qui était si drôle. Elle n'avait aucun souvenir de tout ce qu'elle avait dit et avait apprécié un bon sommeil. Au cours d'une tasse de café à la table de la cuisine, nous avons commencé à lui raconter ce qui venait de se passer. Elle était complètement stupéfaite. Ce n'était certainement pas la doctrine de l'Église catholique avec laquelle elle avait été élevée, et c'était trop pour elle. C'était trop dur pour elle d'accepter qu'elle avait relaté tout ça. Elle a dit que c'était beaucoup trop à la fois, et elle désirait plus de temps pour s'y aclimater petit à petit. Alors elle a demandé à Johnny s'il voulait la remettre en hypnose et effacer le souvenir de ce que nous lui avions dit, pour qu'elle ne s'en inquiète pas. Cela a été fait avant qu'elle ne parte.

Mais quand Anita est arrivée la semaine suivante pour la session régulière, elle nous a dit qu'elle avait été dérangée toute la semaine. Elle savait que le souvenir de la dernière cassette avait été effacé pour une raison quelconque. Elle ne cessait de penser que ça devait contenir quelque chose de plutôt mauvais ou horrible si elle n'avait pas voulu s'en souvenir. Toute la semaine, elle se demanda ce que c'était. Je lui ai dit qu'elle pourrait revenir la soirée suivante et entendre l'enregistrement qui l'avait dérangée. De cette façon, elle pouvait voir par elle-même qu'il n'y avait rien à craindre, voire rien de mal. Ce n'était que la différence de genre de théologie qui l'avait bouleversée.

Alors, elle est venue la soirée suivante et j'ai joué l'enregistrement pour elle afin qu'elle puisse se détendre. Elle a ensuite accepté ce qu'elle avait dit sans confusion et n'a jamais été par la suite dérangée de cette façon dans d'autres sessions.

Chapître 11

Une vie comme Esprit

Chaque fois que Johnny régressait Anita au travers de ses différentes vies, elle tombait sur plusieurs incidences où elle était un esprit dans l'état soi-disant" mort ", dans cet état d'-"entre vies ", elle disait souvent qu'il y avait des moments où il vous était demandé de faire certaines choses. Que la voix vous dise d'aller à certains endroits, et vous ne pouviez pas refuser de le faire, Bien naturellement, nous étions curieux de savoir ce qu'il lui était demandé. Ainsi, de temps en temps, nous l'avions questionée pour qu'elle nous raconte quelles étaient ces tâches, je pensais qu'elles se liraient plus facilement si elles étaient toutes réunies en un seul chapître au lieu d'être dispersées dans la narration.

Nous avons entendu parler des anges gardiens toute notre vie. Personnellement, j'ai toujours eu l'idée que nous en avions chacun un qui nous était spécialement assigné. Peut-être que c'est vrai, mais il ressort également de nos enquêtes que tout esprit qui n'est pas occupé à un moment particulier de besoin peut se voir allouer une tâche par la "voix". Certes, les tâches pour lesquelles Anita a dit qu'elle avait été appelée à remplir sont très suggestives de celles généralement associées aux anges gardiens. Quelle que soit la réponse, je pense qu'il est très réconfortant de savoir que ces entités existent.

Ce qui suit est donc un échantillon de ce que c'est que d'être un esprit, selon Anita. Personnellement, je pense qu'il est beaucoup plus satisfaisant de faire quelque chose comme ça après votre mort, que de flotter sur un nuage en jouant de la harpe pour l'éternité.

J: Nous sommes en l'année 1810. Que faites-vous?
A: Je ne fais que dériver, faisant ce que je peux. J'ai été à différents endroits dans ce pays.Ici est le coin que je préfère.
J: Où êtes-vous maintenant?
A: Autour de New York et Boston - une sorte de va et vient. Je me plais ici.
J: Et vous avez été dans d'autres parties de ce pays, dites-vous?
A: Oui, je vais partout et je vois les gens étranges qui vivent ici.
J: Dans quelles régions du pays se trouvent ces gens étranges?
A: Je pense que je me trouvais presque au centre de ce pays quand je me suis retrouvée en tant qu'esprit. Je ne suis pas certaine. Je suis allé dans la direction de l'ouest un bon moment. Très rapidement, j'ai traversé la rivière. Je ne sais pas si cela est considéré comme un même pays ou non. Si ce n'est pas encore le cas, cela le sera bientôt. Et il y a des gens qui vivent là-bas qui sont très différents. Ils sont fondamentalement bons, mais ils sont sauvages. Ils ne comprennent pas beaucoup de choses. J'ai regardé par là-bas pendant un moment.
J: Vous avez regardé où ils vivaient?
A: Oui.
J: Dans quoi vivaient-ils?
A: Ce sont des bâtiments à l'allure étrange. Pueblos, je pense que cela s'appelle. Des gens très étranges.
J: Étaient-ils fabriqués en bois?
A: Non. Il y en a dans les supports, mais ils semblent comme batis avec de la boue, et solides, presque comme de la brique. Lissés sur les surfaces.
J: Vous dites que ces gens sont des sauvages?
A: Eh bien, certaines choses qu'ils font sont différentes de celles faites par ceux qui vivent là-bas, de l'autre côté de cette rivière.

Elle faisait évidemment référence au Mississippi. Elle l'a décrite presque comme une ligne de démarcation.

J: Dites-moi en quoi les choses sont différentes.
A: Eh bien, ils ont l'air différents, ils s'habillent différemment, ils parlent une langue différente.
J: Comment s'habillent-ils?

A: Eh bien, ils portent à peine n'importe quoi.

J: *Ils n'ont pas de vêtements?*

A: Oh, eh bien, tu sais. Ils se couvrent un peu. Mais ils ne portent pas de vêtements comme là-bas. Bien sûr, il fait terriblement chaud. Et ils chassent et tuent les animaux. C'était une expérience étrange de regarder ces gens. Je n'ai jamais, jamais compris quelque chose de similaire avant. On m'a envoyé là-bas, et quand je les ai regardés pendant un moment j'ai eu peur. Je ne voulais pas être née là-bas.

J: *Vous avez été envoyée là-bas. Pensez-vous que vous étiez censée être née là-bas?*

A: Non. On m'a envoyé là-bas pour aider. Je l'ai trouvé, mais j'avais peur au début. Ça me ferait peur d'être comme ces gens-là. Ils sont violents parfois. (Remarquez l'ancienne peur de la violence.) Mais je devais aider quelqu'un. Cet homme, il chassait et il a été blessé. Il a essayé de tuer un animal, et il a couru droit sur lui. Et je l'ai déplacé hors de sa trajectoire. Puis j'ai arrêté cet animal. Il était blessé; il allait bientôt mourir. Il a juste fait une dernière charge sur lui, et je l'ai arrêté. Il était surpris, et il ... une chose à propos de ces gens; ils croient aux esprits.

J: *En quelque sorte Il sait ce qui a arrêté l'animal à ce moment-là?*

A: Je le pense. Il a dit à son peuple que le Grand Esprit l'avait arrêté. Bien sûr, je ne suis pas un grand esprit, mais il leur a dit que le Grand Esprit a mis sa main et l'a arrêté, et c'est comme ça que je l'avais fait. J'ai tendu la main et envoyé le message pour l'arrêter, et il s'est arrêté et est tombé mort avant qu'il ne s'approche de moi. Je pense que ce qui l'a vraiment fait penser que j'étais le Grand Esprit, c'était parce que je devais le faire reculer. Je l'ai fait sauter en arrière. Il avait été blessé et ne pouvait pas marcher, et tout à coup il a sauté en arrière. Cela l'a effrayé au début. Et je l'ai aidé. Je lui ai dit quoi faire pour sa jambe.

J: *Vous a-t-il compris?*

A: Eh bien, quand il est revenu, ils pensaient que c'était étrange la façon dont il avait enveloppé sa jambe, et tout. Mais il a dit qu'une voix lui avait dit de le faire comme ça. Je pense qu'il m'a entendu. Il a fait exactement ce que je lui ai dit. Il a dit que c'était le Grand Esprit qui l'a aidé, et maintenant ils pensent qu'il est peut-être béni. Ils pensent que l'esprit lui parlera.

J: *Était-ce un homme plus âgé?*

A: Non, c'est une des raisons pour lesquelles je l'ai aidé. Il est encore trop jeune. Il a d'autres choses à faire. Il ne pouvait pas mourir maintenant.

J: *Et une voix vous a dit d'aller l'aider?*

A: Oui, nous faisons cela. Parfois, les situations deviennent très compliquées et les gens se retrouvent dans de très mauvaises situations. Ils doivent avoir de l'aide. Parfois, il n'y a rien de mortel qui puisse les sortir de la situation dans laquelle ils se trouvent. Nous devons simplement intervenir.

J: *Lorsque vous aidez les gens et que vous parlez aux gens, est-ce qu'ils vous écoutent toujours?*

A: Non, non. Fréquemment, ils ne veulent pas écouter. Même quand ils se concentrent très très dur sur un problème, et essayent réellement de trouver une issue. Vous essayez de leur parler, et ils ne peuvent tout simplement pas y croire. Et parfois, comme avec cet Amérindien, je devais le faire bouger. Parfois, ils font juste des choses, et ne peuvent pas s'aider par eux-mêmes ou ne croient pas qu'ils en soient capables.

J: *Mais on vous dit de faire ça?*

A: On nous dit quoi faire. Nous le savons simplement.

* * *

J: *Nous sommes en l'année 1933. Qu'avez-vous fait récemment, June?*

A: Eh bien, j'ai pris soin d'un garçon, je l'ai aidé.

J: *Pourquoi, était-il malade?*

A: Il était malade et il s'était enfui de chez lui. Je devais le ramener à la maison, bien sûr.

J: *Où habitait-il, à Chicago?*

A: Oh non. C'était au Tennessee. C'était une petite ville dans les collines. Le petit garçon s'est enfui et a pris froid en étant dehors. Je l'ai aidé.

J: *Ne pouvait-il pas retrouver son chemin pour retourner vers sa maison?*

A: Non, il avait très peur. Un très gentil petit garçon. Il, il faisait très froid, il n'avait pas neigé, mais presque. Il aurait attrapé une pneumonie.

J: *Avait-il des vêtements épais pour se tenir au chaud?*

A : Non, il s'est enfui ce jour-là et il faisait très chaud. Il a pris par les bois pour qu'ils ne le trouvent pas, et il s'est perdu.
J : *Avez-vous récupéré le garçon dans de bonnes conditions?*
A : Oh, oui.
J : *Est-ce que ses parents étaient contents de le voir?*
A : Oui.
J : *Je parie qu'il ne s'enfuira plus de chez lui.*
A : Pas avant la chaude saison. Je pense qu'il va s'enfuir à nouveau. C'est un enfant avec une forte personnalité.
J : *Quel est le nom de ce garçon?*
A : Jimmy. Je ne connais pas son nom de famille. Quand je suis arrivée, sa mère pleurait après Jimmy, alors je savais que c'était son nom.

* * *

J : *Nous sommes en l'année 1930. Que faites-vous?*
A : J'attends que quelque chose se passe.
J : *Savez-vous ce qui va se passer?*
A : Quelque chose va se passer dans quelques minutes. Je dois être ici.
J : *Êtes-vous censée faire quelque chose?*
A : Oui, je dois aider ces enfants.
J : *Où êtes-vous?*
A : Debout au bord de la rivière. Je pense que c'est la rivière Missouri.
J : *Êtes-vous dans une ville?*
A : Non, c'est dans la campagne.
J : *Êtes-vous près d'une ville?*
A : Oui. Je pense ... Atchinson. C'est le nom.
J : *Que va-t-il se passer à la rivière?*
A : Un petit garçon va tomber ... et l'autre petit garçon va devoir le sauver. Je dois l'aider. La rivière est très profonde là, et il y a beaucoup de courant. Ce petit garçon n'est pas assez fort. Je vais l'aider à sauver son ami.
J : *Que font ces enfants là-bas près de la rivière?*
A : Ils pêchent.
J : *Juste eux deux?*
A : Oui. Ils n'étaient pas censés être ici. Ils sont censés être à l'école. Ils avaient faim, ils voulaient manger quelque chose et pensaient pouvoir attraper un poisson pour souper.
J : *Sont-ils frères?*

A: Non, je pense qu'ils sont cousins. De très bons amis, liés cependant.
J: Est-ce qu'ils vivent dans la même maison?
A: Oui, c'est ça.
J: Et le garçon va tomber. Que fait-il, il attrape un poisson qui le tire?
A: La berge est raide. Il a glissé. L'autre garçon a peur. Je vais l'aider à ne pas avoir peur.
J: Sait-il nager?
A: Non. C'est pourquoi je dois l'aider. Il ne sait pas comment.
J: Quel âge ont ces garçons?
A: Je pense qu'ils sont très jeunes, peut-être dix ou douze ans, de très jeunes enfants. Je vais les aider. Voyez comme il nage bien? Ils ne sauront jamais.
J: Tout ce qu'il saura, c'est qu'il l'a su le faire.
A: C'est très drôle. J'aime bien ce garçon.
J: Savez-vous ce qu'il va faire quand il sera grand?
A: Non. Je pense qu'il va grandir pour devenir fermier. J'aimerais faire quelque chose pour lui. Je pense que je lui laisserai toujours la connaissance de nager. Il saura toujours à partir de maintenant. Je ne vais pas lui faire oublier comment il l'a fait. Il saura nager. Il va aimer ça.
J: Je parie que cet autre garçon était vraiment effrayé.
A: Il savait que l'autre garçon ne savait pas nager. Il ne savait pas du tout. Ils vont rire de ça toute leur vie. Comment il ne savait pas nager, et il a sauté et a nagé. Et toujours après, il saura bien nager, diront-ils. Ce sont de gentils garçons. C'est très difficile pour leur famille, ils sont pauvres. Ils essayaient d'aider. C'est pourquoi ils pêchaient. Leur famille a faim.
J: Est-ce que leur famille vit dans une ferme?
A: Oui. Ils voulaient avoir quelque chose à manger. C'est tout ce qu'ils voulaient faire.
J: Voyons voir. C'est Atchinson, la prochaine grande ville sur la rivière?
A: C'est la seule; c'est sur la rivière.
J: Et nous sommes dans quel état, est ce Missouri?
A: Non, nous sommes au Kansas. C'est très plat ici.
J: Beaucoup de terres agricoles aux alentours?
A: Beaucoup ici.

J'ai regardé sur une carte pour voir si Atchinson, Kansas, était situé sur une rivière. Elle avait raison, c'était sur la rivière Missouri.

* * *

J: *Je suppose que vous n'avez jamais été appelée pour aider de mauvaises personnes, n'est-ce pas?*
A: Oh, oui.
J: *Vous aidez tout le monde?*
A: Eh bien, parfois les gens traversent de différentes étapes dans leur vie. Parfois, ils traversent une période étant très mauvais, puis ils changent. Parfois, ils ont été très bons, puis ils changent et font du mal. Mais si c'est nécessaire, nous les aidons, si ce n'est pas encore leur heure. Parfois, nous les aidons à travers la maladie, nous les aidons à faire avancer les choses. J'ai aidé un homme qui était mauvais une fois.
J: *Comment l'avez-vous aidé?*
A: Eh bien, c'était un homme très méchant, méchant, mais ... il devait avoir beaucoup de bonté en lui. Parce qu'un cheval s'est enfui et qu'il allait renverser cette petite fille dans la rue. Il s'est jeté entre pour la précipiter sur le côté. Et quand il l'a attrapée et l'a rejetée, il est tombé et le sabot du cheval lui a donné un coup de pied à la tête. Les gens pensaient qu'il allait mourir, et beaucoup d'entre eux en étaient heureux. Mais j'ai été envoyé pour l'aider. Parce qu'il avait fait quelque chose de bien, cela allait changer sa vie. Et après cela, toute sa vie a été changée. Il savait que c'était comme un miracle, il l'a appelé comme ça, le fait qu'il s'était rétabli. Et il a changé, il a commencé à sentir qu'il y avait une raison, peut-être, pour laquelle il s'était rétabli. La seule fois où il lui était arrivé quelque chose de bien, c'était juste après avoir fait quelque chose de bien, alors il a commencé à changer.
J: *Vous dites qu'il était un mauvais, méchant homme? Qu'avait-t-il fait de méchant?*
A: Eh bien, il avait volé de l'argent. Il avait même tué certaines personnes pour, et s'était enfui avec. La loi n'avait pas réussi à l'attraper pour prouver quoi que ce soit. Il a trompé beaucoup de gens. Je pense que c'est aux cartes, qu'il joue, et il triche. Une fois, il a pris des terres et tout d'un homme. Et l'homme a dit que le jeu n'avait pas eu raison. Il a tiré sur l'homme qui vient de lui tirer

dessus. Mais plus tard, après qu'il a été aidé, il a commencé à changer et était très désolé pour ce qu'il avait fait. Il a déménagé, mais avant de partir, il a donné son argent au prêtre de la ville pour construire une église. La petite ville n'avait pas encore son église. Les gens pensaient que de lui avoir donné des coups de pied dans la tête, ça l'avait rendu fou. Ils pensaient que c'était très étrange que cet homme qui avait une si mauvaise réputation, et qui avait fait tant de mauvaises choses, se trouve tout à coup transformé. Je lui ai parlé pendant qu'il était malade. Nous le faisons parfois quand une personne l'est. Nous essayons de l'aider. Ils nous parlent dans ces moments là. Il semblerait que c'est plus facile pour une personne, alors. Parfois, ils ne s'en souviennent pas quand ils vont mieux, parfois oui. Mais nous pouvons leur conseiller comment s'aider eux-mêmes. Même parfois, quand ils ne se souviennent pas de nous avoir parlé plus tard, ils se rappellent ce que nous leur avons dit. C'est la chose la plus importante.

J: Vous dites qu'ils sont malades et vous leur dites comment s'aider eux-mêmes? Eh bien, comment cela se peut-il? Vous dites que cet homme a reçu un coup de pied dans la tête. Comment pouvait-il s'aider avec sa blessure?

A: Sa tête était blessée et je pouvais juste mettre mes mains sur lui ...

J: Alors vous avez soigné sa tête. Je veux dire, vous ne lui avez pas dit comment la soigner lui-même.

A: Non. Je lui ai parlé. Il était sorti de son esprit quand je suis allée là-bas. Les gens pensaient qu'il délirait et quand ils ont quitté la pièce, je lui ai parlé. Et j'ai mis mes mains sur lui ... j'ai enlevé la pression de son cerveau. L'os était un peu craquelé, et il y avait un petit caillot de sang qui se formait à cet endroit. Je l'ai retiré. Et puis, je lui ai dit qu'il devait se reposer et dormir pendant presque 48 heures. Et que quand il se réveillerait, il serait parfaitement normal. Et je lui ai parlé de choses qu'il avait faites. Il a écouté.

J: Vous l'avez fait revenir sur ce qu'il avait fait?

A: Oui. Je l'ai laissé là à côté de lui et à côté de moi, et nous avons regardé certaines des choses qu'il avait faites. Et il a pleuré, et était très désolé. J'ai ensuite remis son esprit dans son corps et réparé son esprit. Il pourrait continuer; c'est ce qui l'a changé. Ce n'était pas quelque chose que le docteur a fait parce qu'ils ne peuvent rien faire pour ça. Le caillot de sang se formait là, et ils ne savaient pas quoi faire. Ils ne peuvent même pas le voir. Plusieurs fois, ces médecins ne savent même pas que c'est là.

J: *Mais voyez-vous cela, ou cela vous est-il dit?*
A: Eh bien, on m'a dit qu'il était blessé et qu'il avait besoin d'aide.
J: *Je veux dire, le caillot de sang ...*
A: Et quand je l'ai regardé, j'ai pu voir ce qui se passait. Je savais que si je mettais la main dessus, ça la guérirait. Je n'avais jamais fait ça avant, mais ...
J: *On vous avait dit que vous pouviez faire cela?*
A: Oui, je peux. Presque tous les jours, il semble que je trouve quelque chose de différent que je puisse faire.
J: *Et bien, il y a beaucoup à apprendre.*
A: Il y a beaucoup à apprendre, c'est très bien. Tu verras.
J: *Tous les esprits sont-ils capables de faire cela?*
A: Quand il est nécessaire pour eux de ... Je pense qu'ils le peuvent. Je pense qu'ils peuvent tous. Tous ceux à qui j'ai parlé peuvent le faire. Tout le monde à qui ils ont parlé le peuvent. C'est juste un très ... Je pense que c'est la nature des esprits de faire ces choses. Nous sommes censés le faire

* * *

L'incident suivant était inhabituel parce que, bien qu'on ne lui ait jamais dit de le faire, Anita est revenue au même événement à trois reprises. Elle a dit essentiellement la même histoire à chaque fois, bien qu'avec des mots différents. Je les ai combinés ici en une.

J: *Nous sommes en l'année 1810. Que voyez-vous?*
A: Une ville. Quelques bâtiments.
J: *Que faites-vous?*
A: J'attends quelque chose.
J: *Avez-vous attendu longtemps?*
A: Oh, je ne sais pas vraiment. Je ne peux pas dire l'heure comme avant.
J: *Où êtes-vous?*
A: Je suis là, à New York. J'attends que quelque chose se passe. Quelque chose va bientôt arriver. Quelque chose de mauvais. Quand cela arrivera, j'aiderai.
J: *Nous sommes en l'année 1810? Quel mois et quel jour est-ce?*

A: C'est en mars ... Le 18.
J: *Et vous ne savez pas ce qui va se passer?*
A: Il va bientôt commencer à neiger. Et ça va aller de pire en pire. Et une enfant sera apeurée, très effrayée. Oui, je vais aider une petite fille, je pense que c'est ça. Je l'ai regardée pendant un moment. C'est une très gentille petite fille, très gentille.
J: *Qu'est-ce qu'elle fait?*
A: Eh bien, elle vit dans une ferme. Ce n'est pas tellement ce qu'elle fait maintenant. Elle est ... avant qu'elle ne meure, elle va être importante. Elle va faire des choses et aider un grand nombre de gens ici dans cette ville. Tout est prévu. Elle va être en danger. Je vais devoir lui sauver la vie pour qu'elle ne meure pas. Elle aura peur, très peur. Et je vais l'aider à rentrer à la maison.
J: *Comment avez-vous connaissance de ce danger à venir?*
A: Nous savons quand les choses vont arriver. Parfois, quand nous arrivons à un endroit et que nous regardons pendant un certain temps, on le sait. Et j'ai su quand j'ai vu cette petite fille qu'elle était celle que je devais sauver. Et quand je l'ai regardée, j'ai vu toutes les choses qu'elle va faire dans sa vie.
J: *Connais-tu le nom de cette petite fille?*
A: Non, je ne le sais pas. Je suppose que je pourrais le découvrir. JE ...
J: *Eh bien, ce n'est pas vraiment important, n'est-ce pas?*
A: Non, ce n'est pas important ce que sont les noms. Elle va aider beaucoup de gens dans cette ville. Je pense ... oh, oui ... elle va épouser quelqu'un de très riche. Et elle va aider beaucoup de pauvres, et c'est très important. Et je pense qu'elle va aider des gens qui se sont enfuis, des noirs.

Je présume qu'elle a peut-être fait allusion au chemin de fer souterrain vers le Canada qui a aidé les esclaves fugitifs à s'échapper de leurs maîtres avant et pendant les années de guerre civile (années 1860).

A: Et elle va aider les pauvres ici dans cette ville. Il est donc important qu'elle vive. Elle avait peur de sortir ce matin. Les enfants ressentent plus les choses que les parents parfois.
J: *Oh, sait-elle que quelque chose va se passer?*
A: Oui. Elle a un peu peur et sa mère l'envoie à ... à l'école? Oui, c'est l'école. Elle part à l'école.

J: *Quelque chose va lui arriver sur le chemin de l'école?*
A: Oui. Il va commencer à neiger au moment où elle va à l'école, et il va neiger très fort. Ils n'attendent pas de neige. Ils ont passé quelques beaux jours et ils commencent à penser que c'est le printemps, et qu'il ne va plus neiger. Mais ça va arriver, et ils laisseront les enfants qui ont un long chemin à faire partir tôt. Elle va être dehors dans toute cette neige. Si je ne l'aidais pas, elle pourrait tomber dans la neige, se perdre, Ou être congelée à mort. Elle est très effrayée et seule, alors je vais l'aider.

J: *Très bon! Tu vas la guider jusqu'à chez elle?*
A: Oui. Je vais lui prendre la main et elle sentira qu'elle a eu une explosion de force, comme un second souffle, et ses pas seront plus légers. Je vais la tirer derrière moi un peu et l'aider. Lui donner cette force supplémentaire dont elle a besoin, ainsi elle rentrera à la maison.

J: *A-t-elle un long chemin à parcourir?*
A: Oui, elle a presque deux miles. Je ne veux que rien ne lui arrive maintenant. Plus tard, les gens vont lui demander comment elle l'aura fait. Et elle leur dira: "Je ne sais pas, j'ai simplement marché" Avant que nous n'arrivions à sa maison, la neige sera presque au niveau de sa taille. Ça souffle très fort. Le dernier petit segment devant sa maison, certains endroits où même les chevaux n'ont pas réussi à passer au travers.

J: *Est-elle rentrée chez elle en sécurité maintenant?*
A: Oui, elle est en sécurité. Ils avaient même peur d'aller la chercher dans cette tempête de neige. Ils étaient tellement surpris de la voir.

J: *Savait-elle comment elle l'a fait?*
A: Non, elle ne le saura jamais. Elle vient de le faire, c'est tout ce qu'elle va dire. Sa mère a l'impression d'avoir reçu une réponse à sa prière ... et elle a raison.

Comme on nous avait donné une date: le 18 mars 1810, j'ai écrit au bureau météorologique de l'État de New York pour voir s'il y avait des traces d'une tempête de neige grave et inhabituelle survenue à cette date. J'ai encore fait face à une impasse. Ils ont répondu qu'ils ne pouvaient pas m'aider parce que leurs relevés météorologiques ne remontaient pas aussi loin.

* * *

J: *C'est l'année 1934. Que fais-tu maintenant?*
A: J'ai regardé tout autour.
J: *Qu'avez-vous regardé?*
A: Je veux voir des choses. J'aime aller à l'est. J'aime l'Est. C'est très beau là-bas. J'aimerais y vivre un jour.
J: *Au bord de l'eau?*
A: Oui, je regarde beaucoup l'eau.
J: *Avez-vous déjà été là avant?*
A: Je pense qu'il y a longtemps j'ai dû être ici. Je me sens très proche de cet endroit.

Elle habitait près de cette région en tant que Sarah. Elle a également déménagé de Beeville, au Texas dans le Maine dans les années 1970. Cela aurait pu accomplir son souhait de vivre dans l'Est un jour.

J: *Dans quel coin de l'Est êtes-vous?*
A: Dans le nord. J'aime les montagnes, les arbres et l'eau. C'est très beau, ici. J'ai du venir ici ... Je ne sais pas dans quelle période. C'est très difficile de dire l'époque. Mais je suis venu ici pour aider quelqu'un qui était tombé, qui s'est perdu.
J: *Ils sont tombés?*
A: Oui, dans la neige. Et je les ai aidés à retourner vers le groupe avec lequel ils étaient. Puis j'ai pensé que je resterais ici aussi longtemps que je le pourrais.
J: *Restez là jusqu'à ce que vous soyez rappelée?*
A: Oui, c'est très joli ici et j'aime regarder les gens.
J: *Que font les gens?*
A: Eh bien, j'aime regarder ceux qui sont ici. Ils viennent à cet endroit et mettent des drôles de choses sur leurs pieds et glissent jusqu'en bas de la colline. Ils rient et ce sont des gens très heureux.
J: *Ils mettent quelque chose sur leurs pieds et glissent d'une colline?*
A: Oui. J'aime regarder ça. J'aimerais bien le faire, je pense, mais je ne parviens pas à mettre quoique ce soit qui reste sur moi comme ça. J'ai essayé ça.
J: *Vous avez essayé de les mettre sur vos pieds?*
A: C'était très drôle. Les gens avaient très peur quand c'est arrivé.
J: *Qu'est-il arrivé?*

A: J'ai vu un homme déposer ces choses, et je suis allée vers eux et les ai mis par terre. Cela a surpris tout le monde au point qu'ils pensaient qu'ils étaient tombés. J'ai eu beaucoup de mal à les faire sortir de la pièce. Je ne suis pas sûr de savoir comment ces gens font cela. Je pense qu'ils les mettaient dehors. Si je n'avais pas pu franchir la porte, je ne l'aurais jamais fait. Je devais les enlever, et ouvrir la porte, et revenir en arrière et les remettre. Je ne pouvais pas transporter les choses à travers le seuil sans provoquer une agitation terrible. J'ai essayé de ne pas être remarquée, mais tout le monde semblait me voir. Quand ils ont vu ces skis traverser le seuil, ils avaient très peur. Tous les quatre étaient assis là morts de peur. Et quand je suis sortie, ils ont commencé à s'échapper et à vraiment glisser. Le pauvre homme a eu du mal à les retrouver.

J: *(Grand rire) Il a dû aller les chercher partout?*

A: Eh bien, l'un d'entre eux était assez proche, accroché dans un arbre. Mais il a ri et a ri à cause de cela. Il a dit qu'il avait pensé pour une minute qu'il y avait un fantôme, mais un fantôme aurait pu les garder.

J: *Il n'est pas au courant de grand-chose, n'est-ce pas?*

A: Non, je ne pense pas qu'il ait jamais vu un fantôme. Il ne semble pas savoir. C'était très dur, mais c'était amusant. Je vais essayer encore une autre fois bientôt. Ces gens-là ne reviendront plus à cet endroit.

J: *Ils n'y reviedront pas?*

A: C'était un petit cottage appartenant à un homme. Ils ont eu la clé pour un week-end. Ils ont sûrement eu très peur.

J: *Ils ne pensaient pas que des skis pouvaient faire ça.*

A: Non. Ils ne comprenaient pas ce qui se passait. Je pensais qu'ils étaient tous occupés. Que j'irais juste avec eux, et que personne ne remarquerait rien. Mais ils les ont entendus. Très drôle, ils ont ri de ça. Leurs petites amies étaient si effrayées, tellement effrayées. Ils sont partis juste après cela. Ils sont partis dans l'obscurité, ils ont littéralement décollé. Il voulait rester là, mais ils sont tous partis tout de suite, dès qu'ils ont trouvé leurs affaires. Ils ont emballé leurs vêtements et sont partis.

J: *Comment sont-ils arrivés là-bas; conduisaient-ils?*

A: Ils sont venus en voiture et en train. Ils venaient d'une grande ville. J'ai regardé cette fille après ça pendant un moment. Elle est rentrée à la maison et elle avait tellement peur. Elle savait qu'elle n'aurait pas dû être là. Elle a pensé que c'était pour ça que cela était arrivé. Elle se trouvait dans un endroit hanté. C'était une jeune fille, très jolie fille, âgée de 18, 19 ans.

J: Vous dites qu'elle savait qu'elle n'était pas censée d'être là?
A: Non. Elle y est allée avec quelqu'un avec qui elle n'aurait pas dû s'y trouver. Elle pensait que c'était une punition. Alors je l'ai suivie. J'allais lui dire ce qui s'était passé, mais je n'ai jamais pu lui parler. Je l'ai regardée pendant un moment, et une fois j'ai essayé de lui parler, mais je ne parvenais pas à la faire écouter. Elle avait très peur. Tout semblait l'effrayer beaucoup. Mais cela s'est passé il y a un petit moment maintenant. Je retourne parfois à cet endroit et j'observe les gens qui viennent ici. Ils disent toujours qu'elle est hantée. Ils pensent que c'était un fantôme.

Cet incident a montré que même un esprit peut avoir un sens de l'humour, et peut prendre le temps de s'amuser. Cela ne ressemblait pas beaucoup aux fantômes effrayants que l'on nous a appris à entendre parler de toute notre vie.

J: Dites-moi, y a-t-il des esprits pour les différents animaux?
A: Pas comme moi. Ce ne sont pas des esprits; ils sont complètement différents. Ils sentent des choses, ils ont une intelligence que les humains ne comprennent pas du tout.
J: Ils n'ont pas d'esprit?
A: Pas comme les gens. Les humains sont très stupides à propos des animaux. Ils pensent que si l'animal est intelligent, il fera ce que la personne veut qu'il fasse. Parfois, les animaux sont plus intelligents. S'ils peuvent sentir le danger, ils ne font pas les choses que les gens veulent qu'ils fassent.

* * *

J: C'est l'année 1930. Que fais-tu?
A: Eh bien, j'ai tout simplement été ici depuis un moment.
J: Où êtes-vous?
A: Ils m'ont dit que le nom de cette ville était Seattle.
J: Est-ce une grande ville?
A: Oh, d'une assez belle taille. Beaucoup de jolies fleurs.
J: Que faites-vous ici?

A: Eh bien ... vois-tu cette femme là-bas ? Elle va être renversée par une voiture. Je ne peux pas empêcher la voiture de la frapper. Je ne peux pas arrêter ça. Quand elle sera touchée, je prendrai soin d'elle.

J: Oh, alors elle ne mourra pas ?

A: Effectivement.

J: Mais vous ne pouvez pas empêcher la collision avec la voiture ?

A: Non, je ne peux pas faire ça. Le jeune homme au volant de cette voiture fait partie de sa vie. Il va entrer en collision avec cette femme, et il va croire pendant un moment qu'elle va mourir.

J: Oh, c'est quelque chose qui va lui arriver. Cela doit-il arriver ?

A: Cela doit être. Il va s'enfuir. Il aura vraiment peur que cette femme soit morte. Mais je vais l'aider, aider à ce que sa douleur ne soit pas si intense, l'aider à retourner chez elle. Elle va avoir mal pour juste un petit moment, et je vais la faire dormir. Et quand elle se réveillera, elle ne sera plus blessée du tout. Il n'y aura jamais rien à ce propos dans les journaux, mais ce garçon va devoir s'en inquiéter pendant longtemps. Ça va lui faire penser à la manière dont il a vécu.

J: Comment a-t-il vécu ?

A: Il se fiche de ce qu'il fait ou de qui il blesse. Cela va lui faire peur.

J: La femme est touchée ... mais je suppose qu'elle ne sera pas trop blessée, n'est-ce pas ?

A: Oh, la collision sera assez forte. Ça doit être assez dur pour qu'il soit convaicu qu'il l'ait tuée. Il doit croire dans sa tête qu'il l'a tuée. Il reviendra sur cette route après un moment, quand il ne lira rien dans les journaux. Il remontera cette route à la recherche de cette femme. Mais elle ne sera pas là. Elle va aller voir sa fille. Elle sera partie pour une longue période de temps et aura un bon séjour là-bas. Ce garçon, il va être très inquiet. Il va vivre toute sa vie pour compenser cette action envers cette pauvre femme.

C'est incroyable de réaliser qu'à notre insu une série d'événements merveilleusement complexes se déroulent ainsi derrière notre dos. Il semble que tout a un sens, sinon dans nos vies, ensuite dans celle de quelqu'un d'autre. Il est également rassurant qu'une intelligence supérieure conserve la trace de tout cela.

Chapitre 12

Un esprit qui regarde le futur

Dans certaines des premières sessions, étant sur le plan spirituel, Anita a fait référence à la possibilité de regarder les gens et de voir certains faîs les concernant. Par exemple, quand elle est morte dans la vie de Chicago et qu'elle attendait qu'Al meure, elle a dit qu'elle pouvait le regarder et voir ce qui allait lui arriver. Nous avons été intrigués par l'idée qu'elle pourrait être en mesure de le faire à titre expérimental. Ce serait certainement intéressant de l'essayer. Puisque cela semblait être une capacité associée seulement sous la forme d'esprit, elle devrait être prise à une période entre les vies. La première fois que nous avons essayé cela, elle avait été régressée à travers les vies de June et de Jane jusqu'en 1810. Nous nous sommes arrêtés là, et elle nous parlait de la vie comme d'un esprit, dont certains ont été rapportés dans le chapitre précédent.

J: *Combien d'autres esprits se trouvent autour de vous?*
A: Juste ici? Il y en a plusieurs ici.
J: *Pouvez-vous vous voir les uns les autres?*
A: Oh, oui. ... On se parle.
J: *De quoi parlez-vous?*
A: Parfois, des choses que nous avons faites, où nous allons, ou des endroits où nous avons été.
J: *Pouvez-vous me décrire un de ces esprits?*
A: Eh bien ... choisissez-en un!

Johnny est allé avec elle, parce qu'il ne pouvait évidemment pas voir ce qu'elle voyait.

J: Eh bien, celui-là debout là-bas.

A: Lui? Oh, il est gentil. C'est un homme très agréable. Cela fait maintenant plusieurs années qu'il a été un esprit. Il ressemble beaucoup, je pense, à ce qu'il ressemblait quand il était vivant. Bien sûr, un esprit ne se ressemble pas vraiment, tu sais ... eh bien, tu me vois. Je suis ... eh bien, je suppose que le mot est juste moins "dense". Vous pouvez juste voir à travers moi. Je peux voir à travers lui. Je peux voir à travers les autres esprits. C'est drôle comment nous pouvons être ainsi et cependant avoir de la force et faire des choses. Nous changeons beaucoup. Avez-vous été un esprit longtemps?

J: (Surpris par sa question.) Non, ce n'est certainement pas le cas.

A: Eh bien, il faut s'y habituer.

J: C'est sûr. C'est très étrange.

A: (Elle a semblé très rassurante.) Eh bien, maintenant, ne soyez pas effrayé.

J: Je vais essayer de ne pas l'être. Est-ce que cet homme a dit comment il s'était trouvé ici?

A: Eh bien, il est là depuis un bon moment et il a aidé certaines personnes. Je pense qu'il attend maintenant de naître à nouveau. Il sait où il va, maintenant. Ce n'est pas encore pour maintenant, mais il va renaître.

J: Comment le sait-il?

A: Eh bien, on le lui a dit; il le sent. Je ne peux pas décrire ce sentiment. Tu t'y habitueras. Ce n'est pas comme quand vous étiez en vie et que quelqu'un vous dit quelque chose, et que vous l'entendez avec vos oreilles. Ou si une personne était à une certaine distance de toi et que sa voix semblait faible. Vous entendez cette voix comme s'elle était là avec vous. Vous entendez la voix, la ressentez surtout. Mais c'est toujours très précis, ce n'est pas vague. Tu sais ce que tu es supposé faire. Et nous pouvons même parfois nous parler, sans même dire un mot, comme la façon dont je vous parle maintenant. Certaines fois nous faisons cela aussi. Cela dépend juste des circonstances.

J: (Il a décidé qu'il était temps de faire l'expérience.) Dites-moi, pouvez-vous voir en avance?

A: Eh bien, oui, si nous essayons, en se concentrant. Si nous avons vraiment besoin de savoir, ou si nous voulons savoir, nous pouvons voir. Parfois, je dis aux gens ce qui va se passer, pour les rassurer.

J: Pouvez-vous regarder en avant maintenant et voir quelque chose qui va se passer et me le dire?

A: Eh bien ... à propos de vous ou du pays, ou ...

Johnny avait l'intention de découvrir le pays d'abord, mais quand elle a dit cela, sa curiosité était trop forte.

J: A mon propos. Pouvez-vous voir quelque chose à propos de moi qui va m'arriver?

A: Laissez-moi me concentrer. (Pause) Je peux vous dire certaines choses. Je peux vous dire que vous n'êtes pas un esprit. (Surprise) Je ne sais pas ce que c'est. Vous n'êtes pas un esprit!

J: Je n'en suis pas un?

A: Non, vous êtes en vie! Mais pas en ce moment [1810]. Vous allez vivre beaucoup plus de vies que celle dans laquelle vous vous trouvez.

J: Suis-je dans ma première vie?

A: Non, oh non! Vous avez vécu plusieurs vies avant celle-ci. Et vous en vivrez beaucoup plus.

J: Pouvez-vous me dire ce que je vais faire dans cette vie?

A: Eh bien, c'est très étrange parce que vous me parlez d'une vie différente, d'une époque différente. Je pense que vous vivez ... dans le futur! Par rapport à moi. Je ne sais pas jusqu'où. Mais je peux vous voir comme je pense que vous regardez. Et je peux vous dire, dans cette vie, que vous allez vivre une vie très, très longue. Vous êtes fondamentalement une très bonne personne. Il y a des choses que vous faites qui ne sont pas absolument parfaites. Il y a des choses ... mais au fond, les leçons commencent à arriver. Vous avez beaucoup appris.

J: Et vous dites que je vais vivre une longue vie dans cette vie?

A: Oui, je pense que vous allez vivre pour être vieux. Je vous vois quand je vous regarde maintenant comme un très vieil homme. Vous avez des petits-enfants ... non, il y a des arrière-petits-enfants. Vous avez des arrière-petits-enfants. Vous allez vivre beaucoup plus longtemps que les gens vivent en ce moment. C'est la façon grâce à laquelle je savais que vous veniez du futur.

Il lui a demandé où il vivrait, et elle a continué à décrire l'endroit. Une chose étrange qu'elle a dite était que l'état que nous nous sommes installés n'était pas un état à ce moment-là [1810]. Nous nous sommes finalement installés dans l'Arkansas, qui n'était pas un état à l'époque où elle a régressé. En outre, personne ne savait où nous avions l'intention d'aller quand il a pris sa retraite de la Marine. À ce moment-là, nous n'étions même pas sûrs de nous-mêmes, et nous pensions qu'il faudrait plusieurs années avant que nous nous en préoccupions. Elle a continué à décrire notre endroit dans le pays correctement. Comme Johnny était intéressé à ce moment-là à faire des travaux de réparation à la radio et à la télévision en plus de son travail habituel de contrôleur de la marine (opérateur radar), il lui a demandé quel genre de travail il allait faire. Elle est devenue très perturbée et inconfortable. Elle a dit que c'était quelque chose de très étrange pour elle.

A: Cela existe cependant dans cette époque. C'est avec des fils ... des tubes. C'est étrange ... effrayant. Vous êtes une personne différente. Je n'ai jamais fait ça avant ... comme ça. C'est très déroutant quand je vois des choses que je ne comprends pas. Ces tubes sont très drôles. Cela est relation avec le futur d'ici, beaucoup plus tard. Ils vont commencer à travailler là-dessus, je pense, dans un autre siècle. Je pense qu'en 1930 ils auront commencé à travailler là-dessus. C'est ce que vous allez faire comme travail pendant votre vie.

J: *Je suppose que cela me fera plaisir, alors?*

A: Tu vas aimer ça. J'ai le sentiment que tu es très heureux dans cette vie. Vous avez des problèmes, mais ce ne sont pas des problèmes graves. Eh bien, vous savez, pour chaque personne en vie, pour eux, leurs problèmes sont grands. Mais par rapport aux problèmes que vous pourriez avoir, ceux-ci sont petits. Cette vie est plus tranquille que vos dernières vies.

J: *Donc voyons voir, nous sommes supposés renaître de temps en temps et apprendre de nouvelles leçons?*

A: Il n'y a pas d'époque définie. Je pensais d'abord qu'il y avait. Il n'y en a pas.

J: *Mais je comprends que nous avons des leçons à apprendre?*

A: Oui, vous devez apprendre quelque chose à chaque fois. Vous apprenez en ce moment dans cette vie, des choses que vous aviez besoin d'apprendre la dernière fois. Je vois du bien autour de vous,

vous apprenez. C'est pourquoi tu vas vivre longtemps. Vous allez accomplir beaucoup dans cette vie. Et chaque fois après cela sera une vie un peu plus facile. Vous trouverez que dans vos prochaines vies, vous aurez de différents problèmes, mais chaque fois que la durée de vie semble être plus harmonieuse, et vous semblez accomplir plus et faire des choses plus importantes. C'est ce que je vois quand je te regarde. ... Mais c'est dérangeant.

Parce qu'elle semblait si bouleversée de voir des choses si loin dans le futur qu'elle ne comprenait pas, Johnny ne l'avait jamais fait faire ça de si loin dans le passé. Par la suite, lorsque nous avons essayé ce type d'expérience, il ne l'a ramenée jusqu'aux années 1930, son état d'esprit le plus récent, et cela ne semblait pas la déranger autant. À ces moments-là, elle nous a de nouveau parlé de notre avenir et a également voulu en savoir plus sur la sienne. Quand elle parla de son propre avenir, elle a dit qu'elle pouvait suivre son esprit avec difficulté. Elle parlait de se regarder, comme si elle regardait un étranger, très objectivement. C'était très intéressant pour nous d'un point de vue personnel. Cependant, nous avons pensé que nous devrions essayer de trouver ces certaines choses qui préoccupent plus de gens. Qu'est-ce qui allait arriver à notre pays, par exemple? Rappelez-vous que ces sessions ont eu lieu au milieu de 1968.

Anita fut régressée jusqu'en 1930, et elle s'est trouvée dans l'état d'esprit entre deux vies.

J: Pouvez-vous vous concentrer et regarder dans l'avenir, dans de nombreuses années et me dire ce qui va se passer?
A: Je peux essayer. Personne ne m'a jamais demandé de le faire auparavant. Parfois, je sais ce qui va se passer. Parfois, je le vois très clairement. Concentrez-vous très fort. Je fais seulement cela quand j'essaie d'aider les gens. Je cherche quelque chose de spécifique, j'essaie de trouver quelque chose qui leur donnera du courage, ou qui les attend ou les aide. Alors j'essaie de regarder en avant pour cette personne. Parfois, quand je le fais, je vois des choses qui influencent beaucoup de monde.
J: C'est ce que je pensais, si vous pouviez regarder dans le futur et voir ce que ce pays va faire, cela affecterait beaucoup de gens. Ils aimeraient probablement le savoir. Voyons voir, c'est l'année

1930? Pouvez-vous regarder loin devant 1968? Ce serait 38 ans dans le devenir.

A: C'est une très mauvaise année. Beaucoup de mauvaises choses arrivent. Il va y avoir beaucoup de guerres.

J: Est-ce que ce pays va être dans ces guerres?

A: Oui. Beaucoup de gens meurent, les familles souffrent. Il y aura deux guerres en 1968.

C'était une surprise. Nous étions encore en train de nous battre au Vietnam, Mais où d'autre encore?

A: Oui, mais ils ne les appellent pas des guerres. Ils ne vont pas l'appeler une guerre, mais c'est une guerre. Il y a deux pays que nous allons combattre.

J: Pouvez-vous dire quels sont les deux pays en guerre avec ce pays?

A: Eh bien, nous combattons un pays, mais ce n'est pas celui que nous combattons vraiment. Dans deux pays, nous nous battons, mais le même pays a commencé toutes les deux. Nous nous battons contre ... la Russie.

J: Nous combattons la Russie?

A: Les deux fois, mais dans des endroits différents, dans différents pays. Nous ne nous battons pas ici, et nous ne nous battons pas en Russie. Nous allons nous battre dans des pays différents.

J: Dans quels pays combattent-ils?

A: Eh bien, ils s'y battent depuis longtemps, bien plus longtemps que quiconque ne connaît l'Indochine ... le Vietnam. Nous nous sommes battus longtemps avant cette année 1968, car ... pendant dix ans, ils se sont battus là-bas.

J: Ceci se passe en Indochine?

A: C'était l'Indochine en même temps, ils en ont changé le nom. Ça s'appelle le Vietnam.

J: Et l'autre pays?

A: L'autre pays, ce sera plus tard la même année. Nous allons commencer une guerre en Corée.

J: (Surpris) En Corée?

A: Oui. Nous avons combattu contre ce pays avant, il y a presque 20 ans, et ils s'y battent à nouveau. Ça va commencer dans l'année 1968. Je le vois dans 68, à la fin de l'automne ... Je pense au mois de novembre pour Thanksgiving. Il y aura beaucoup de gens contrariés parce que la guerre viendra à commencer.

J: Pas grand-chose pour lequelle avoir de la gratitude, n'est-ce pas?
A: Non.

Comme nous le savons maintenant, nous ne sommes pas entrés en guerre de nouveau avec la Corée, mais l'incident de Pueblo s'est produit durant cette même année. Une guerre aurait-t-elle été évitée par l'action qui avait été prise alors? Pour ceux qui ne se souviennent peut-être pas de ce qui s'est passé, quelques mots d'explication peuvent être en ordre. Extrait du Collier's Encyclopedia Yearbook pour 1968:

L'attention internationale s'est focalisée sur la Corée en janvier, quand les forces coréennes ont saisi le navire de renseignement de la marine des les États-Unis, le "Pueblo". Affirmant que le navire avait été intercepté alors qu'il pénétrait dans les eaux côtières (accusation rejetée par les États-Unis), le gouvernement nord-coréen a retenu le navire et ses 82 membres d'équipage malgré les efforts déployés par le gouvernement américain pour obtenir leur libération. L'épisode a provoqué un renforcement de la position protectrice militaire des États-Unis en Corée du Sud. Les Nord-Coréens, quant à eux, auraient établi leur propre position militaire, et l'on craignait qu'un côté ou l'autre ne soit tenté par une provocation susceptible de conduire à une reprise d'hostilités à grande échelle. Cependant, l'hystérie de la guerre s'apaisa, car il devint clair que les États-Unis n'avaient pas l'intention de prendre des mesures belligérantes pour libérer le navire et son équipage. La Corée du Nord a libéré l'équipage du Pueblo en décembre, après avoir conclu un accord avec les Etats-Unis dans lequel les Etats-Unis ont signé une fausse confession d'espionnage tout en la désavouant publiquement. Un tel compromis n'a apparemment jamais eu de aucun précédent en droit international.

J: L'année 1968 est l'année où ce pays est attendu pour un nouveau président, n'est-ce pas?
A: Cela pourrait l'être, ça pourrait l'être.
J: Pouvez-vous regarder vers la fin de 1968 et le début de 1969. Pouvez-vous voir qui est actuellement élu président de ce pays? Il

était élu en novembre, n'est-ce pas; et il prend ses fonctions en janvier?
A: Je ne sais pas. Je n'ai jamais regardé la politique. Je n'aime pas.

Dans cette vie, Anita s'intéresse beaucoup à la politique et veut que nous découvrions tout ce que nous pouvons sur les prochaines élections.

A: Mais je vois le président. C'est décembre. Ce serait le président en poste en 1968. Il y en aura un nouveau très bientôt, mais pas avant l'année prochaine. Je n'aime pas celui-ci. Quelqu'un d'autre a été élu. Cet homme, cet homme est très méchant ... beaucoup de noir autour de lui.
J: (C'était une surprise.) Quel est son nom?
A: Cet homme qui est au pouvoir maintenant, je parle de. Son nom commence par un J (Johnson?).
J: Et il est celui avec le mal autour de lui?
A: Oui, il est mélangé à beaucoup de choses avec lesquelles il ne devrait pas l'être. Il a causé beaucoup de problèmes pour le pays.
J: Va-t-il continuer à être le président l'année prochaine?
A: Non, il y aura un homme différent l'année prochaine.
J: Allez regarder dans le futur et imaginez cet homme. Pouvez-vous voir ce nouveau président?

C'était très tendu. Le suspense me tua.

A: Je le vois.
J: A quoi ressemble-t-il?
A: Il est grand ... et sombre.
J: Est-ce qu'il a du noir autour de lui?
A: Non, il n'est pas comme ça, mais il est confus. C'est un homme faible. C'était un mauvais choix.
J: Comment s'appelle-t-il?
A: Nixon.

Ce fut une grande surprise, car Nixon n'avait pas annoncé sa candidature ou n'avait encore rien dit au sujet des élections à ce moment là. On supposait que Robert Kennedy serait élu avec peu d'opposition. Son succès était presque garanti.

J: Et vous dites, qu'il y a une guerre en cours avec le Vietnam et l'Indochine. Pouvez-vous voir la fin de cette guerre?
A: Cela commencera à en être la fin. Des négociations vont être entreprises cette année-là. Et les populations désirent que nos troupes rentrent chez elles, mais elles resteront encore là-bas. Et il y aura toujours des combats tout au cours de l'année 1968. Nous allons essayer de sortir de là, mais il y a beaucoup plus de choses en jeu, plus que quiconque ne le sait. Plus que les gens de ce pays ne le savent. Il y aura des pourparlers de paix en l'année 1968, mais il faudra encore beaucoup de temps avant que toutes les personnes quittent ce pays pour rentrer chez elles. L'autre sera amorcée par des choses très petites et triviales. Ils ne l'appelleront pas une guerre, mais c'est ainsi que je la décris. C'est une guerre. Toute l'année 1968 sera en guerre ... très mauvaise année.

J: Et ce nouvel homme qui va être président, il n'est pas capable d'arrêter les guerres?
A: C'est un homme faible, et ils essaient de l'aider. Ils l'ont poussé dans la direction du moins répréhensible. Il n'a pas beaucoup de pouvoir. Il ne peut pas faire tout ce qu'il veut faire. Et il est parfois confus quant à qui écouter. Il va vraiment beaucoup essayer, et il a de l'aide. Cependant, il n'était pas censé d'avoir été élu président. C'étai un mauvais choix.

J: Qui était censé d'avoir été élu président?
A: L'homme qui était supposé l'être est très différent de lui. Il est plus petit ... blond. Il aurait dû être président cette fois-là.

J: Essayait-il d'être président alors, et cet homme l'est devenu à sa place?
A: Il s'est retenu trop longtemps. Il aurait dû l'être, mais il n'était pas encore sûr s'il était prêt à l'être.

Nous ne savions pas si elle parlait de Robert Kennedy ou peut-être de Gerald Ford. Cela n'a jamais été précisé.

J: Voyez-vous autre chose d'important qui se passe? Quelquechose qui pourrait affecter une majorité de la population?
A: Les gens se blessent les uns les autres. Beaucoup d'émeutes. Il va en avoir beaucoup cette année-là.

J: Y a-t-il une émeute qui soit plus importante?

A: La plus grosse se passera ... on dirait à Chicago.
J: *A quel moment de l'année cela arrivera-t-il?*
A: Très chaud ... un été très chaud.
J: *Est-ce une émeute avec les Noirs?*

Il y en a eu beaucoup dans les années 1960.

A: Il y a d'autres personnes impliquées aussi. Des blancs, des noirs ...
J: *Les blancs provoquent les émeutes?*
A: Certains d'entre eux le provoquent.
J: *Pourquoi pensez-vous qu'ils font ça? Pouvez-vous voir?*
A: Je pense que c'est pour affaiblir le pays. Ils veulent montrer à quel point leurs forces peuvent être fortes. Ils sont très égoïstes ... ils utilisent les noirs à leur avantage.
J: *Est-ce que ces gens sont de ce pays?*
A: Certains ... certains. Ils sont ici depuis longtemps, très infiltrés dans nos vies.
J: *Juste provocant beaucoup d'agitation?*
A: Oui. Beaucoup de turbulence .... Oooh ... Que je n'aime pas cette année. Très peu de choses de bien dans cette année-là. Tant de gens ont été tués inutilement. Mille neuf cent soixante-huit sera un désastre, beaucoup de problèmes, une très mauvaise année.

Nous pensions qu'elle parlait d'une émeute raciale à Chicago, parce que cela semblait la conclusion la plus évidente. Nous étions tous surpris quand nous nous sommes assis autour de la télévision en août 1968, et avons regardé l'émeute se dérouler dans les rues à l'extérieur de la Convention nationale démocratique à Chicago. Cela avait tellement dégénéré que plusieurs milliers de gardes nationaux et de troupes fédérales de réserve ont été alors appelés pour épauler la police. Les médias ont estimé que l'un des facteurs qui a provoqué une telle éruption était que Chicago vivait l'un des étés les plus chauds jamais enregistrés. Alors qu'Anita était assise avec nous, regardant les troupes anti-émeute se battre contre les émeutiers, elle a dit que c'était un sentiment très étrange. "J'ai déjà vu toutes ces scènes", a-t-elle dit.

Alors que les campagnes électorales se poursuivaient en été et en automne, cela semblait très étrange. C'était un sentiment d'anti-climax. Toute l'excitation en était sortie. Il n'y avait pas de suspense.

Après tout, nous savions déjà qui serait nominé et qui remporterait l'élection. Et après que le vote a été compté, et Nixon s'est tenu là recevant des félicitations, c'était un sentiment de déjà-vu. Nous l'avions déjà vu; déjà vécu quelques mois auparavant.

Mille neuf cent soixante-huit a été une très mauvaise année à plus d'un titre. Les assassinats de Martin Luther King, Jr. et de Robert Kennedy ont également eu lieu au cours de cette année-là. On nous a demandé plusieurs fois pourquoi elle n'avait pas vu ces événements et ne les avait pas signalés. Peut-être qu'elle l'avait fait lorsqu'elle avait dit: "Je n'aime pas cette année, très peu de bonnes choses cette année-là, tant de personnes ont été tuées inutilement, et l'année mille neuf cent soixante-huit sera un désastre, très difficile, très mauvaise année."

J'ai depuis appris en travaillant plus profondément en hypnose qu'un sujet voit souvent beaucoup plus qu'ils ne le rapportent. À moins qu'on ne leur pose une question directe, ils ne le mentionneront peut-être jamais. Souvent, les scènes se succèdent trop vite.

La session s'est poursuivie.

J: *Dites-moi, en 1968, ce pays parlait d'envoyer quelque chose sur la lune. Vont-ils y arriver?*
A: Ils créent des choses qui partent sur la lune, mais pas comme ils l'ont prévu. Les gens n'y vont pas encore. L'année prochaine.
J: *Mille neuf cent soixante neuf?*
A: L'année prochaine, les gens iront sur la lune.
J: *Vont-ils en revenir?*
A: Pas sans ... tragédie. Tout est très sombre, pas bon du tout. Ce n'est pas bon.
J: *Est-ce que c'est ce pays qui envoie ces personnes?*
A: Nous irons là, mais pas cette année: 1968. En 1969, nous enverrons des hommes sur la Lune.
J: *Et certains d'entre eux reviendront?*
A: Je ne sais pas combien y vont, et je ne sais pas combien reviennent, mais leur chef est tué. Il va mourir.

Comme nous le savons maintenant, nous avons atterri sur la lune avec la première expédition avec des astronautes en 1969. Nous nous sommes tous assis devant nos téléviseurs et avons regardé avec admiration une autre prédiction devenue réalité. Mais qu'en est-il de la tragédie? Les seuls que nous connaissions étaient l'engin Apollo ayant brûlé au sol, tuant tout le monde à bord, et les cosmonautes russes qui sont morts en essayant d'atteindre également la lune. Y aurait-il eu d'autres morts parmi les astronautes que le gouvernement n'ait jamais rendus publiques?

J: Alors, ils vont atterrir sur la lune. Pensez-vous qu'ils sont censés faire cela?
A: Non, mais cela ne nuit à personne d'autre qu'à eux-même. Ce n'était pas censé d'être pour eux, mais ce n'est pas grave. Ils ne vont pas y faire ce qu'ils pensaient. Ils veulent avoir des plates-formes spatiales. Ils veulent contrôler le monde. Ça ne va pas être comme ça pour encore un bon moment. Un jour, après un long parcourt, des choses comme ça seront dans l'espace. Ils pensent maintenant qu'ils peuvent tout conquérir simplement en y allant, mais ils ont encore beaucoup, beaucoup plus à apprendre. Beaucoup plus qu'ils ne sachent vraiment. Ils ne feront jamais maintenant ce qu'ils imaginent pouvoir faire.
J: Ont-ils l'intention d'aller dans d'autres mondes?
A: Ils veulent explorer. Ils pensent qu'il y a des choses là-bas.
J: Y a-t-il des choses là-bas?
A: (Elle sourit comme si elle avait un secret.) Oh, oui; Oh oui! Mais pas ce qu'ils pensent.
J: Quelles sont ces choses qui sont là-bas?
A: Eh bien, il y a beaucoup d'autres planètes, chacune avec la propre vie sur elle. Mais pas ce qu'ils s'attendent à y trouver.
J: Est-ce qu'ils s'attendent à trouver de la vie sous une forme humaine, comme eux-même?
A: Non, pas vraiment. Mais ils pensent qu'ils pourront communiquer immédiatement. Ce n'est pas vrai. Ils n'y arriveront pas; pas pour longtemps, peut-être jamais. Je ne les vois jamais rien faire comme ils le présument.
J: Ils ont des choses qui ont été rapportées dans le pays pour avoir été vues. Ce qu'ils appellent "des vaisseaux spatiaux, des soucoupes volantes et des boules de feu". Ils disent qu'ils viennent d'un autre monde, d'une autre planète. Avez-vous vu ceux-ci?
A: (Souriant à nouveau.) Bien sûr!

J: *Qu'est-ce qu'ils sont?*
A: Il s'agit de véhicules spatiaux. Ils voyagent dedans.
J: *Qui s'y trouve dedans?*
A: Eh bien, cela dépend de ce que vous voulez dire. Il y a des choses qu'ils voient. Ils pensent que ce sont des soucoupes volantes. Ils les appellent des objets non identifiés, qui ne sont rien d'autre qu'un esprit. Parfois, ce sont des vaisseaux qui viennent d'une autre planète. Ils ont fondamentalement très peur de ces choses. S'ils découvrent quelque chose, ils n'en parlent pas au peuple. Très effrayés quant à ce que cela pourrait bien être, parce que leurs communications ne les atteignent pas.
J: *Vous dites que ce sont des vaisseaux spatiaux d'une autre planète?*
A: Certains d'entre eux le sont, oui.
J: *Ont-ils des êtres à l'intérieur? Des gens comme nous sommes?*
A: Ils pourraient devenir une personne s'ils le désiraient. Ceux qu'ils ont vus cette année, et ces dernières années sont une forme de vie qui peut se transformer en différents corps. Un assemblage différent des éléments, cela peut leur permettre de se rendre différents. Ils pourraient ressembler à des humains.
J: *Savez-vous de quelle planète ils viennent?*
A: Je ne connais pas le nom. On me l'a dit. Je ne m'en souviens pas. Ceux-ci n'appartiennent pas à ce système solaire. Ils viennent d'un autre. Celui qui est le plus proche de nous.
J: *Oh. Le système solaire le plus proche de ce système solaire?*
A: Oui. Ils viennent de là. Ce sont des gens très curieux. Ils sont à un stade de développement différent. Ils observent la Terre, ses problèmes. Ils sont très rarement inter-venant. Ils observent et apprennent. Ils sont très curieux.
J: *Pensez-vous qu'ils vont atterrir sur Terre et essayer de vivre ici?*
A: Non, pas comme vous le pensez, pas comme vous le pensez. Ils sont là depuis longtemps.
J: *Ils le sont?*
A: Ils sont venus et repartis. Ils peuvent ressembler à des gens sur Terre. Les gens ne le savent pas quand ils les voient. Ils ne nuisent à personne, ne blessent personne. Ils observent; parfois ils viennent et vivent un moment. C'est un endroit très mouvementé, la Terre. Ils ne se plaisent pas ici. Et ils reviennent.
J: *Est-ce qu'ils essaient d'aider les gens?*
A: Non, ils interfèrent très rarement.

J: Ils observent juste pour voir ce qui se passe? Ils sont vraiment curieux?

A: Oui. Ils ont traversé un stade très semblable à celui-ci il y a plusieurs milliers d'années.

C'était une information incroyable à recevoir. D'autant plus qu'il y avait peu de choses écrites à l'époque traitant de des OVNI, et des extra-terrestres.

Chapitre 13

Kennedy et le scorpion

Les sessions étaient devenues si routinières que nous commencions à être plus inventifs. Nous avions couvert les cinq vies d'Anita aussi complètement que possible, et nous cherchions des expériences nouvelles et différentes à essayer. Ce qui suit faisait partie de la dernière session que nous avons tenue. Anita avait déjà montré ses capacités pour regarder vers l'avenir et y voir des événements spécifiques. Maintenant, des amis nous avaient suggéré de choisir un événement important, et que nous l'invitions à aller à cette date et à décrire l'incident comme elle l'avait vu se produire. Nous avions pensé que cela vaudrait certainement la peine d'essayer.

L'événement le plus souvent suggéré était l'assassinat du président John F. Kennedy, principalement à cause du mystère qui entoure l'incident encore maintenant. Ces sessions ont eu lieu en 1968, seulement cinq ans après l'événement en 1963. La Commission Warren avait terminé son enquête et conclu que Lee Harvey Oswald avait agi seul comme assassin. Bien qu'il y ait eu des spéculations quant à d'autres possibilités, les conclusions de la Commission Warren avaient été généralement acceptées. Ce n'est que dans les années suivantes que d'autres théories ont été créditées. Ainsi, en 1968, les résultats de cette expérience étaient assez surprenants, bien que, selon les normes actuelles, ils soient plus crédibles.

En raison de la nature de l'expérience, plusieurs autres personnes voulaient être présentes à cette session. C'étaient des amis communs qui avaient suivi les séances, et on pouvait compter sur eux pour protéger l'anonymat d'Anita. Bien que nous ayons discuté du sujet de l'expérience, nous n'avions pas dit à Anita ce que nous allions essayer de faire. Nous pensions que cela y ajouterait plus de validité. Nous allons laisser le soin aux lecteurs de décider pour eux-mêmes si elle regarde effectivement l'événement et si ce qu'elle a vu, pourrait être la vérité. Peut-être que personne ne le saura jamais vraiment.

J: *June, vous avez ce pouvoir de regarder dans le temps et de voir les choses qui vont se passer?*

A: *Je pourrais dire beaucoup de choses sur Al, juste en le regardant.*

J: *Avez-vous déjà entendu parler de Dallas, au Texas?*

A: *Tu veux dire, avant?*

J: *Oui, ou maintenant. Avez-vous déjà entendu parler de Dallas, au Texas?*

A: *Non.*

J: *C'est une grande ville au Texas. Vous avez entendu parler du Texas, n'est-ce pas? C'est un grand état dans le sud de l'Amérique.*

A: *J'ai entendu parler du Texas. Ouais, les cow-boys.*

J: *Je désirerais que vous vous concentriez sur l'année 1963, en novembre, à Dallas au Texas. Quelque chose se passe là-bas. Pouvez-vous le voir?*

A: *C'est une grande ville, plus grande que Chicago. Elle est très grande. Il doit y avoir près d'un demi-million ou un million de personnes. Une grande ville.*

J: *Eh bien, ce jour de novembre, c'est ... ah ... (Il essayait de se souvenir du jour où cela s'est produit).*

A: *Une journée très chaude, n'est-ce pas?*

J: *Oui. C'est vers la fin du mois de novembre, vers le 22 et le 23.*

A: *Le climat y est très différent. C'est une journée très chaude.*

J: *Il y a un homme ... dans une voiture ... étant conduit dans la rue ...*

A: *Oui, c'est un défilé.*

J: *Un défilé?*

A: *On dirait un défilé.*

J: *Cet homme dans la voiture assis avec l'autre homme, et deux femmes?*

A: *La voiture ouverte, oui.*

J: *Oui. Il est le président du pays.*

A: *(Surprise) Oui! Un bel homme ... une belle femme.*

J: *Pouvez-vous voir quelque chose qui se passe?*

A: (Surprise) Il va être tué!
J: *Il va? Quand?*
A: Je pense qu'il ... ce jour-là dont vous parlez. Il est pris dans un échange de balles.

A cette remarque, tout le monde dans la pièce se regarda et haleta. Feux croisés! Cela n'avait jamais encore été suggéré à cette époque-là.

J: *(Surpris) Un feu croisé?*
A: Oui. Il a été touché par l'avant et par l'arrière.
J: *Pouvez-vous voir qui a fait ce tir? Qui tire?*
A: Oui. Il y a deux hommes. Il y a un homme derrière cette clôture là-bas.
J: *Pouvez-vous dire qui il est?*
A: Je ne connais pas son nom. Il a l'air différent. Peut-être qu'il est sud-américain ou quelque chose comme ça. Il a le teint basané.
J: *C'est un type de personne étrangère?*
A: Oui. Il parle espagnol ... il ne parle pas très bien cette langue.
J: *Et vous dites qu'il est derrière une clôture?*
A: Oui, il était sur une voiture ... et il a tiré.
J: *Avec quoi a-t'il tiré?*
A: (Indignée) Il a tiré avec une arme à feu.
J: *Je veux dire, quel genre de pistolet?*
A: C'est censé avoir un canon plus long. Ça ressemble comme si ça aurait dû être un fusil, mais ce n'est pas le cas.
J: *Cela a un baril plus court?*
A: Plus court qu'un fusil.
J: *Et vous dites qu'il était derrière une clôture.*
A: Oui, une clôture avec des planches, haute.
J: *Et à quelle distance de la voiture du président est cette clôture?*
A: Eh bien, ce n'est pas très loin. C'est ... Je n'arrive pas à voir la distance, mais ce n'est pas très loin. L'autre homme est plus loin. Il est haut dans ce bâtiment.
J: *Il est dans un bâtiment? Pouvez-vous me dire le nom de ce bâtiment? Pouvez-vous lire le nom ou y a-t-il un nom sur le devant?*

A : Je pense qu'il y en a un là. C'est un bâtiment d'entrepot. Je pense que cela dit (Lentement comme si elle lisait) Book Depository (dépôt de livres)?

J : Dépôt de livres ?

A : Oui, je le pense. Je ne suis pas sûr, mais je le pense. Le bâtiment est plein de livres et de fournitures scolaires, principalement pour livres d'écoles.

J : Pouvez-vous voir cet homme ? À quoi ressemble-t-il ?

A : Je ne l'aime pas ! Il est maigre, il n'a pas beaucoup de cheveux et il a des yeux étranges. Un type de visage rond. Cet homme est fou !

J : Il est fou ?

A : L'homme est malade dans sa tête. Il est très troublé. Il est pitoyable. Il a fait beaucoup de choses qui sont mauvaises, mais il est parfaitement convaincu qu'il a raison. Même maintenant, il pense qu'il a fait quelque chose de merveilleux pour lequel les gens vont le féliciter.

J : Il le pense ? Pouvez-vous dire ce qu'il a déjà fait ?

A : Eh bien, il est confus. Il a beaucoup de problèmes avec sa femme. Elle veut le quitter, et il est en colère contre elle. Et il a tout essayé pour être gentil avec elle, et elle en veut toujours plus, plus qu'il ne puisse jamais lui donner. Il le sait maintenant.

J : Vous dites que cet homme pense que les gens vont le féliciter pour ce qu'il a fait ?

A : Les gens avec qui il travaille le font.

J : Oh, il travaille avec des gens ?

A : Oui.

J : Pouvez-vous voir ces personnes ?

A : Vaguement. Il n'est pas étroitement associé. Il a essayé d'entrer dans ce groupe. Et ils l'ont choisi tout de suite pour ses antécédents. Ils savent qu'il est dérangé. Et ils l'ont placé là pour qu'il le fasse. Il est la brebie sacrificielle, pourrions-nous dire.

J : Eh bien, s'il est en train de tirer, pourquoi cet autre homme tire-t-il aussi de la voiture derrière la clôture ?

A : Ils ne veulent prendre aucun risque. Ils doivent être très sûrs. Ils veulent vraiment absolument tuer cet homme. Ils ne peuvent pas prendre de risques.

J : Qui sont-ils ?

A : Que veux-tu dire ?

J: *Pouvez-vous décrire ces personnes qui ont convaincu ces deux hommes de tirer sur cette personne?*
A: Vous voulez dire leur apparence, ou leur organisation?
J: *Leur organisation. Leurs noms, si vous pouvez voir.*
A: Je ne suis pas sûr des noms parce qu'il n'a pas été beaucoup en contact étroit avec eux. Il est difficile de dire s'il n'a pas eu du contact. Ils sont communistes.
J: *Est-ce leur organisation?*
A: Oui. Ils appartiennent à l'organisation communiste, le Parti communiste.
J: *Et vous dites que cet homme dans cet entrepôt est sacrifié?*
A: Eh bien, ils savent qu'il ne peut pas s'en tirer avec un tel acte. Il ne peut pas sortir de ce bâtiment sans être vu. Les gens vont voir cette arme tirée de ce bâtiment. Ils savent qu'il va être attrapé, mais ils l'ont convaincu qu'il peut s'en tirer. C'est une personne très égoïste. Il les croit quand ils lui disent qu'il peut le faire. Il va être attrapé et ils le savent, mais ils pensent ... mieux vaut le perdre que de ne pas le faire. Il n'est rien pour eux.
J: *Et ... on ne lui a pas trop parlé de l'organisation?*
A: Il en sait très peu à ce sujet.
J: *Vous dites qu'il n'était pas proche d'eux?*
A: Pas dans ce pays. Il a été contacté et il a essayé de les contacter.
J: *A-t-il contacté cette organisation ailleurs que dans ce pays?*
A: Oui; il était dans leur pays, en Russie. Il connaît ce groupe.
J: *D'accord. Maintenant, en ce jour dont nous parlons, je veux que vous regardiez le même jour et que vous me disiez où je suis. Je ne suis pas là à Dallas.*

C'était un test que Johnny avait imaginé sous l'impulsion du moment pour voir combien de précision nous pourrions éventuellement attacher à ce qui précède. Anita n'avait aucun moyen de savoir qu'il était à bord d'un porte-avions (USS Midway) s'approchant d'Hawaï au moment de l'assassinat. Ils ont accosté à Pearl Harbor le lendemain.

J: *Pouvez-vous voir où je suis?*
A: (Pause) J'essaie, mais je ne vois pas ... Je ne peux pas voir ...
J: *Vous ne me voyez nulle part?*
A: Non. Vous n'en êtes absolument pas dans la vicinité.
J: *Non, je suis ailleurs. Vous devrez tout scanner.*

A: (Pause) Non, je ne peux pas voir. Je suis désolée.
J: Ok, June, je vais compter jusqu'à cinq, et nous arrivons à 1968. (Il a ramené Anita à la date actuelle.)

Quand Anita a été réveillée, la première chose qu'elle a dite était qu'elle était confuse. Lorsqu'on lui a demandé ce qu'il en était, elle a répondu: "Parce que vous m'avez posé une question à laquelle je ne pouvais pas répondre, n'est-ce pas? Il a dit qu'il lui avait demandé où il était à une certaine date. Elle a dit qu'elle avait vu la totalité des États-Unis continentaux disposés en dessous d'elle comme la carte d'un enfant. Elle pouvait voir le contour et l'eau se balancer sur les bords, et le centre rempli de milliers de personnes, comme tant de fourmis minuscules. Elle montait et descendait la côte et allait et venait à travers la carte en regardant très rapidement chaque visage. Puis elle a dit: «Je ne pouvais pas vous trouver, je ne sais pas où vous étiez, mais je parie que ce n'était nulle part aux États-Unis, j'en suis sûre.

Donc, ce qui semblait être un échec en ce qui concerne le test n'était vraiment pas un échec après tout. Elle n'avait tout simplement pas regardé suffisamment loin.

Pendant la période durant laquelle nous tenions les sessions, le sous-marin nucléaire Scorpion avait disparu sans laisser de trace quelque part dans l'océan Atlantique en mai 1968. Il y avait beaucoup de spéculations sur ce qui lui était arrivé. Nous avons donc pensé qu'il serait intéressant de voir si Anita pouvait découvrir quelque chose à ce sujet.

J: June, pendant que vous regardez l'année 1968, regardez le mois de mai, vers le milieu de ce mois. Regardez à l'est à ce grand océan.
A: Oui, je vois de l'eau.
J: À l'est du pays, il y a un navire qui passe sous les eaux. C'est ce qu'on appelle un sous-marin. Et il s'est rendu dans un autre pays, de l'autre côté de l'océan. Il revient ici dans ce pays. Peux-tu le voir? C'est un grand navire qui passe sous l'eau. Il doit y avoir près d'une centaine d'hommes.

A: L'un d'entre eux est fou, tu sais!
J: *Un des hommes sur le bateau?*
A: Oui.
J: *Pouvez-vous voir le nom peint sur le navire?*
A: Non, je vois des chiffres.
J: *Quels chiffres?*
A: C'est très difficile à voir. Je ne veux pas aller dans l'eau. Cet homme devient fou, et il fait quelque chose qui endommage le navire. Tout le monde sur ce navire va mourir. Le saviez-vous?
J: *Non!*
A: Ils vont suffoquer.
J: *A cause de cet homme?*
A: Oui. C'est une personne très étrange. Il devient fou furieux, et il va dans une pièce où il n'est pas censé être. Et quand l'autre homme lui parle, il endommage certaines manettes de contrôles. Le navire commence à plonger, de plus en plus profond, et il ne peut pas remonter.
J: *Il est sous l'eau; il est en train de descendre?*
A: Oui. Il touche le fond. Ils savent qu'ils ne peuvent pas le faire remonter.
J: *Ils ne peuvent pas se faire remonter du fond?*
A: Non. Il a fait quelque chose quand il a produit cette situation. Il touche le fond; le navire est endommagé, les contrôles.
J: *A quoi ressemble cet homme qui est devenu fou et a fait ça?*
A: C'est un homme grand et roux.
J: *Pouvez-vous voir son nom sur sa chemise?*
A: Non. Il n'a pas de nom sur sa chemise. C'est juste une chemise kaki.

Nous avons supposé grâce à cela qu'il devait être un officier ou un premier officier de marine, car ils sont les seuls marins qui portent le kaki. Les marins portent habituellement des T-shirts avec leurs noms écrits dessus. Au réveil, Anita discutait de cette vision, et elle pouvait encore en visualiser une partie. Elle avait le sentiment précis qu'il n'était pas un officier. Le sentiment était très fort qu'il était un chef ou un adjudant-chef, plus probablement un chef.

J: *Ces autres hommes à bord du navire, ne devraient-ils pas être en mesure de réparer les dommages du navire?*

A: Ils ne peuvent pas. Il bloque le contrôle, et quand il frappe, il endommage le sous-marin encore plus. Ils ne peuvent pas. Ce navire va rester immobile là.

J: Et vous pouvez voir où il est immobilisé maintenant?

A: Je vois de l'eau tout autour. C'est loin de tout rivage.

J: Ne peuvent-ils pas prendre contact avec les gens sur l'extérieur d'une manière ou d'une autre?

A: Non, ils ne peuvent pas. Ils ont essayé bien trop longtemps. Ils ont essayé et essayé de régler cela, et ils perdent de l'énergie. Ils perdent tout contrôle sur ce navire. Il ne sera plus rien retrouvé de ce navire jusqu'à ce qu'il tombe en morceaux à cause de la pression.

J: Il va tomber en morceaux?

A: Oui.

J: Est-ce que quelqu'un trouvera des morceaux de ce navire?

A: Pas en cette année 1968.

J: Ce sera plus tard?

A: Beaucoup plus tard. Ils vont identifier des morceaux de celui-ci. (Pause) C'est très triste.

J: Les hommes ne peuvent pas sortir et flotter jusqu'à la surface de l'eau?

A: Non. Ils sont très, très profonds. Il y a quelque chose à propos de cette profondeur. Ils ne peuvent pas sortir pour cette raison.

J: Ils doivent rester à l'intérieur du vaisseau?

A: S'ils essaient de sortir, ils mourront immédiatement. C'est un vaisseau étrange. Je n'en ai jamais vu auparavant. Très bien construit, n'est-ce pas?

J: Pourquoi ... je suppose.

A: Cela ne serait jamais arrivé si ce n'était pas pour cet homme. C'est dommage. Certains de ses supérieurs voulaient qu'il le quitte, mais ils n'ont pas réussi à faire passer les papiers de transfer à temps et il a fait ce dernier voyage avec eux.

J: Oh, quelqu'un voulait le faire partir avant que cette mission ne commence?

A: Il avait montré les signes d'être sous pression.

J: Eh bien, est-ce que ces hommes vivent là-bas dedans alors qu'il est immobilisé au fond? Je veux dire, le vaisseau ne va pas se désagréger tout de suite?

Puisque personne ne savait ce qui était arrivé au navire, Johnny pensait qu'il y avait une chance que les hommes restent en vie pendant un moment et puissent peut-être être sauvés.

A: Ils perdent de l'oxygène, puis leur capacité de ... ils doivent faire de l'oxygène. Ils doivent avoir de l'air là-bas en dessous. Mais le navire perd de ses capacités un peu à la fois. Dans environ 48 heures, ils seront tous morts.
J: Et tout cela à cause de cet homme qui a trafiqué ou fait quelque chose aux contrôles?
A: Il voulait tellement se tuer qu'il a tué tout le monde avec lui.
J: Pourquoi voulait-il faire ça? Peux-tu nous raconter?
A: Il est très perturbé, il a des problèmes financiers. Je pense que c'est ça. Il est très inquiet, et sa femme l'a inquiété. Il voulait juste s'échapper complètement du problème.
J: Pouvez-vous voir d'autres hommes au sein du navire? J'imagine qu'ils travaillent tous pour résoudre ce problème, n'est-ce pas?
A: Certains d'entre eux le font. Certains s'effondrent. Ils ont peur de ne jamais sortir de là.
J: Est-ce que l'un des hommes porte une des chemises portant des noms?

Nous espérions que nous pourrions obtenir au moins un nom à vérifier en tant que quelqu'un qui était vraiment répertorié comme étant à bord. Soudainement Anita a semblé être chaude et inconfortable. Elle a commencé à transpirer.

A: Il fait très chaud sur le navire. Il fait très chaud là-dedans.
J: Oh, est-ce que tu es descendu dans le navire?
A: J'ai regardé à l'intérieur.
J: Pouvez-vous voir des noms sur les chemises des hommes? Pouvez-vous dire qui sont ces hommes?
A: Les hommes portent seulement leur shorts, certains d'entre eux. Je ne vois aucun nom. Il fait très chaud. Je ne connais aucun des noms.

Bien sûr, il était décevant qu'elle ne puisse pas voir de noms qui auraient pu être vérifiés, mais à ce moment-là personne ne savait le sort du sous-marin. Nous devions attendre comme tout le monde jusqu'à ce qu'ils puissent le localiser et découvrir ce qui s'y était passé. C'est resté un mystère pendant plusieurs mois. Il y avait même des spéculations selon lesquelles il aurait pu être coulé par un navire russe. Finalement, la marine a localisé quelque chose par sonar qui pourrait être ce vaisseau manquant. Comme il était dans une telle profondeur qu'aucun humain ne pouvait y descendre, ils ont envoyé des caméras en bas pour conserver un oeil à partir de la surface pour essayer d'identifier l'épave. L'article suivant est paru dans le *Corpus Christi Caller* (Texas), le vendredi 3 janvier 1969:

La cause de la perte du Scorpion serait probablement interne:

Des photographies sous-marines du sous-marin nucléaire USS Scorpion, qui a coulé au large des Açores en mai dernier avec 99 hommes à bord, ont convaincu certains experts de la Navy que des problèmes au sein du sous-marin ont été la cause de cet accident tragique.

"Si le Scorpion avait été touché par une torpille ou éraflé par un vaisseau de surface alors qu'il était près de la surface, cela aurait laissé des dommages identifiables", a déclaré une source. "Mais les photos suggèrent qu'il y avait des problèmes dans le Scorpion qui l'ont entraînée en dessous de la pression des profondeurs."

Il était de notre compréhension qu'une commission d'enquête spéciale de la marine à Norfolk, Virginie, qui a recueilli des témoignages depuis juin, avait terminé son travail.

Les conclusions formelles et les recommandations de la Cour sont examinées par le quartier général de la flotte de l'Atlantique à Norfolk et devraient être transmises à l'amiral Thomas H. Moorer, chef des opérations navales, dans les prochains jours. Une annonce publique est attendue ici d'ici la fin du mois.

Des sources proches des conclusions de la cour disent que la cause exacte de cette perte n'a pas été identifiée, mais que l'éventail des causes possibles a été réduit à quatre.

Celles-ci sont:

Échec du contrôle. *Si le sous-marin, qui revenait aux États-Unis après une tournée en Méditerranée, se déplaçait rapidement et en profondeur et que son mécanisme de plongée était soudainement bloqué en position de «plongée», il aurait plongé en profondeur avant de pouvoir effectuer les corrections mécaniques.*

Les experts disent que si le navire avait dépassé la profondeur de 200 pieds, comme cela est probable, il aurait fallu du temps pour corriger une telle défaillance. "L'équipage des sous-marins est foré sur quoi faire dans une telle circonstance tout le temps", a déclaré un officier, "Mais rappelez-vous, une fois qu'il commence à descendre, ça va vite, un sub est, après tout, construit pour plonger."

Inondation à cause de petites fuites. *Des témoins à Norfolk ont dit que le Scorpion souffrait de minuscules fissures dans sa coque et dans ses arbres de transmission. Plus le sous-marin aurait pu être dans les profondeurs, plus la pression de l'eau contre les fissures aurait pu être importante, ce qui aurait pu forcer une soudaine brèche et un jaillissement d'eau. Le navire effectuait des travaux d'entretien, mais il a été jugé en état de fonctionnement sécuritaire jusqu'à une certaine profondeur classifiée.*

Une torpille défectueuse dans le sous-marin. *De temps en temps, les torpilles sont activées accidentellement. Dans un tel cas, les sous-mariniers retiennent la torpille hors du tube de lancement et la désarme, ou la retire hors du tube. S'il s'agit d'une torpille conçue pour effleurer la coque d'un autre navire, il existe une procédure classifiée que le navire prend pour s'assurer que la torpille ne revienne pas sur elle-même vers le navire de lancement.*

Comme les photos prises par le navire de recherche Mizar ne montrent aucune preuve d'une explosion à l'extérieur du Scorpion, cela tend à éliminer la théorie selon laquelle le navire a été touché par sa propre torpille. Mais cela n'élimine pas la possibilité qu'une torpille défectueuse ait explosé dans le vaisseau.

Panique. *En cas de problème ci-dessus, un ou plusieurs membres de l'équipage ont peut-être paniqué et ont commencé à tirer sur les mauvais leviers. "Mais on pensait que cet équipage était très bien entraîné et stable", a déclaré une source.*

Donc, il n'y a pas beaucoup plus qu'il soit nécessaire d'être ajouté. Si la Marine ne pouvait pas arriver à une conclusion définitive, qui d'autre serait capable de le faire? Mais nous nous demandions si Anita avait réellement vu ce qui s'était effectivement passé à bord de ce vaisseau?

Chapitre 14

La descente du rideau

Et ainsi une expérience qui avait commencé de façon si informelle, s'est étendue pour englober de nombreux mois et a ouvert de nombreux nouveaux horizons. Il nous a été présenté cinq personnalités fascinantes que nous n'aurions pas rencontrées autrement, et nous sommes partis dans une aventure que nous n'aurions pas cru possible. Au cours de ces quelques mois, les attitudes et les façons de penser de nombreuses personnes ont à jamais été transformées. Nous pensons sincèrement que cela aura été changé pour le meilleur.

Bien qu'Anita ait toujours voulu rester anonyme, beaucoup d'amis sont venus à la maison pendant ces mois pour entendre le dernier chapitre, comme une histoire en continuation. Beaucoup de ces personnes ne la connaissaient pas et c'était ainsi qu'elle le désirait. Ils écoutaient le dernier enregistrement sur bande dans un état d'émerveillement total et d'incrédulité, et le commentaient ensuite. Nous étions tous exposés pour la première fois à une toute nouvelle façon de penser. Nous étions bombardés de nouvelles idées et de concepts d'une façon à laquelle nous n'avions jamais été confrontés auparavant. Bien que certains étaient confus et stupéfaits de voir leurs structures de croyances menacées et élargies, ils n'avaient aucune explication pour ces faits qui émergeaient pendant les sessions.

Ils ont tous offert de nombreuses suggestions sur de nouvelles choses à essayer, de nouvelles pistes à explorer. Les possibilités semblaient infinies. Peut-être pourrions-nous tenter d'anticiper certains événements futurs. Elle avait si bien regardé dans le passé en ce qui concernait la disparition du Scorpion et l'assassinat du président Kennedy, peut-être qu'elle pourrait regarder d'autres événements historiques spécifiques et voir ce qui s'était vraiment passé. La mort d'Adolf Hitler dans le bunker de Berlin était une possibilité qui avait été mentionnée. Il y en avait d'innombrables autres, dont les pensées étaient excitantes et stimulantes. Il semblait que nous étions au seuil de toute connaissance, limités seulement par notre imagination. Donc, au milieu de tout cela, que s'est-il passé? Pourquoi l'expérience a-t-elle soudainement pris fin, laissant les cassettes ramasser de la poussière sur une étagère pendant 11 ans?

Tout s'est brusquement interrompu pendant une nuit noire en septembre 1968. De nombreuses coïncidences (s'il y en avait) étaient à l'œuvre cette nuit-là pour amener toute chose à un point culminant détonnant qui changerait pour toujours le cours de nos vies.

Johnny avait fait du bowling dans une ligue en ville et revenait à ses responsabilités sur la base. Les machines du bowling s'étaient comportées étrangement ce soir là et il était reparti plus tard que d'habitude. (Coïncidence?) Au même moment, un officier de marine ayant bu au club des «O» (officiers) sur la base toute la journée, avait choisi ce moment précis pour décider de partir pour sa maison en ville. En de nombreuses autres occasions, cet homme avait eu des ennuis à cause de la boisson, et il devait dire plus tard qu'il ne se souvenait même pas de ce qui s'était passé cette nuit-là.

Les spectateurs du film sur la base étaient en train de sortir, et une longue file de circulation s'éloignait de la base vers la ville. L'officier décida d'essayer de passer toute la ligne, et Johnny se retrouva nez à nez avec des phares aveuglants sur une courbe, sans aucun moyen de s'échapper. Il en résulta une terrible collision frontale, avec Johnny écrasé et mutilé dans le métal de sa fourgonnette Volkswagen.

La pleine force a été dirigée vers ses jambes et l'artère principale dans sa cheville a été sectionnée. Il a également souffert de trois commotions cérébrales. Par coïncidence (?), un membre du corps médical montait dans sa voiture directement derrière la sienne et était le premier sur les lieux. Seul son traitement d'urgence a empêché Johnny de saigner à mort immédiatement. Ce qui a suivi ont été 45 minutes d'agonie indicible pendant que les équipes d'urgence essayaient désespérément de l'extirper de la voiture. Le médecin sur les lieux était arrivé à la conclusion que la seule solution était d'amputer ses jambes dans la voiture pour le libérer. Il hésita parce qu'il avait peur que le choc le tue. Johnny était resté conscient malgré les médicaments qui lui avaient été administrés, et la morphine semblait n'avoir aucun effet.

Ensuite, le service volontaire d'incendie a décidé d'essayer une autre méthode. Si cela échouait, l'amputation serait la seule alternative. Ils ont accroché un de leurs camions à l'avant et une voiture à l'arrière de la fourgonnette et ont essayé de séparer le métal. Cela a réussi et il a été transferré en urgence à bord d'un hélicoptère en attente et a initié le parcourt vers l'hôpital naval de Corpus Christi, à 70 miles de distance.

Au cours d'un vol mouvementé, il avait perdu tout le sang dans son corps, et son coeur s'était arrêté trois fois. Son sang était un type rare, A négatif, et tout ce qui était disponible était le type O, le type donneur universel. Ils supposaient que, à ce moment-là, peu importait, ils devaient avoir quelque chose en lui. Le docteur a commencé à désespérer parce qu'il ne pouvait pas introduire d'aiguilles dans les veines de Johnny. Puis, une fois de plus par coïncidence (?), Il y avait un membre du corps médical à bord qui venait de rentrer du Vietnam, et il a demandé s'il pouvait essayer une procédure qu'il avait effectuée pendant la guerre. Il a fait une coupe directement dans l'artère fémorale et y a inséré l'aiguille. Plus tard, il a reçu une citation pour ses actions cette nuit-là.

L'hélicoptère a atterri sur la pelouse de l'hôpital et Johnny a été précipité aux urgences, où cinq médecins ont travaillé frénétiquement sur lui. Son visage était déchiqueté, il avait subi trois commotions cérébrales, avait perdu tout le sang dans son corps et ses jambes étaient brisées comme du verre. Les médecins n'ont fait que des procédures d'urgence. Ils étaient certains qu'il ne pourrait pas traverser la nuit.

Le médecin de base était revenu avec l'hélicoptère avant que je ne sois avertie et une ambulance avait été redirigée pour m'emmener à l'hôpital de Corpus Christi. Le docteur était tout à fait franc, mais aussi gentil, car il m'a dit qu'il serait peut-être déjà trop tard. Que Johnny pourrait être mort avant que je ne puisse y arriver. Même s'il pouvait vivre, il avait perdu trop de sang pendant trop longtemps, et il avait subi également des commotions cérébrales, il y aurait sûrement des lésions cérébrales. Il serait assurément un légume. Et ses deux jambes seraient presque certainement amputées. Il y avait trop de choses qui jouaient contre lui.

Seul quelqu'un ayant vécu une expérience telle que celle-ci peut reconnaître les émotions qui ont traversé mon esprit. Voici un homme que j'avais aimé pendant 20 ans. Il souffrait terriblement, et je ne pouvais rien faire pour aider. Tout a commencé à prendre une qualité de rêve, un aspect irréel, alors que je couvrais les 70 miles pour l'hôpital dans l'ambulance.

Le conducteur et l'officier médical étaient gentils et compréhensifs, mais ils ne pouvaient pas savoir ce qui me traversait l'esprit. Je savais au fond de moi que Johnny ne mourrait pas. Je ne me permettrais pas de penser une minute que cela se puisse. Je suppose que cela pourrait être appelé un typique déni de la réalité face à une tragédie. Mais je savais quelque chose dont ils n'avaient pas connaissance, et je m'y suis accrochée de toutes mes forces.

Sur l'une des bandes, nous avions demandé à Anita de regarder vers l'avenir et de nous dire ce que nous allions faire dans quelques années à partir de maintenant. Elle avait dit: "Je vous vois dans un état du sud, dans un changement de saisons, mais les hivers ne sont pas aussi sévères que dans le nord, un très bel endroit, pas une ferme, mais avec des terres autour de vous. Vous allez vivre une très longue vie. Je te vois quand je te regarde comme un très vieil homme. Vous avez des arrière-petits-enfants autour de vous. (Notre fille aînée n'avait que 15 ans au moment de l'accident.) Je vois du bien autour de vous. Vous apprenez, les leçons commencent à passer. C'est pourquoi tu vas vivre longtemps. Vous allez accomplir beaucoup dans cette vie. Vous allez aider beaucoup de gens."

Ce que nous avions expérimenté pendant les mois où nous avons travaillé sur l'expérience hypnotique avait laissé une impression durable. Nous savions dans nos coeurs que ce qu'Anita avait rapporté en transe était vrai, et nous y croyions. Et, si nous y croyions, nous devions tout croire. Alors je savais qu'il ne pourrait pas mourir, pas si Anita le voyait vivant et bien loin dans le futur. Alors je me suis accrochée à mon secret et cela m'a donné une force dont je n'avais pas connaissance d'habiter en moi.

Quand je suis arrivée à l'hôpital, on m'a amenée à une salle d'attente. Je n'oublierai jamais la vue de ces cinq médecins en entrant dans la pièce, chacun me disant quelque chose de différent qui tuerait Johnny pendant la nuit. Les blessures étaient trop étendues; trop de perte de sang; trop de choc. Les nombreuses fractures dans ses jambes avaient libéré des fragments d'os, de la moelle osseuse, des caillots de sang, et de gros caillots dans son système sanguin. Personne n'avait jamais survécu dans de telles conditions auparavant.

Je sais que les médecins essayaient de me préparer au pire, et ils ont dû trouver étrange que je ne sois pas plus émotive. Mais j'ai enserré mon secret en moi. Je savais des choses qu'ils ne pouvaient pas savoir. J'ai dit: "Je suis désolée, mais vous avez tort, il ne mourra pas, vous ne le connaissez pas, s'il y a un moyen, il le trouvera."

Les docteurs étaient silencieux pendant quelques instants. Puis l'un d'eux a dit: "Eh bien, s'il a ce type de personnalité, il pourrait avoir une chance."

Quand j'ai vu Johnny dans l'unité de soins intensifs (USI), il était presque méconnaissable. Son visage et sa tête avaient été hâtivement recousus, et deux grands hommes du corps médical le retenaient sur le lit. Ses blessures à la tête l'avaient rendu délirant et violent. Il avait les yeux exorbités et était visiblement sous le choc. Il ne savait pas qui j'étais. Je ne pense pas qu'il ne m'ait même vu.

Je savais que je ne pouvais rien faire pour l'aider. Alors je me suis rendue dans la pièce qu'ils m'avaient donnée, et j'ai prié: «Il n'y a rien que quelqu'un d'autre puisse faire, il est entre vos mains maintenant, que votre volonté soit faite. Et je suis tombé dans un profond sommeil, confiante qu'il serait mieux au matin.

Le jour suivant a commencé avec une aube grisonnante et pluvieuse. Un temps pour s'adapter à une telle occasion. Quand je suis entrée dans l'USI, j'ai vu que le premier des "miracles" s'était produit. Il avait traversé toute sa nuit. Sans plus être attaché, il dormait. Les docteurs ont dit que c'était toujours le cas. Le prochain "miracle" s'est produit plus tard quand il a repris connaissance momentanément. Les docteurs se tenaient autour du lit et lui posaient des questions: Savait-il où il était? Savait-il qui ils étaient? Savait-il qui j'étais? Puis, avec de grands sourires, ils ont rayonné: "Il est cohérent, son cerveau n'est pas affecté!"

Alors que je m'asseyais près de son lit les jours et les nuits qui suivaient, il dormait et se réveillait tout à coup, les yeux écarquillés et effrayés. Puis, quand il me voyait assise là, il se rendormait paisiblement. Les médecins ont dit que chaque fois qu'un morceau de moelle osseuse frappait son cerveau, il y avait un lapsus, et les semaines suivantes seraient très confuses pour lui.

Le miracle" numéro trois a commencé à se produire cette même première semaine. Son visage a commencé à guérir avec une rapidité étonnante.Les points de suture ont été enlevés et les signes de détérioration ont commencé à disparaître étonnamment vite, ne laissant que de faibles traces de cicatrices.

Des infirmiers et des membres du corps médical s'arrêtaient près du lit pour le regarder, de sorte qu'une fois il me demanda de lui procurer un miroir. En regardant son reflet, il dit: "Qu'est-ce que tout le monde regarde? Il n'y a rien d'étrange sur mon visage!"

J'ai répondu, "C'est la raison pour laquelle ils regardent."

J'ai parlé avec le médecin qui avait hâtivement recousu son visage cette nuit-là et je lui ai dit: "Tu as vraiment fait du bon travail dans des conditions difficiles."

"Écoute," dit-il, avec un regard confus sur son visage. "Je ne comprends pas. Je m'attendais à faire au moins cinq opérations de chirurgie plastique. Maintenant, je ne vais plus rien faire!"

Tout le monde semblait partager le sentiment qu'une force étrange était à l'œuvre ici, quelque chose de contre-nature. Les infirmières m'ont dit qu'elles avaient vu des gens mourir avec des blessures qui n'étaient même pas aussi graves que les siennes. Le mot a commencé à se propager rapidement à travers l'hôpital à propos de l'Homme Miracle à l'USI. Je ne pouvais pas m'empêcher de jubiler intérieurement, car n'avais-je pas senti tout le temps que cette aide viendrait d'une source supérieure? Jubilante secrètement, peut-être, mais aussi j'étais extrêmement reconnaissante qu'il y avait également une source plus élevée qui s'occupait des choses.

Quand il devint évident qu'il allait vivre après tout, ils essayèrent de sauver ses jambes. Ils avaient décidé de ne pas amputer pour l'instant, et l'avaient mis dans un platre de corps qui atteignait dessous ses aisselles jusqu'en bas de ses orteils. Ce devait être sa prison pendant huit longs mois.

Après le premier mois aux soins intensifs, il a été transféré à l'hôpital. À cause de la coupure de l'artère principale à la cheville, la circulation n'est pas revenue à son pied et elle est devenue gangreneuse, de sorte que finalement il a perdu son pied. Mais c'était mieux que de perdre ses deux jambes!

Un médecin m'a rendu très fière quand il m'a dit: "Vous savez, vous méritez une partie du crédit pour cela, il a dû être un homme très heureux. Il ne voulait vraiment pas mourir."

Johnny a passé plus d'un an dans cet hôpital, et a finalement été libéré de la marine américaine en tant que vétéran handicapé avec 21 ans dans le service. Ils ont dit qu'il serait probablement dans une chaise roulante pour le reste de sa vie. Ses jambes avaient été trop brisées pour supporter son poids. Mais encore une fois ils avaient tort. Ils ont sous-estimé le courage de l'homme. Il marche maintenant à l'aide d'une attelle et de béquilles.

Dans les années qui ont suivi, beaucoup d'ajustements ont du être faits. Nous nous sommes retirés pour vivre sur sa pension dans l'Arkansas, à un endroit qui correspondait étroitement à la prédiction d'Anita.

Certaines personnes ont dit, plutôt cruellement, que ce qui était arrivé à Johnny était une punition. Une punition pour avoir mis son nez dans des coins interdits, pour avoir regardé dans des choses cachées qu'il n'avait pas à y regarder ou à connaître. La réincarnation! Un travail du diable !! Je ne peux pas, je ne vais pas accepter cela. Le Dieu qui nous a été montré pendant les sessions hypnotiques était bon, gentil, aimant et extrêmement patient. Ce type de Dieu était incapable d'une telle chose. Que l'accident est arrivé pour une raison, je n'ai aucun doute. Mais comme une punition? Jamais! Je trouve une telle explication impensable!

Je me suis demandée dans des moments de réflexion si j'aurais eu la force de gérer ces événements horribles sans ce bref aperçu dans notre avenir. Sans cette connaissance préalable que tout irait bien, me serais-je effondrée sous le stress et l'effort mental attendu pour prendre soin d'une famille et d'un mari mourant? Ainsi, je sais que les séances ont servi à plusieurs fins. Ils ont fourni des informations inconnues et surprenantes à de nombreuses personnes qui n'avaient jamais pensé à de telles choses auparavant. Et elles nous ont aussi préparés à des événements qui nous auraient sûrement submergés autrement. Pour ces deux raisons, les sessions hypnotiques qui ont eu lieu pendant ces quelques mois en 1968 ont changé nos vies pour toujours.

En ces jours de grave préoccupation pour l'avenir, il n'est plus considéré comme sacrilège de remettre en question la raison de vivre. Les derniers tabous sont finalement dépouillés du mystère de la mort et de l'au-delà.

Peut-être, il y a d'autres personnes qui ont commencé tout comme nous comme sceptiques. Peut-être que ce récit de notre aventure dans l'inconnu les atteindra et les aidera. Car, a-t-elle dit, lorsque nous parlions avec l'Esprit Parfait, "J'apprendrai et j'aiderai les gens sur Terre, la famille. Seulement la Terre est si troublée qu'Il nous a demandé de retourner et d'aider. Et nous devons aider les gens là-bas. Il les a créés, il a su dans sa création qu'ils ne feraient pas comme il l'avait demandé. Mais il se sentait obligé, dans sa bonté, à la plus belle de toutes les planètes, de lui donner des gens, des animaux avec de la connaissance. Et il savait qu'ils n'utiliseraient pas ses connaissances correctement.

Donc, peut-être en écrivant ce livre, je réalise, à ma petite échelle, notre part de cette obligation.

En écoutant les cassettes, on se demande: "D'où tout cela vient-il?" La première possibilité la plus évidente est "Du subconscient". Mais il faut encore se demander: "Comment est-ce arrivé là en premier lieu?" Nous ne prétendons pas savoir, nous ne pouvons pas spéculer et nous émerveiller de la complexité de l'esprit humain.

Et ainsi le rideau descend sur notre aventure, avec beaucoup, beaucoup de questions encore sans réponse.

Epilogue

Beaucoup de gens m'ont demandé ce qui est arrivé aux personnages principaux de notre histoire. Ils voulaient surtout savoir ce que devint Anita. Elle vivait encore au Texas quand nous avons déménagé en Arkansas pour commencer à reconstruire nos vies. Pendant les régressions, elle avait regardé en avant pour voir ce qu'elle allait faire en 1970. Elle se voyait dans un état du nord-est où les hivers étaient plus sévères. Elle a décrit l'endroit et ajouté: «Mon mari m'a aidé à faire ce déménagement, mais tout n'est même pas déballé et il s'en va, il vole quelque part dans un avion, il est parti plus tôt qu'il ne le pensait.

Après notre installation, j'ai écrit à Anita en 1970. Je croyais tellement en la prédiction que j'étais sûre qu'elle n'était plus à Beeville. J'ai écrit avec confiance sur l'enveloppe, "S'il vous plaît transmettre." En quelques mois, j'ai reçu une réponse du Maine. Ils avaient été transférés dans un endroit correspondant à sa description. Elle trouvait amusant que l'autre partie de la prédiction se soit également réalisée. Leurs affaires venaient d'être livrées et elle était encore entourée par des boites d'emballage quand son mari a annoncé qu'il était envoyé à l'école pour quelques mois. Elle devrait s'occuper de l'organisation de la maison toute seule. Elle était très heureuse d'être dans l'Est. Elle se sentait très bien chez elle. Nous sommes restés en contact jusqu'au milieu des années 1970, mais nous n'avons plus de nouvelles d'elle depuis.

Après des années de récupération et de réhabilitation, Johnny est sorti de la grave dépression qui accompagne ce type de tragédie. Il est très actif auprès des groupes sociaux, des clubs de radio amateur et des organisations d'anciens combattants, et il aide en effet beaucoup de gens. Sa vie est allée dans une direction totalement différente et il n'a plus d'intérêt pour l'hypnose. Il croit encore à la réincarnation et sait que nous avons découvert beaucoup d'informations valables, mais sa vie a tellement changé, il ne veut plus poursuivre d'expériences hypnotiques.

Bien que l'étincelle de l'expérience que nous avons partagée soit restée inactive pendant 11 ans, elle a été relue lorsque j'ai commencé à travailler sur ce livre. Mes enfants quittaient tous la maison, se mariaient ou allaient à l'université. Ils menaient tous leur propre vie, et il devint évident que je devais trouver quelque chose pour remplir les heures vides dans le présent. Je suppose que ce que j'ai choisi de faire ne serait pas la réponse en général pour l'épouse et la mère moyenne. Mes intérêts étaient plus portés vers le bizarre. Tandis que je rédigeais ce livre en 1979, j'ai découvert que j'aimais écrire, ce qui m'a amené à écrire des articles pour des magazines et des journaux alors que j'essayais de faire parvenir le livre à des éditeurs intéressés. Mon intérêt pour la réincarnation n'avait jamais vraiment été enterré, il avait simplement été mis "en attente" pendant 11 ans. Il a toujours du savoir juste se cacher dessous la surface. Revivre cette expérience en transcrivant les cassettes et en écrivant sur l'expérience m'a conduite à vouloir explorer ce domaine plus en profondeur. Si Johnny n'était plus intéressé par ce type de recherche, alors j'ai décidé que je devrais apprendre l'hypnose et faire ce travail par moi-même. Durant les années 1960, la technique populaire utilisait de longues méthodes d'induction et utilisait des tests pour déterminer la profondeur de la transe. Je n'ai pas aimé ce processus, donc j'ai cherché des méthodes plus simples. J'ai trouvé qu'une induction plus rapide pouvait être obtenue en utilisant des techniques de visualisation. Je suis devenu une regresseuse. C'est un terme pour un hypnotiseur qui se spécialise dans les régressions de vies antérieures, la thérapie de la vie passée, et la recherche de la réincarnation. J'ai commencé à organiser des expériences sérieuses en 1979 et j'ai travaillé avec des psychologues utilisant ceci comme un outil dans la thérapie des vies antérieures. Au cours des 30 dernières années, j'ai régressé et catalogué des milliers de cas. En 1986, je suis devenue un investigateur hypnotique pour MUFON (Mutual UFO Network) et j'ai travaillé sur des cas d'enlèvements présumés. Dans le cours de ces années, j'ai à présent écrit quinze livres sur mes cas les plus intéressants et les plus inhabituels. J'ai accumulé une telle richesse de matériaux qu'il y a beaucoup plus de livres qui sont en attente d'être écrits. Nous avons créé Ozark Mountain Publishing en 1991 pour diffuser la connaissance et l'information en métaphysique aux gens du monde entier.

Ainsi, ce livre est l'histoire de mes débuts dans ce domaine fascinant. Tout a commencé par le travail et la curiosité de mon époux. Je n'étais qu'une observatrice tenant le micro pour le sujet en transe et prenant de nombreuses notes. Mais si ce n'était pour ce début innocent et naïf, je n'aurais jamais été conduite à chercher ce chemin qui m'a guidé vers de nombreux voyages sur la route de l'inconnu. Sans cet événement étrange et inhabituel qui se produirait dans ma vie en 1968, je serais probablement une femme au foyer et une grand-mère "normale", et aucune de ces aventures n'aurait jamais été enregistrée. Telles sont les lois du hasard Et ... coïncidence?

Je crois que nous ne recevons jamais plus que ce que nous pouvons gérer. L'information que nous avons découverte en 1968 était surprenante à l'extrême. Pourtant, ce que j'ai trouvé dans mon travail au cours des années suivantes a été encore plus complexe. Je n'aurais jamais pu le gérer au départ. Ainsi, il semble que la connaissance doit être donnée lentement et subtilement, pour qu'elle soit acceptée et non accablante. Il a été dit qu'une fois que l'esprit a été accru par une idée ou un concept, il ne peut jamais revenir à sa façon de penser originale. Ainsi, chaque étape de mon travail a causé une expansion supplémentaire. Ce que j'ai découvert en 1968 me semble maintenant plutôt simple et rudimentaire. Pourtant, cela faisait partie de l'ensemble pour me guider à l'étape où je suis maintenant. Quand on examine ce concept, chaque élément de connaissance est essentiel et nécessaire. J'espère que ceci sera toujours le cas, et que je peux continuer à grandir et explorer l'inconnu, et emmener mes lecteurs avec moi.

Johnny Cannon a passé 25 ans dans une chaise roulante, mais a pu marcher dehors avec l'aide d'une attelle et de béquilles. Il conduisait une voiture spéciale à commande manuelle alors qu'il allait aider les gens dans tout le comté en tant qu'officier pour anciens combattants. Il est mort en 1994 et a effectivement vécu pour voir ses arrière-petits-enfants. Ce livre est dédié à cet homme remarquable et au formidable héritage qu'il a laissé derrière lui.

Page de l'auteur

Dolores Cannon, hypnothérapeute de régression et chercheuse psychique qui enregistre les connaissances "perdues", est née en 1931 à St. Louis, Missouri. Elle a été éduquée et a vécu à Saint-Louis jusqu'à son mariage en 1951 à un homme de la Marine de carrière. Elle a passé les 20 années suivantes à voyager dans le monde entier comme une typique épouse de la Marine et à élever sa famille. En 1970, son mari a été libéré comme vétéran handicapé, et ils ont pris leur retraite dans les collines de l'Arkansas. Elle a ensuite commencé sa carrière d'écrivain et a commencé à vendre ses articles à divers magazines et journaux. Elle s'est investie dans l'hypnose depuis 1968, et plus exclusivement dans la thérapie par les vies antérieures et le travail de régression depuis 1979. Elle a étudié les différentes méthodes d'hypnose et a ainsi développé sa propre technique unique qui lui a permis de gagner les plus anciennes. libération d'informations de ses clients. Dolores enseigne maintenant sa technique unique d'hypnose partout dans le monde.

En 1986, elle a élargi ses enquêtes dans le domaine des OVNIs. Elle a fait des études sur les sites d'atterrissages présumés d'OVNIs, et a enquêté sur les cercles de culture (traduction directe de l'anglais crop circles) en Angleterre. La majorité de son travail dans ce domaine a été l'accumulation de preuves provenant de présumés abductés par le biais de l'hypnose.

Dolores est une conférencière internationale qui a donné des conférences sur tous les continents du monde. Ses treize livres sont traduits en vingt langues. Elle a parlé à des auditoires à la radio et à la télévision dans le monde entier. Des articles sur/par Dolores ont paru dans plusieurs magazines et journaux américains et internationaux. Dolores a été la première Américaine et la première étrangère à recevoir le "Orpheus Award" en Bulgarie, pour le plus grand avancement dans la recherche du phénomène psychique. Elle a reçu des récompenses pour contribution exceptionnelle et pour réalisation de vie de la part de plusieurs organismes dans le domaine de l'hypnose.

Dolores a une très grande famille qui la maintient solidement équilibrée entre le "réel" monde de sa famille et le monde "invisible" de son travail.

Si vous souhaitez correspondre avec Ozark Mountain Publishing, Inc. à propos de son travail, des séances privées ou de ses cours de formation, veuillez soumettre à l'adresse suivante: (Veuillez joindre une enveloppe affranchie auto-adressée pour sa réponse.) Ozark Mountain Publishing, Inc., P.O. Box 754, Huntsville, AR, 72740, États-Unis

Ou envoyez-lui un courriel à decannon@msn.com ou sur notre site Web: www.ozarkmt.com

Other Books by Ozark Mountain Publishing, Inc.

The Curators
The History of God
The Origin Speaks
James Nussbaumer
And Then I Knew My Abundance
The Master of Everything
Mastering Your Own Spiritual Freedom
Living Your Dram, Not Someone Else's
Sherry O'Brian
Peaks and Valleys
Riet Okken
The Liberating Power of Emotions
Gabrielle Orr
Akashic Records: One True Love
Let Miracles Happen
Victor Parachin
Sit a Bit
Nikki Pattillo
A Spiritual Evolution
Children of the Stars
Rev. Grant H. Pealer
A Funny Thing Happened on the
 Way to Heaven
Worlds Beyond Death
Victoria Pendragon
Born Healers
Feng Shui from the Inside, Out
Sleep Magic
The Sleeping Phoenix
Being In A Body
Michael Perlin
Fantastic Adventures in Metaphysics
Walter Pullen
Evolution of the Spirit
Debra Rayburn
Let's Get Natural with Herbs
Charmian Redwood
A New Earth Rising
Coming Home to Lemuria
David Rivinus
Always Dreaming
Richard Rowe
Imagining the Unimaginable
Exploring the Divine Library
M. Don Schorn
Elder Gods of Antiquity
Legacy of the Elder Gods
Gardens of the Elder Gods
Reincarnation...Stepping Stones of Life
Garnet Schulhauser
Dance of Eternal Rapture
Dance of Heavenly Bliss
Dancing Forever with Spirit
Dancing on a Stamp
Manuella Stoerzer
Headless Chicken
Annie Stillwater Gray
Education of a Guardian Angel
The Dawn Book
Work of a Guardian Angel
Joys of a Guardian Angel
Blair Styra
Don't Change the Channel
Who Catharted
Natalie Sudman
Application of Impossible Things
L.R. Sumpter
Judy's Story
The Old is New
We Are the Creators
Artur Tradevosyan
Croton
Jim Thomas
Tales from the Trance
Jolene and Jason Tierney
A Quest of Transcendence
Nicholas Vesey
Living the Life-Force
Janie Wells
Embracing the Human Journey
Payment for Passage
Dennis Wheatley/ Maria Wheatley
The Essential Dowsing Guide
Maria Wheatley
Druidic Soul Star Astrology
Jacquelyn Wiersma
The Zodiac Recipe
Sherry Wilde
The Forgotten Promise
Lyn Willmoth
A Small Book of Comfort
Stuart Wilson & Joanna Prentis
Atlantis and the New Consciousness
Beyond Limitations
The Essenes -Children of the Light
The Magdalene Version
Power of the Magdalene
Robert Winterhalter
The Healing Christ

For more information about any of the above titles, soon to be released titles,
or other items in our catalog, write, phone or visit our website:
PO Box 754, Huntsville, AR 72740
479-738-2348/800-935-0045
www.ozarkmt.com

Other Books by Ozark Mountain Publishing, Inc.

The Curators
The History of God
The Origin Speaks
James Nussbaumer
And Then I Knew My Abundance
The Master of Everything
Mastering Your Own Spiritual Freedom
Living Your Dram, Not Someone Else's
Sherry O'Brian
Peaks and Valleys
Riet Okken
The Liberating Power of Emotions
Gabrielle Orr
Akashic Records: One True Love
Let Miracles Happen
Victor Parachin
Sit a Bit
Nikki Pattillo
A Spiritual Evolution
Children of the Stars
Rev. Grant H. Pealer
A Funny Thing Happened on the
  Way to Heaven
Worlds Beyond Death
Victoria Pendragon
Born Healers
Feng Shui from the Inside, Out
Sleep Magic
The Sleeping Phoenix
Being In A Body
Michael Perlin
Fantastic Adventures in Metaphysics
Walter Pullen
Evolution of the Spirit
Debra Rayburn
Let's Get Natural with Herbs
Charmian Redwood
A New Earth Rising
Coming Home to Lemuria
David Rivinus
Always Dreaming
Richard Rowe
Imagining the Unimaginable
Exploring the Divine Library
M. Don Schorn
Elder Gods of Antiquity
Legacy of the Elder Gods
Gardens of the Elder Gods
Reincarnation...Stepping Stones of Life
Garnet Schulhauser

Dance of Eternal Rapture
Dance of Heavenly Bliss
Dancing Forever with Spirit
Dancing on a Stamp
Manuella Stoerzer
Headless Chicken
Annie Stillwater Gray
Education of a Guardian Angel
The Dawn Book
Work of a Guardian Angel
Joys of a Guardian Angel
Blair Styra
Don't Change the Channel
Who Catharted
Natalie Sudman
Application of Impossible Things
L.R. Sumpter
Judy's Story
The Old is New
We Are the Creators
Artur Tradevosyan
Croton
Jim Thomas
Tales from the Trance
Jolene and Jason Tierney
A Quest of Transcendence
Nicholas Vesey
Living the Life-Force
Janie Wells
Embracing the Human Journey
Payment for Passage
Dennis Wheatley/ Maria Wheatley
The Essential Dowsing Guide
Maria Wheatley
Druidic Soul Star Astrology
Jacquelyn Wiersma
The Zodiac Recipe
Sherry Wilde
The Forgotten Promise
Lyn Willmoth
A Small Book of Comfort
Stuart Wilson & Joanna Prentis
Atlantis and the New Consciousness
Beyond Limitations
The Essenes -Children of the Light
The Magdalene Version
Power of the Magdalene
Robert Winterhalter
The Healing Christ

For more information about any of the above titles, soon to be released titles, or other items in our catalog, write, phone or visit our website:
PO Box 754, Huntsville, AR 72740
479-738-2348/800-935-0045
www.ozarkmt.com

www.ingramcontent.com/pod-product-compliance
Lightning Source LLC
Chambersburg PA
CBHW060505090426
42735CB00011B/2114